제5판
법무사 자격시험 등 각종 고시 대비
▣ 중요한 조문·예규·판례 & 선례 중심 총정리
▣ 기출지문 표시

2025
핵심정리 공탁법

법무사 · 법학박사
한 봉 상

연세출판사

제5판 머리말

이 교재는 법무사 자격시험 등 각종 고시를 준비하는 수험생들의 최종정리를 위하여 만들어진 공탁법 핵심정리집입니다. 기본서의 1/2 정도의 분량으로 압축하여 중요한 조문과 예규, 판례, 선례들만을 선별하여 정리한 요약집입니다.

기출지문은 [2024 법무사], [2024 승진] 등으로 시험연도와 시험명을 부기하여 출제빈도 등을 파악하도록 하였습니다.

현재 저자는 ST Unitas 법무사단기학원에서 법무사 자격시험 수험생들을 대상으로 민사집행법과 공탁법 및 가족관계등록법을 강의하고 있습니다.
또한 대한법무사협회 법무사연수원에서 민사집행실무강의를 담당하였으며, 중앙법률사무교육원에서는 법률실무가들을 위하여 민사집행실무, 민사신청실무, 부동산경매 권리분석실무, 채권집행실무, 공탁실무강의 등을 진행하고 있습니다.

이제 ST Unitas 법무사단기학원은 법무사 자격시험 수험생들을 위한 최고의 학원으로 우뚝 성장하였다고 봅니다.
저자의 민사집행법과 공탁법, 그리고 가족관계등록법 강의는 그 누구도 따라올 수 없는 독보적인 강외로 완벽히 자리매김하고 있다고 감히 자부합니다. 이 모든 것은 수험생 여러분들의 열렬한 성원 덕분이라고 생각하며, 앞으로도 더욱 열정적인 강의와 세련된 교재로 보답할 것을 굳게 약속드립니다.

저자의 현장 강의를 적극적으로 지원해 주시는 ST Unitas 법무사단기 천인철 원장님과 김주영 실장님, 그리고 김보람 담당님께 깊이 감사드립니다.
개정작업을 함께 한 직원들께 감사드리며, 언제나 곁에서 큰 힘이 되어주는 사랑하는 아내와 아들에게 감사의 마음을 전합니다.

끝으로 이 교재로 공부하시는 전국의 모든 수험생 여러분들께 '합격'의 영광이 함께 하길 진심으로 기원합니다!

2025. 5.

법무사/법학박사 한 봉 상

목 차

제1장 총론 / 1

제2장 공탁절차 / 17

제3장 공탁물 지급절차 / 45

제4장 변제공탁 / 75

제5장 수용보상금공탁 / 117

제6장 재판상 담보공탁 / 151

제7장 집행공탁 / 163

제8장 혼합공탁 / 197

제9장 공탁물지급청구권의 변동 / 209

제10장 공탁물 지급청구권의 소멸시효와 국고귀속 / 233

제11장 공탁관의 처분에 대한 이의신청 / 243

제1장 총론

제1절 공탁의 의의

① 공탁이란 공탁자가 법령에 따라 금전·유가증권 기타 물품을 공탁소에 맡기고 일정한 자로 하여금 공탁물을 수령하도록 함으로써 법령에서 정한 일정한 목적을 달성하게 하는 제도를 말한다. 공탁은 반드시 법령에 근거하여야 하고 당사자가 임의로 할 수는 없다.[1] 공탁의 권리 또는 의무를 규정하고 있는 법령을 공탁근거법령이라 한다.

② 공탁은 반드시 법령에 근거하여야 하고 당사자가 임의로 할 수 없으므로 금전채권의 채무자가 공탁의 방법에 의한 채무의 지급을 약속하더라도 채권자가 채무자에게 이러한 약정에 기하여 공탁할 것을 청구하는 것은 허용되지 않는다. 그리고 이러한 법리는 채무자에게 민사집행법 제248조에서 정한 집행공탁의 요건이 갖추어져 있는 경우라도 다르지 않다.[2] [2020 승진]

---

[1] 대법원 2014. 11. 13. 선고 2012다52526 판결.
[2] 대법원 2014. 11. 13. 선고 2012다52526 판결.

제2절 공탁물(공탁의 목적물)

1. 공탁물의 종류

(1) 금전

금전은 법률에 의하여 강제통용력이 부여된 우리나라의 통화에 한정되므로 <u>외국통화</u>는 금전공탁의 목적물이 아니라 <u>물품공탁의 목적물</u>이 된다.[2009 법무사]

(2) 유가증권

① 무기명식 또는 소지인 출급식 <u>정기예금증서</u>와 <u>양도성 예금증서</u>도 권리의 이전 및 행사에 증서의 소지를 요하는 점에서 유가증권으로 보아야 한다.[3]

② <u>금액의 표시가 없는</u> 유가증권(화물상환증, 창고증권 등)도 공탁의 목적물이 될 수 있다. 이 경우에는 <u>액면금이 없다는 뜻</u>을 공탁서상의 '공탁유가증권의 총액면금'란에 적어야 한다(규칙 20조 2항 2호).

③ <u>기명식 유가증권</u>을 공탁하는 경우에는 공탁물을 수령하는 자가 즉시 권리를 취득할 수 있도록 유가증권에 배서를 하거나 양도증서를 첨부하여야 한다(규칙 24조).[2011, 2023 법무사]

(3) 물품

금전공탁의 목적물인 금전과 유가증권공탁의 목적물인 유가증권을 제외한 것을 말한다.

2. 공탁의 종류에 따른 공탁물

(1) 변제공탁

1) 원칙

변제공탁에서의 공탁물은 그 채무의 내용에 따라 금전, 유가증권, 그 밖의 물품으로 정하여진다.

---

3) 대법원 2000. 3. 10. 선고 98다29735 판결.

2) 자조매각금의 공탁

채무의 목적물이 공탁에 적당하지 아니하거나(폭발위험물 등) 멸실 또는 훼손될 염려가 있거나(야채, 과일 등) 공탁에 과다한 비용을 요하는 경우에는 변제자는 <u>법원의 허가</u>를 얻어 그 물건을 경매하거나 시가로 방매하여 대금을 공탁할 수 있다(민법 490조).[2023 법무사]

3) 수용보상금의 공탁

<u>현금공탁이 원칙</u>이며, 예외적으로 일정한 사유가 있는 때에 한하여 당해 사업시행자가 발행하는 채권으로 공탁할 수 있다(공익사업을 위한 토지 등의 취득 및 보상에 관한 법률 63조). 현금으로 보상금을 지급하도록 되어 있을 때에는 반드시 현금으로 공탁하여야 하고 현금 대신 채권으로 공탁할 수 없다.[4][2023 법무사]

4) 부동산 공탁

공탁선례는 부동산은 <u>변제공탁의 목적물이 될 수 없다</u>는 부정설의 입장을 취하고 있다.[5][2009, 2021 법무사]

(2) 담보공탁

① 재판상 담보공탁 : <u>금전</u> 또는 법원이 인정하는 <u>유가증권</u>이다.
② 납세담보공탁 : <u>금전 또는 유가증권</u>이다.
③ 영업보증공탁 : 각 영업보증공탁의 근거법령에 의하여 정해진다.

(3) 집행공탁

① 원칙 : <u>금전공탁</u>이 원칙이다.
② 예외 : 매각허가결정에 대한 항고를 하는 경우에는 금전 또는 법원이 인정하는 <u>유가증권</u>으로 공탁할 수 있다(민사집행법 130조 3항).
③ 가압류해방공탁 : <u>금전공탁만 인정</u>되고, 유가증권에 의한 공탁은 실질적 통용가치가 있더라도 허용되지 않는다.[6][2020, 2021, 2023 법무사]

(4) 보관공탁

보관공탁에서의 공탁물은 무기명식 사채권 등으로 구체적으로 법정되어 있다.

---

[4] 공탁선례 2-1.
[5] 공탁선례 2-5.
[6] 대법원 1996. 10. 1. 96마162 결정.

(5) 몰취공탁

몰취공탁의 공탁물은 <u>금전이 원칙</u>이다(민사소송법 299조 2항, 상업등기법 41조).[7] [2010, 2023 법무사]

Memo

---
7) 재민 2003-5.

제3절 공탁소

1. 공탁소의 의의

공탁사무를 관장하는 기관을 공탁소라 한다. 법원조직법상 공탁사무는 법원이 관장한다(법원조직법 2조). 공탁사무는 지방법원, 지방법원지원, 시·군법원의 공탁관이 처리하며(2조 1항), 대법원장은 법령에 따라 공탁하는 금전, 유가증권, 그 밖의 물품을 보관할 은행이나 창고업자를 지정한다(3조 1항).

2. 공탁소의 종류

가. 통상공탁기관

(1) 공탁관

1) 공탁관의 지정

① 공탁관은 지방법원장 또는 지방법원지원장이 소속 법원서기관 또는 법원사무관 중에서 지정하며, 다만 시·군법원의 경우에는 소속 법원주사 또는 법원주사보 중에서 지정하는 자가 처리할 수 있다(법 2조 1항).[2012 법무사]

② 공탁관은 단독제 국가기관으로서 자기 명의로 공탁당사자의 신청에 대하여 법률상 요건을 구비하고 있는지 여부를 심사하여 수리·불수리 등 처분을 하고 이에 대하여 대외적 책임을 진다. 공탁관은 지방법원장 또는 지원장의 감독 하에 공탁사무를 처리하지만 그 감독은 내부적·일반적·행정적 감독에 불과하고 지방법원장 또는 지원장의 보조기관이 아니다.[2012 법무사]

2) 공탁관의 전산등록

공탁관이 공탁신청, 공탁물 지급청구, 공탁서 정정신청 등에 대하여 수리, 인가, 불수리결정을 하거나 공탁사무와 관련된 문서를 발송, 접수한 때에는 업무항목에 따른 화면을 선택하여 그 내용을 공탁원장파일 등에 등록하여야 한다.[8]

공탁관은 전산등록내용에 오기가 있음이 공탁서에 의하여 명백한 경우 직권으로 정정할 수 있다. 공탁관에 의한 정정이 이루어진 경우 지체 없이 소속과장(시·군법원의 경우 시·군법원 판사)의 결재를 받아야 하고, 다만 법원서기관이 공탁관 또는 대리공탁관으로 공탁사무를 처리하는 경우는 제외한다.[9]

---

8) 행정예규 1393호 15조.

3) 대리공탁관

① 지방법원장이나 지원장은 공탁관이 질병·출장·교육훈련 그 밖의 부득이한 사유로 직무를 수행할 수 없는 경우에 대비하여 대리공탁관을 지정할 수 있다(규칙 55조 1항). 대리공탁관은 원공탁관의 대리인이 아니라 자기 명의로 공탁사무를 처리하는 독립한 공탁관으로서 그가 처리한 공탁사무에 대하여 원공탁관이 책임을 지는 것이 아니라 스스로 책임을 진다.[2010 승진, 2012, 2022 법무사]

② 지방법원장이나 지원장이 공탁관 또는 대리공탁관을 지정한 때에는 공탁물 보관자에게 그 성명과 인감을 알려 주어야 한다(규칙 55조 2항).[2012 법무사]

③ 공탁금은 공탁물 보관은행의 별단예금으로 예탁하고, 공탁관 및 대리공탁관은 공탁금, 공탁유가증권 등을 직접 납부 받거나 보관할 수 없다(규칙 57조 1항).

(2) 공탁관의 심사권

1) 심사의 방법 : 형식적 심사주의

① 공탁관계법령이 규정하는 공탁서 또는 지급청구서 등과 그 첨부서면만에 의하여 심사하는 형식적 심사주의에 의한다. 형식적 심사권 밖에 없는 공탁관으로서는 그 채권압류 및 전부명령의 유·무효를 심사할 수는 없으므로 공탁물회수청구권이 압류 및 전부되었다는 이유로 공탁금회수청구를 불수리한 공탁관의 처분은 정당하고, 공탁물회수청구권에 대한 실질적 권리관계의 확정은 당사자 간의 관계로서 별도로 해결될 수 밖에 없다.[10][2015, 2023 법무사]

② 근저당채무의 변제는 원칙적으로 근저당권설정등기의 말소에 앞서 이행되어야 하므로 근저당채무의 변제와 근저당권설정등기의 말소를 동시이행하기로 하는 특약을 한 사실이 없음에도 채무자나 소유자가 근저당권으로 담보된 채무를 변제공탁함에 있어 근저당권설정등기의 말소에 소요될 서류 일체의 교부를 반대급부로 한 경우에 위 공탁은 변제의 효력이 없다.

다만 공탁관은 그러한 특약을 한 사실이 없음에도 특약이 있는 것으로 하는 공탁신청이 있으면 그러한 특약의 유무에 대하여 심사할 권한이 없으므로 이를 수리할 수 밖에 없으나, 근저당권자는 특약이 없음을 이유로 변제공탁의 효력을 부인할 수 있다.[11][2008, 2012, 2021, 2023 법무사]

---

9) 행정예규 1393호 16조(2024. 4. 16. 신설).
10) 대법원 1983. 3. 25. 82마733 결정.
11) 공탁선례 1-64.

2) 심사의 범위 : 절차적 요건 및 실체적 요건

① 심사범위에 대하여는 특별한 제한규정이 없으므로 공탁신청의 <u>절차적 요건</u>뿐만 아니라 해당 공탁이 유효한가 하는 <u>실체적 요건</u>에 관하여도 <u>신청서와 첨부서면</u>의 범위 내에서 심사하여야 한다. [2009 승진, 2022 법무사]

따라서 공탁신청 시 공탁서 및 첨부서면의 기재 자체로 보아 공탁사유가 존재하지 않는 것이 분명한 경우 또는 해당 계약이 무효이어서 공탁에 의하여 면책을 얻고자 하는 <u>채무의 부존재가 명백</u>한 경우에 공탁관은 공탁신청을 <u>불수리할</u> 수 있다. 공탁물 지급청구 시 청구서 및 그 첨부서류의 기재 자체로 보아 인장위조 등이 명백하여 청구자에게 실체상 <u>지급청구권이 없음이 명백</u>한 경우에도 공탁관은 불수리할 수 있다.[2010 승진, 2008, 2012, 2023 법무사]

② 공탁관은 공탁물출급 또는 회수청구서와 그 첨부서류만으로 공탁당사자의 청구가 공탁관계 법령에서 규정하는 <u>절차적, 실체적 요건을 갖추고 있는지</u>를 심사하여야 하는 형식적 심사권만을 가지지만, 그러한 심사 결과 청구가 소정의 <u>요건을 갖추지 못하였다고</u> 볼만한 상당한 사정이 있는 경우에도 만연히 청구를 인가하여서는 안 된다.12)

③ 공탁관은 조사단계에서 서류가 미비하거나 공탁사유 또는 지급사유가 없으면 보정이나 취하를 권유할 수 있다. 그러나 신청인이 이에 응하지 않을 경우에는 <u>불수리처분을 하여야</u> 하며 접수 자체를 거부할 수는 없다.13)[2023 법무사]

(3) 공탁관의 책임

1) 공탁관의 책임

① 공탁자가 甲, 乙 중 누가 진정한 채권자인지를 확인할 수 있는 확정판결을 가진 자를 공탁금의 출급청구권자로 한다는 취지의 반대급부의 조건을 붙여 공탁을 하였음에도 공탁관이 공탁법 제10조, 공탁규칙 제33조 등의 규정에 위배하여 위와 같은 확정판결에 해당되지 않는 <u>가집행선고부</u> 甲 승소의 판결을 첨부하였음에 불과한 甲에 대하여 공탁금의 출급인가를 하였다면 <u>직무상의 중과실이</u> 있다.14)[2008 법무사]

② 해방공탁금의 회수청구권에 대하여 압류·추심명령이 경합된 경우 공탁관이 집행법원에 <u>사유신고</u>를 하지 아니하고 공탁금출급청구를 한 압류채권자 1인에게 공탁금 전액을 지급하였다면 공탁관에게 과실이 있다.15)[2012 법무사]

---

12) 대법원 2017. 4. 28. 선고 2016다277798 판결.
13) 공탁선례 2-23.
14) 대법원 1968. 7. 23. 선고 68다1139 판결.

③ 재외국민의 위임장에 거주국 주재 대한민국 총영사의 직인은 날인되어 있으나 재외공관공증법 제25조 제1항에서 정하는 공증담당 영사의 <u>인증문언 등이 기재되어 있지 않음에도</u> 일본국 행정청 명의로 위조된 공탁금출급청구인의 인감증명서를 믿고 인가한 공탁관에게 직무집행상의 과실이 있다.16)

④ 공동공탁자 중 1인이 다른 공동공탁자에게 <u>공탁금회수청구권을 양도한 후 채권양도통지를</u> 하였으나 그 후 제3자가 위 <u>공동공탁자의 공동명의로 공탁금회수청구서를 작성</u>한 후 위조하거나 부정발급받은 서류를 첨부하여 공탁금회수청구를 한 경우, 공탁관에게는 형식적 심사권만 있다고 하더라도 채권양도통지사실이 기재된 공탁사건기록과 공동공탁자 공동명의의 위 공탁금회수청구서를 대조하여 보는 것만으로도 위 공탁금회수청구가 진정한 권리자에 의한 것인지에 관하여 의심을 할 만한 사정이 있었다고 할 것임에도, 절차적 요건이나 실체적 요건을 갖추지 못한 위 공탁금회수청구를 인가한 공탁관에게는 공탁관련 법령이 요구하는 <u>직무상 주의의무를 위반</u>하여 그 직무집행을 그르친 과실이 있다.17)
[2008 법무사]

2) 공탁관의 보조자로서의 공탁물보관자

① <u>대법원장</u>은 법령에 따라 공탁하는 금전, 유가증권, 그 밖의 물품을 보관할 은행이나 창고업자를 지정한다(3조 1항). 대법원장이 공탁금 보관은행을 지정할 때에는 공익성과 지역사회 기여도 등 해당 지역의 특수성이 반영될 수 있도록 해당 <u>지방법원장</u>의 의견을 듣고 <u>공탁금관리위원회</u>의 심사를 거쳐야 한다(3조 2항).

② 공탁물 보관자는 오랫동안 보관된 공탁물품이 그 본래의 기능을 다하지 못하게 되는 등의 특별한 사정이 있으면 공탁물(금전, 유가증권 제외)을 수령할 자에게 30일 이상의 기간을 정하여 수령을 최고한 후 이에 응하지 아니하는 경우 <u>법원의 허가</u>를 얻어 공탁물품을 민사집행법 제274조 <u>유치권 등에 의한 경매절차</u>에 따라 매각할 수 있고, 공탁물품의 매각대금 중에서 매각허가신청비용, 매각비용 및 공탁물 보관비용을 '<u>공제</u>'한 잔액을 물품공탁법원에 공탁하여야 한다(법 11조, 규칙 47조 1항, 행정예규 937호 참조).[2022 법무사]

---

15) 대법원 2002. 8. 27. 선고 2001다73107 판결.
16) 대법원 2002. 11. 22. 선고 2002다49200 판결.
17) 대법원 2010. 2. 25. 선고 2009다82831 판결.

나. 법원선정 공탁물보관자

공탁소에 관하여 법률에 특별한 규정이 없는 경우에는 법원은 <u>변제자의 청구</u>에 의하여 공탁소를 지정하고 공탁물보관자를 선임하여야 한다(민법 488조 2항).[2022 법무사]

다만 물품을 공탁하려고 하는데 대법원장에 의하여 지정된 공탁물보관자가 그러한 종류의 물품보관을 취급하지 아니하거나 보관할 수 있는 수량을 초과하여 목적물의 보관능력이 없는 경우 등에는 공탁자는 민법 제488조 제2항과 비송사건절차법 제53조의 규정에 따라 <u>채무이행지</u>를 관할하는 지방법원에 <u>공탁물보관자의 선임신청</u>을 하여 그 지정을 받아 공탁할 수 있다.[18][2009, 2021 법무사]

다. 특별공탁기관

(1) 대법원장 지정 공탁기관

무기명식 사채권 소지인이 회사에 대하여 사채권자집회 소집청구권 또는 의결권을 행사하려면 그 채권을 공탁하여야 한다(상법 491조 4항, 492조 2항).

무기명식 채권을 공탁하고자 하는 사람은 <u>시·군법원 공탁소를 제외</u>한 모든 공탁소에서 공탁할 수 있고, 공탁관에게 공탁을 하지 아니하는 경우에는 대법원장에게 공탁기관의 지정을 구하여 그 <u>지정된 은행 또는 신탁회사</u>에 공탁할 수도 있다.[19][2022 법무사]

(2) 신탁업자

사채총액의 10분의 1 이상에 해당하는 사채권자 중 무기명식 채권을 가진 자는 그 채권을 <u>신탁업자에게 공탁</u>하여야 신탁업자의 담보물 보관상태를 검사할 수 있다(담보부사채신탁법 84조 2항).

3. 시·군법원 공탁관의 직무범위(규칙 2조)

1) 변제공탁

해당 시·군법원에 <u>계속 중</u>이거나 시·군법원에서 <u>처리한</u> 소액사건심판법의 적용을 받는 <u>민사사건과 화해·독촉·조정사건</u>에 대한 채무이행으로서 하는 민법 제487조, 제488조에 따른 변제공탁 [2012, 2021, 2022 법무사]

---

[18] 공탁선례 2-8.
[19] 공탁선례 1-17.

2) 재판상 보증공탁(담보공탁)
① 민사소송법 제117조 제1항에 따른 <u>소송비용의 담보</u>와 관련된 공탁
② 민사소송법 제213조에 따른 <u>가집행선고</u>와 관련된 공탁
③ 민사소송법 제500조 제1항에 따른 <u>재심이나 상소의 추후보완신청으로 말미암은 집행정지</u>와 관련된 공탁
④ 민사소송법 제501조, 제500조 제1항에 따른 <u>상소제기나 변경의 소제기로 말미암은 집행정지</u>와 관련된 공탁 [2012 법무사]
⑤ 민사집행법 제34조 제2항, 제16조 제2항에 따른 <u>집행문부여 등에 관한 이의신청</u>과 관련된 공탁
⑥ 민사집행법 제46조 제2항, 제44조에 따른 <u>청구에 관한 이의의 소의 잠정처분</u>과 관련된 공탁
⑦ 민사집행법 제46조 제2항, 제45조에 따른 <u>집행문부여에 대한 이의의 소의 잠정처분</u>과 관련된 공탁
⑧ 민사집행법 제280조, 제301조에 따른 <u>가압류·가처분명령</u>과 관련된 공탁
[2011 법무사]
⑨ 민사집행법 제286조 제5항, 제301조에 따른 <u>가압류·가처분이의</u>에 대한 재판과 관련된 공탁
⑩ 민사집행법 제288조 제1항, 제307조에 따른 <u>가압류·가처분취소</u>와 관련된 공탁

3) 집행공탁
민사집행법 제282조에 따른 <u>가압류 해방금액의 공탁</u> [2011, 2016, 2021 법무사]
(민사집행법 제248조 제1항에 따른 <u>압류를 원인</u>으로 하는 집행공탁과 민사집행법 제291조, 제248조 제1항에 따른 <u>가압류를 원인</u>으로 하는 집행공탁은 시·군법원 공탁관의 직무에 포함되지 않는다)

4) 몰취공탁
민사소송법 제299조 제2항에 따른 <u>소명에 갈음하는 보증금의 공탁</u> [2021 법무사]
(<u>상호가등기를 위한 공탁</u>은 시·군법원 공탁관의 직무에 포함되지 않는다)

5) 기타
<u>수용보상금 공탁</u>에 관한 업무는 시·군법원 공탁관의 직무에 <u>포함되지 않는다</u>.

제4절 공탁당사자

1. 의의

공탁당사자는 공탁자와 피공탁자를 의미한다. 자기의 이름으로 공탁을 신청하는 자를 공탁자라 하고, 공탁자에 의하여 공탁물의 수령자로 지정된 자를 피공탁자라고 한다. 공탁당사자는 공탁신청시에 제출된 <u>공탁서의 기재</u>에 의하여 형식적으로 결정되므로 실체법상의 채권자·채무자와는 별개의 개념이다.[2021 법무사]

> ♣ 판례확인
> 대법원 1997. 10. 16. 선고 96다11747 전원합의체 판결
> [공탁에 있어서 피공탁자가 특정되었다고 인정하기 위한 요건]
> 1. 우리 공탁제도는 <u>채무자(공탁자)가 공탁을 함에 있어서 채권자(피공탁자)를 지정할 의무를 지며, 공탁관은 형식적 심사권만을 갖고 채무자가 지정해 준 채권자에게만 공탁금을 출급</u>하는 등의 업무를 처리하는 것을 기본원리로 삼고 있다.
> 2. 이와 같이 공탁제도는 공탁관의 형식적 심사권, 공탁사무의 기계적, 형식적인 처리를 전제로 하여 운영되는 것이어서 <u>피공탁자가 특정되어야 함이 원칙이고, 또한 피공탁자가 특정되었다고 하려면 피공탁자의 동일성에 대하여 공탁관의 판단이 개입할 여지가 없고 그 공탁통지서의 송달에 지장이 없는 정도에 이르러야</u> 한다.[2018 법무사]

2. 공탁당사자능력

(1) 의의

공탁당사자능력이란 공탁절차에 있어서 공탁자·피공탁자가 될 수 있는 일반적인 능력을 의미한다. 공탁법은 공탁당사자능력에 관하여 일반적인 규정을 두고 있지 아니하므로 민법 기타 법령의 규정에 따라 사법상의 권리능력자인 <u>자연인 및 법인</u>은 공탁당사자능력이 있다. 종중, 교회, 아파트입주자대표회의 등 <u>권리능력 없는 사단 또는 재단</u>도 대표자나 관리인이 정하여져 있는 경우에는 공탁당사자능력이 있다.[2020 법무사]

(2) 청산종결등기가 경료된 주식회사

주식회사가 해산되고 청산종결등기가 경료된 경우에도 <u>잔존사무가 남아 있는 때</u>에는 그 범위 내에서는 법인격이 존속하므로 공탁당사자능력을 가진다.[20]
[2011, 2016 법무사]

---

[20] 대법원 1994. 5. 27. 선고 94다7607 판결 ; 공탁선례 2-108.

(3) 해산간주된 회사

장기간 등기하지 않은 휴면회사로서 상법 제520조의2 제1항의 규정에 의하여 해산간주된 회사도 법인격이 소멸한 것은 아니므로 공탁당사자가 될 수 있다.[21]

(4) 피공탁자가 사망한 경우

자연인이 사망하면 공탁당사자능력도 소멸하지만 등기기록상 소유자를 피공탁자로 하여 보상금을 공탁한 경우 피공탁자가 이미 사망하였다면 그 공탁은 상속인들에 대한 공탁으로서 유효하므로 피공탁자의 상속인들은 상속을 증명하는 서면을 첨부하여 직접 공탁금을 출급청구할 수 있다.[22][2013, 2016, 2020, 2021, 2022 법무사]

3. 공탁당사자적격

공탁당사자적격이란 특정 공탁사건에 있어서 정당한 당사자로서 공탁절차를 수행하기 위하여 필요한 자격을 말한다. 변제공탁의 공탁당사자가 아닌 제3자가 피공탁자를 상대로 하여 공탁물수령권확인의 소를 제기하여 확인판결을 받았다 하더라도 위 확인판결은 공탁금 출급청구권을 증명하는 서면으로 볼 수 없고, 제3자는 공탁당사자적격이 없으므로 직접 출급청구를 할 수 없다.[23]
[2017, 2022 승진, 2011, 2012, 2013, 2016, 2018, 2019, 2020, 2021 법무사]

> ♣ 판례확인
> 대법원 2006. 8. 25. 선고 2005다67476 판결 [2024 승진, 2011, 2014, 2021, 2024 법무사]
> [변제공탁에 있어서 피공탁자가 아닌 사람이 피공탁자를 상대로 공탁물출급청구권 확인판결을 받은 경우에 직접 공탁물출급청구를 할 수 있는지 여부(소극) 및 피공탁자들의 실질적인 지분비율이 공탁서상의 지분비율과 다른 경우, 공탁물출급청구권의 행사범위]
> 1. 변제공탁의 공탁물출급청구권자는 피공탁자 또는 그 승계인이고, 피공탁자는 공탁서의 기재에 의하여 형식적으로 결정되므로 실체법상의 채권자라고 하더라도 피공탁자로 지정되어 있지 않으면 공탁물출급청구권을 행사할 수 없다.
> 2. 따라서 피공탁자 아닌 제3자가 피공탁자를 상대로 하여 공탁물출급청구권 확인판결을 받았더라도 그 확인판결을 받은 제3자가 직접 공탁물출급청구를 할 수는 없다.
> 3. 수인을 공탁금에 대하여 균등한 지분을 갖는 피공탁자로 하여 공탁한 경우 피공탁자 각자는 공탁서의 기재에 따른 지분에 해당하는 공탁금을 출급청구할 수 있을 뿐이며, 비록 피공탁자들 내부의 실질적인 지분비율이 공탁서상의 지분비율과 다르다고 하더라도 이는 피공탁자 내부 간에 별도로 해결해야 할 문제이다.

---

21) 대법원 1991. 4. 30. 90마672 결정 ; 공탁선례 2-18.
22) 대법원 1971. 5. 24. 선고 70다1459 판결 ; 공탁선례 2-200.
23) 대법원 1993. 12. 15. 93마1470 결정 ; 공탁선례 2-134.

> 4. 채무자가 확정판결에 따라 甲과 乙을 피공탁자(지분 각 1/2)로 하여 판결에서 지급을 명한 금액을 변제공탁한 경우, <u>甲과 乙은 각자 위 공탁금의 1/2 지분에 해당하는 공탁금을 출급청구할 수 있을 뿐이고, 각자의 지분을 초과하는 지분에 대하여는 甲과 乙이 피공탁자로 지정되어 있지 않으므로 초과지분에 대하여 상대방을 상대로 공탁금출급청구권의 확인을 청구할 수 없다.</u>

5. 공탁의 종류에 따른 공탁당사자

가. 변제공탁

(1) 공탁자

① 변제공탁은 채무자 본인이 공탁자가 되는 것이 원칙이다. 채무의 성질 또는 당사자의 의사표시로 제3자의 변제를 허용하지 않는 때에는 제3자는 변제공탁을 할 수 없고, 이해관계 없는 제3자는 채무자의 의사에 반하여 변제공탁할 수 없다(민법 469조). 다만 이해관계 있는 제3자(<u>물상보증인, 담보부동산의 제3취득자, 연대채무자, 보증인</u> 등)는 채무자의 의사에 반하여서도 변제공탁을 할 수 있다.
[2023 승진, 2017, 2020 법무사]

② 매수인이 매도인을 대리하여 매매대금을 수령할 권한을 가진 자에게 잔대금의 수령을 최고하고 그 자를 공탁물수령자로 지정하여 한 변제공탁은 매도인에 대한 <u>잔대금 지급의 효력</u>이 있다.[24] [2024 법무사]

(2) 피공탁자

① 채권자의 수령거절 또는 수령불능을 원인으로 한 변제공탁의 피공탁자는 <u>채권자</u>이다. 채권자가 과실 없이 甲 또는 乙 중 누가 진정한 채권자인지 알 수 없음을 원인으로 한 상대적 불확지 변제공탁의 피공탁자는 '<u>甲 또는 乙</u>'이다.

② 채권자가 누구인지 전혀 알 수 없는 절대적 불확지 변제공탁은 특별한 규정이 없는 이상 원칙적으로 허용되지 않는다.[25] 다만 절대적 불확지 변제공탁이 인정되는 <u>수용보상금공탁</u>의 경우에는 피공탁자를 지정하는 공탁서정정 등의 절차를 거쳐 사후적으로 정하여진다.

---

24) 대법원 2012. 3. 15. 선고 2011다77849 판결.
25) 대법원 1997. 10. 16. 선고 96다11747 판결.

나. 담보공탁

(1) 공탁자

① 재판상 담보공탁은 담보제공명령을 받은 사람이 공탁자가 되는 것이 원칙이지만 제3자가 담보제공명령을 받은 당사자를 대신하여 공탁할 수 있다. 이 경우에 제3자는 공탁자란에 자신의 성명 및 주소를, 비고란에는 제3자로서 공탁한다는 취지를 각 기재하면 되며, 법원의 허가나 상대방(피공탁자)의 동의를 받을 필요는 없다.[26)][2014, 2018, 2021 법무사]

② 영업보증공탁은 공탁근거법령에 공탁자가 정하여져 있고 영업자의 신용력 확인이라는 목적이 있으므로 제3자에 의한 공탁은 허용되지 않는다고 봄이 타당하다.[2017, 2018 법무사]

③ 납세담보공탁의 공탁자는 국세·지방세의 징수유예, 연부연납 등의 허가를 구하려는 자가 공탁자가 된다.[2017 법무사]

(2) 피공탁자

① 재판상 담보공탁은 공탁신청 당시에 담보권리자가 특정되어 있으므로 공탁서에 그 담보권리자를 피공탁자로 기재한다.

② 영업보증공탁의 경우에는 공탁신청 당시에는 영업거래 등으로 누가 손해배상채권자(담보권리자)가 될지 알 수 없으므로 영업보증공탁의 경우에는 피공탁자란을 두지 않는다.[2017 법무사]

③ 납세담보공탁의 경우에는 국가·지방자치단체 등 과세관청이 피공탁자로 된다.

다. 집행공탁

(1) 공탁자

① 집행공탁의 공탁자는 집행기관이나 집행당사자 또는 제3채무자이다. 민사집행법 제248조 제1항에 의한 집행공탁의 공탁자는 제3채무자이고, 민사집행법 제282조에 의한 가압류해방공탁의 공탁자는 가압류채무자이다.

② 집행절차에 부수하여 행하여지는 집행공탁의 성질상 제3자는 공탁자에 갈음하여 공탁할 수 없다. 채무자 아닌 제3자는 가압류해방공탁을 할 수 없는데, 이는 나중에 가압류채권자가 채무자에 대한 집행권원을 얻어도 제3자가 한 해방공탁금에 대하여는 강제집행을 할 수 없기 때문이다.[27)][2018, 2022, 2023 법무사]

---

26) 공탁선례 1-210, 2-16.

③ 주택임대차보호법상 대항력을 갖춘 임차인의 보증금반환채권이 가압류된 상태에서 임대주택이 양도되면 양수인에게 제3채무자의 지위가 승계되고 가압류채권자는 양도인이 아니라 양수인에 대하여만 위 가압류의 효력을 주장할 수 있다.28) 따라서 가압류채권자는 집행권원을 얻어서 가압류를 본압류로 이전하는 압류명령을 신청할 때에는 양수인을 제3채무자로 하여 신청하여야 하고, 이 경우 양수인은 등기사항증명서를 첨부하여 민사집행법 제248조 제1항, 제291조에 따라 가압류를 원인으로 한 집행공탁을 할 수 있다.[2023 승진, 2022 법무사]

(2) 피공탁자

집행공탁에서의 피공탁자는 원칙적으로 그 집행절차의 집행채권자이지만, 집행공탁에 있어서는 배당절차에서 배당이 완결되어야 피공탁자가 비로소 확정되고 공탁 당시에는 관념적으로만 존재하므로 공탁서에 피공탁자를 기재하지 않는다. 공탁 당시에 피공탁자를 기재하였다 하더라도 그 피공탁자의 기재는 법원을 구속하는 효력이 없다.29)[2020 법무사]

② 가압류해방공탁에서 피공탁자는 원시적으로 존재할 수 없으므로 공탁서에 피공탁자를 기재하여서는 아니된다.[2009, 2018, 2023 법무사]

라. 보관공탁

① 보관공탁은 주로 무기명식채권의 소지인의 권리행사요건으로 행하여지는 공탁이므로 근거법령에 규정된 무기명식채권의 소지인 등이 공탁자가 된다. 보관공탁의 성질상 제3자에 의한 공탁은 허용되지 않는다.[2017 법무사]

② 보관공탁은 단순히 보관적 기능만을 하기 때문에 피공탁자는 원시적으로 존재하지 않는다.[2011 법무사]

마. 몰취공탁

① 소명에 갈음하는 몰취공탁은 소송당사자나 법정대리인이 공탁자가 되고(민사소송법 299조 2항), 상호가등기를 위한 몰취공탁은 등기신청인이 공탁자가 된다(상업등기법 41조). 몰취공탁은 국가에 대하여 자기의 주장이 허위인 경우 또는 약정기한 내에 등기절차를 이행하지 않은 때에는 몰취를 당하여도 감수한다는 취지의 것이므로 그 성질상 제3자에 의한 공탁은 허용되지 않는다.[2017 법무사]

② 몰취공탁의 피공탁자는 국가이다.[2013, 2017 법무사]

---

27) 공탁선례 1-215 ; 2-17.
28) 대법원 2013. 1. 17. 선고 2011다49523 전원합의체판결.
29) 대법원 1999. 5. 14. 선고 98다62688 판결.

제2장 공탁절차

제1절 공탁신청절차

1. 공탁신청의 방법

가. 방문공탁

(1) 요식행위

공탁을 하려는 사람은 <u>공탁서 2통</u>을 첨부서면과 함께 관할공탁소에 제출하여야 한다(법 4조, 규칙 20조 1항). 공탁서의 양식은 <u>대법원예규</u>로 정하여져 있다(규칙 3조 2항).

(2) 일괄공탁

공탁은 공탁당사자별로 1건의 공탁서를 작성하여 제출하는 것이 원칙이지만, 공탁당사자가 다르더라도 <u>공탁원인사실</u>과 <u>관할공탁소</u>가 동일하고 <u>공탁종류</u>가 동일한 때에는 1건의 공탁서로 작성·제출할 수 있다.[30] [2020 법무사]

(3) 우편에 의한 신청

우편에 의한 <u>공탁신청</u>, <u>공탁서 정정신청</u>, <u>공탁금 지급청구</u>(회수청구 및 출급청구)는 인정되지 않는다.[31] [2018, 2020 법무사]

나. 전자공탁[32]

(1) 적용범위 [2016, 2021. 2022 승진, 2018, 2020, 2021, 2023 법무사]

① <u>금전공탁신청</u> : 공탁의 <u>종류 및 액수에 제한이 없다</u>. 예컨대 제3채무자는 전자공탁시스템에 의하여 1억원을 민사집행법 제248조 제1항에 따라 집행공탁할 수 있다.

② 공탁액이 <u>5천만원 이하</u>인 금전공탁사건에 대한 공탁금 <u>출급·회수청구</u>

---

30) 공탁선례 2-25.
31) 공탁선례 1-1 ; 2-24.
32) 전자공탁시스템에 의한 공탁사무처리지침(행정예규 1354호).

③ 전자문서로 제출된 공탁관계서류에 대한 열람청구
④ 전자공탁시스템으로 처리한 공탁사무에 대한 사실증명청구
⑤ 전자신청에 대하여 한 공탁관의 처분에 대한 이의신청
⑥ 전자공탁시스템에 의한 공탁사건에 대한 정정신청 또는 보정(규칙 76조)

(2) 신청자격

1) 자연인과 법인
자연인과 법인 모두 전자신청을 할 수 있다.

2) 외국인
신청인이 외국인인 때에는 출입국관리법 제31조에 따라 외국인등록을 하거나 재외동포의 출입국과 법적 지위에 관한 법률 제6조, 제7조에 따른 국내거소신고를 하여야 한다(규칙 70조 2항).[2015, 2016 법무사, 2016 승진]

3) 미성년자
미성년자는 법정대리인의 동의 없이 유효한 공탁행위능력을 가지는지 여부를 전자공탁시스템으로 파악하기 어려우므로 전자신청을 할 수 없다.[2017 법무사]

4) 법인 아닌 사단 또는 재단
대표자 개인과 조직 간의 관계를 전자적으로 증명할 수 없으므로 전자공탁시스템을 이용할 수 없다.[2016, 2018 법무사]

5) 전자신청의 대리
자격자대리인(법무사, 변호사)만 가능하다.[2013, 2017 법무사]

(3) 사용자등록

1) 사용자등록의 방법
① 전자공탁시스템을 이용하려는 자는 전자공탁시스템에 접속하여 각 신청주체 유형별로(개인회원, 법인회원, 변호사회원, 법무사회원) 전자공탁 홈페이지에서 요구하는 정보를 해당란에 입력한 후 대법원예규로 정하는 전자서명을 위한 인증서를 사용하여 사용자등록을 하여야 한다(규칙 70조 1항).

② 국가나 지방자치단체를 제외한 법인용 인증서를 사용하는 법인회원은 공탁소에 출석하여 법인사용자등록신청서를 제출하여야 하며, 그 신청서에는 상업등기법 16조에 따라 신고한 인감을 날인하고 그 인감증명과 자격을 증명하는 서면을 첨부하여야 하며(규칙 70조 3항), 공탁관으로부터 전자공탁시스템에서의 사용자등록을 위한 접근번호를 부여받아 사용자등록을 할 수 있다.

다만 법인 전자증명서를 사용하는 법인회원은 공탁소를 방문하지 않고도 사용자등록을 할 수 있다.[2021 법무사]

③ 개인회원, 국가 및 지방자치단체는 공탁소를 방문하지 않고도 사용자등록을 할 수 있다.[2023 법무사]

④ 사용자등록을 신청하는 법무사회원 또는 변호사회원은 공탁소에 출석하여 그 자격을 증명하는 서면을 제출하여야 하고(규칙 70조 4항), 공탁관으로부터 전자공탁시스템에서의 사용자등록을 위한 접근번호를 부여받아 사용자등록을 할 수 있다.[2013 법무사]

2) 사용자등록의 변경 및 철회

사용자등록을 한 자는 전자공탁시스템에 접속하여 사용자등록의 변경 또는 철회의 취지를 입력함으로써 사용자등록을 변경하거나 철회할 수 있다. 다만 이미 전자공탁시스템을 이용하여 이루어진 신청이 계속 중인 경우에는 그 신청에 대한 처리가 종료된 이후에만 사용자등록을 철회할 수 있다(규칙 71조).

3) 사용자등록의 말소

① 법원행정처장은 일정한 사유가 있는 경우에는 등록사용자의 사용을 정지하거나 사용자등록을 말소할 수 있다(규칙 72조 1항).

② 등록사용자가 전자공탁시스템을 마지막으로 이용한 날부터 5년이 지나면 사용자등록은 효력을 상실한다(규칙 72조 4항).

(4) 전자문서의 작성 및 제출

1) 전자문서의 작성 및 제출방법

① 전자문서 제출은 전자공탁시스템에서 요구하는 사항을 빈칸 채우기 방식으로 입력한 후 나머지 사항을 해당란에 직접 입력하거나 전자문서를 등재하는 방식으로 하여야 하고, 전자문서에는 대법원예규로 정하는 전자서명을 하여야 한다(규칙 73조 1항, 2항).

② 공동의 이해관계를 가진 여러 당사자나 대리인이 공동으로 공탁·출급·회수 등을 신청하는 경우에는 해당 전자문서에 공동명의자 전원이 전자서명을 하여 제출하거나, 또는 해당 전자문서를 제출하는 등록사용자가 다른 공동명의자 전원의 서명 또는 날인이 이루어진 확인서를 전자문서로 변환하여 함께 제출하는 방법(공탁금을 출급 또는 회수하는 경우에는 '제외'한다)에 따라 공동명의로 된 하나의 전자문서를 제출할 수 있다(규칙 73조 3항).

③ 전자문서에 의한 신청은 그 신청정보가 전자공탁시스템에 저장된 때에 접수된 것으로 본다(규칙 75조).[2018 법무사]

2) 공탁관의 심사
① 신청인이 전자공탁시스템에서 제공하는 방식으로 행정정보의 공동이용에 사전동의하는 경우, 신청인에 대한 주민등록표등·초본 등 행정정보 공동이용을 통하여 확인할 수 있는 정보에 대하여는 해당 서면의 제출을 면제할 수 있다. 다만 해당 행정기관의 전산시스템 장애 등으로 공탁관이 그 행정정보를 확인할 수 없는 경우에는 그러하지 아니하다.[2013 승진]

② 전자공탁시스템에 의한 공탁사건에 대한 정정신청 및 보정은 전자공탁시스템을 이용하여야 한다(규칙 76조). [2013, 2014, 2017, 2020 법무사]

(5) 공탁의 성립

1) 공탁관의 수리 및 인가처분
전자공탁사건에 대하여 공탁관이 수리, 인가 등의 처분을 하는 경우 그 전자문서에 수리, 인가 등의 뜻을 기재하고, 행정전자서명 인증서에 의한 사법전자서명을 하여야 하며, 위 처분결과를 대법원예규로 정하는 방법에 따라 고지하여야 한다(규칙 77조).

2) 공탁금 납입 및 공탁서 출력
① 공탁관은 공탁을 수리하는 경우 공탁물보관자에게 가상계좌번호를 요청하고 납입기간을 정하여 그 계좌로 공탁금을 납입하게 하여야 한다(규칙 78조 1항).[2021, 2023 법무사]

② 공탁금이 납입되면 공탁물보관자는 공탁관에게 공탁금이 납입된 사실을 전송하고, 공탁관은 공탁서에 공탁금이 납입되었다는 뜻을 전자적으로 확인하여야 한다(규칙 78조 2항, 3항).

③ 공탁금을 납입한 공탁자는 전자공탁시스템에 접속하여 공탁서를 출력하여야 한다(규칙 78조 4항).

(6) 공탁관의 공탁통지서 발송

공탁금이 납입되면 공탁관은 전자공탁시스템으로 제출된 공탁통지서를 출력하여 공탁통지서를 발송한다. 공탁통지서가 반송된 경우 공탁관은 이를 폐기할 수 있다. 이 경우 공탁자가 피공탁자에게 공탁통지서를 다시 발송하여 줄 것을 신청하면 공탁관은 이를 다시 출력하여 발송한다.

(7) 지급청구절차의 특례

1) 자격자대리인이 신청하는 경우

법무사 또는 변호사회원이 전자문서에 의하여 공탁금의 출급 또는 회수를 청구하는 경우에는 법무사회원 또는 변호사회원의 전자서명과 청구인 본인의 전자서명을 함께 제출하여야 한다(규칙 79조 2항).[2017, 2021, 2023 법무사, 2022 승진]

2) 인감증명서 제출 여부

전자문서에 의하여 공탁금의 출급 또는 회수를 청구하는 경우 공탁규칙 37조의 인감증명서는 첨부하지 아니한다(규칙 79조 1항).[2013, 2015, 2018 법무사]

3) 공탁금 지급방법

① 공탁금을 지급받는 방법은 공탁금출급·회수청구서를 출력하여 공탁금 보관은행에 제출하는 방법과 예금계좌로 지급받는 방법의 2가지가 있다. 공탁금을 예금계좌로 지급받는 경우 그 예금계좌는 반드시 청구인 본인의 예금계좌이어야 한다(규칙 79조 3항).[2018, 2023 법무사]

② 방문공탁사건에 대하여도 전자공탁시스템에 의한 지급청구를 할 수 있으나, 이 경우 전자서명은 공탁이 성립할 당시 공탁당사자의 것이어야 한다. 따라서 공탁자나 피공탁자의 상속인은 전자신청의 방법으로 지급청구를 할 수 없음을 주의하여야 한다.[2017 법무사]

2. 공탁서의 작성

가. 공탁서의 기재사항

① 공탁은 공탁자가 <u>자기의 책임과 판단</u>하에 하는 것으로서 공탁자는 나름대로 누구에게 변제를 하여야 할 것인지를 판단하여 그에 따라 변제공탁이나 집행공탁 또는 혼합공탁을 <u>선택하여</u> 할 수 있다.[33][2016, 2021, 2024 법무사]

② 공탁서에는 소정의 사항을 적고 공탁자가 기명날인하여야 한다. <u>대표자나 관리인 또는 대리인</u>이 공탁하는 때에는 <u>그 사람의 주소</u>를 적고 기명날인하여야 하며, <u>공무원</u>이 그 직무상 공탁하는 경우에는 소속 관서명과 그 직을 적고 기명날인하여야 한다(규칙 20조 2항).

③ 날인제도가 없는 국가에 속하는 외국인은 <u>서명</u>만으로 <u>공탁서 및 위임장</u>의 기명날인을 대신할 수 있다.[34][2019 법무사]

④ 공탁관에게 제출하는 서면에 날인하여야 할 경우에는 <u>서명으로</u> 갈음할 수 있고, 날인이나 서명을 할 수 없을 때에는 <u>무인으로</u> 할 수 있으며, 다만 제출하는 서면에 <u>인감을 날인</u>하고 인감증명서를 첨부하여야 하는 경우에는 적용하지 아니한다(규칙 제11조).[2009 법무사, 2010 승진]

(1) 공탁자의 성명·주소·주민등록번호(규칙 20조 2항 1호)

① 공탁자란에는 성명·주소·주민등록번호를 적어야 한다. 공탁자가 외국인인 경우 주민등록번호는 <u>여권번호, 외국인등록번호, 국내거소신고번호</u>로 대신할 수 있고, 재외국민인 경우에는 <u>여권번호</u>로 대신할 수 있다.[2012 법무사, 2018 승진]

② 제3자가 공탁하는 경우에는 제3자가 공탁자이므로 <u>제3자를 기준으로</u> 성명·주소·주민등록번호를 적어야 하고, 이 경우에 <u>변제공탁</u>은 '공탁원인사실란'에, <u>재판상 담보공탁</u>은 '비고란'에 제3자로서 공탁한다는 취지를 각 기재하여야 한다.[35]

(2) 공탁물의 표시(규칙 20조 2항 2호)

금전공탁서의 '공탁금액란'에는 공탁금액의 총액을 적어야 하고, 금액의 기재는 <u>한글과 아라비아숫자</u>를 병기한다.[2009 법무사]

---

33) 대법원 2005. 5. 26. 선고 2003다12311 판결.
34) 행정예규 1083호 1조.
35) 공탁선례 2-16.

(3) 공탁원인사실(규칙 20조 2항 3호)

① 공탁서의 '공탁원인사실란'에는 공탁의 권리·의무를 규정한 해당 공탁근거 법령의 공탁요건사실을 적어야 한다. 공탁원인사실은 개별 사안마다 다를 것이지만 출급절차를 적정하게 할 수 있을 정도로 구체적이어야 한다.

② 제3자에 의한 변제공탁의 경우에는 제3자가 이해관계가 있는 때에는 이해관계의 내용을 구체적으로 적은 다음 제3자로서 채무자를 갈음하여 공탁한다고 기재하고, 이해관계가 없는 때에는 채무자의 동의를 얻어 제3자로서 채무자를 갈음하여 공탁한다고 기재한다.[2016 법무사]

(4) 공탁근거법령조항(규칙 20조 2항 4호)

① 공탁서의 법령조항란에는 공탁의 권리 또는 의무를 규정한 공탁근거법령의 조항을 적어야 한다.

② 수 개의 법조항이 하나의 공탁근거법령을 이루고 있는 경우에는 이를 모두 적어야 한다. 다만 공탁근거법령의 기재가 사실과 합치되지 아니한 경우에도 바로 그 공탁을 무효로 볼 것은 아니고, 이러한 경우라도 객관적으로 진정한 공탁원인이 존재하면 그 공탁을 유효한 것으로 해석하고 있다.[36]

(5) 피공탁자의 성명·주소·주민등록번호(규칙 20조 2항 5호)

1) 원칙

① 공탁물수령자(피공탁자)를 지정하여야 할 경우에는 공탁서의 피공탁자란에 피공탁자의 성명·주소·주민등록번호를 기재하여야 한다.

② 피공탁자가 법인인 경우에는 그 상호(명칭)·본점소재지(주사무소)·법인등록번호를 기재하되, 대표자의 성명·주소를 기재할 필요는 없다.[2011, 2021 법무사]

③ 상법 제520조의2 제1항에 따라 해산간주된 회사로서 법인등기사항증명서상 대표자가 없더라도 피공탁자가 법인인 경우에는 대표자의 성명·주소는 공탁서 기재사항이 아니므로 법인의 명칭과 주사무소만 기재하여 변제공탁할 수 있다.[37]

④ 공탁당사자가 외국인인 경우 주민등록번호는 여권번호, 외국인등록번호, 국내거소신고번호로 대신할 수 있고, 재외국민인 경우에는 여권번호로 대신할 수 있다.[38][2018 승진, 2012 법무사]

---

36) 대법원 1997. 10. 16. 선고 96다11747 전원합의체판결 참조.
37) 공탁선례 2-18.
38) 행정예규 1083호 제2조(재외국민의 국내거소신고제도는 폐지되었다).

⑤ 공탁서에는 원칙적으로 피공탁자의 주민등록번호를 기재하여야 하나, <u>주민등록번호를 확인할 수 있는 서면을 첨부하여야 하는 것은 아니다</u>. 다만 <u>변제공탁</u>을 하는 경우에 공탁서에 피공탁자의 주소를 소명하는 서면으로 주민등록표등·초본을 첨부할 때는 주민등록표등·초본에 의하여 주민등록번호를 확인할 수 있다.39)[2009 법무사]

2) 피공탁자를 기재하지 않는 경우
① 금전채권의 <u>일부에 대한 압류</u>가 있고 제3채무자가 <u>압류된 금액</u>만을 집행공탁하는 경우[2017, 2021 법무사, 2016 승진]
② 영업보증공탁의 경우
③ 가압류해방공탁의 경우[2018, 2023 법무사]
④ 보관공탁의 경우[2018 법무사]

3) 제3채무자가 집행공탁을 할 때 피공탁자를 기재하여야 하는 경우
① 금전채권의 일부에 대하여 압류가 있고 압류에 관련된 <u>채권 전액을 공탁</u>하는 경우에는 압류되지 아니한 부분은 <u>변제공탁</u>의 성질을 가지므로 압류명령의 채무자를 피공탁자로 기재하여야 한다.
② 금전채권에 대한 <u>가압류를 원인으로 집행공탁</u>하는 경우에도 그 실질은 <u>변제공탁</u>의 성질을 가지므로 가압류채무자를 피공탁자로 기재하여야 한다.40)

4) 피공탁자 기재방법
① 피공탁자의 주소는 원칙적으로 주민등록표상 현주소를 기재하여야 한다. 다만 채권자의 주소가 불명하여 수령불능을 원인으로 변제공탁을 하는 경우에는 채권자의 말소된 주민등록표에 나타난 <u>최후주소를 기재</u>하면 되고, 주민등록표상의 주소를 알 수 없다면 <u>불명으로 기재</u>하되, 괄호 안에 확인된 최종주소인 판결문이나 등기기록상의 주소를 기재할 수 있다.41)[2012, 2022 법무사]
② 상대적 불확지 변제공탁의 경우에는 피공탁자를 '甲 또는 乙', '甲 또는 乙 또는 丙' 등으로 기재한다.
③ 수용대상 토지에 대하여 <u>담보물권, 가압류, 경매개시결정</u> 등의 등기가 있더라도 피공탁자란에는 <u>토지소유자만 기재</u>하면 되고, 담보물권자, 가압류채권자, 경매신청인 등은 <u>기재할 필요가 없다</u>.42)[2016, 2018, 2020, 2022 법무사]

---
39) 공탁선례 2-276.
40) 행정예규 1018호(제3채무자의 권리공탁에 관한 업무처리절차).
41) 공탁선례 1-6 ; 2-29.
42) 공탁선례 2-164.

(6) 공탁으로 인하여 소멸하는 질권·전세권·저당권(규칙 20조 2항 6호)

① 공탁으로 인하여 질권·전세권·저당권이 소멸하는 경우에는 그 질권·전세권·저당권을 '공탁으로 인하여 소멸하는 질권·전세권·저당권'란에 기재하여야 한다(규칙 20조 2항 6호).

② 공탁으로 인하여 질권 또는 저당권이 소멸하는 때에는 공탁자는 공탁물을 회수할 수 없다(민법 489조 2항). 공탁으로 소멸하는 질권 또는 저당권을 공탁서의 해당란에 기재하지 않았다고 하더라도 공탁원인사실란에 특정 질권 또는 저당권이 소멸하는 취지의 기재가 있는 때에는 역시 공탁자는 공탁물을 회수할 수 없다.[2013 법무사]

(7) 반대급부의 내용(규칙 20조 2항 7호)

① 동시이행관계에 있는 채무를 변제공탁할 경우에는 공탁자는 공탁서의 '반대급부의 내용'란에 피공탁자가 이행하여야 할 반대급부의 내용을 기재할 수 있고, 이 경우에 피공탁자는 반대급부 이행증명서면을 첨부하지 않으면 공탁물을 수령할 수 없다.[2011, 2012 법무사]

② 채권자가 반대급부를 이행할 의무가 없음에도 불구하고 채무자가 이를 조건으로 하여 공탁한 때에는 채권자가 이를 수락하지 않는 한 그 변제공탁은 조건 뿐만 아니라 공탁 자체가 무효이다.[43)][2014 승진, 2016 법무사]

(8) 관공서의 명칭(규칙 20조 2항 8호)

관공서의 명칭과 건명은 영업보증공탁서의 특유한 기재사항이다.[2009 법무사]

나. 공탁서 등의 기재방식

(1) 공탁서 등의 기재문자

공탁서, 공탁물 출급·회수청구서 그 밖에 공탁에 관한 서면에 적는 문자는 자획을 명확히 하여야 한다(규칙 12조 1항).

(2) 기재문자의 정정

① 공탁서, 공탁물출급·회수청구서, 지급위탁서·증명서에 적은 금전에 관한 숫자는 정정, 추가나 삭제할 수 없으나, 공탁서의 공탁원인사실과 청구서의 청구사유에 적은 금전에 관한 숫자는 그러하지 아니하다(규칙 12조 2항).

[2010, 2020 승진, 2016, 2018 법무사]

---

43) 대법원 1979. 10. 30. 78누378.

② 공탁서 등에 기재한 금전에 관한 숫자 이외의 기재사항에 관하여는 정정·추가·삭제할 수 있다. 정정·추가·삭제를 할 때에는 한 줄을 긋고 그 위쪽이나 아래쪽에 바르게 적거나 추가하고, 그 글자 수를 난외에 적은 다음 도장을 찍어야 하며, 정정하거나 삭제한 문자는 읽을 수 있도록 남겨두어야 한다(규칙 12조 3항).

③ 정정 등을 한 서류가 공탁서나 공탁물출급·회수청구서인 때에는 공탁관은 작성자가 도장을 찍은 곳 옆에 인감도장을 찍어 확인하여야 한다(규칙 12조 4항).

(3) 별지를 이용한 기재

공탁관에게 제출하는 서류에 관하여 양식과 용지의 크기가 정하여져 있는 경우에 한 장에다 전부 적을 수 없는 때에는 해당 용지와 같은 크기의 용지로서 적당한 양식으로 계속 적을 수 있고, 이 경우에는 계속 용지임을 명확히 표시하여야 한다(규칙 13조).

(4) 서류의 간인

공탁관에게 제출하는 서류가 두 장 이상인 때에는 작성자는 간인을 하여야 하고, 서류의 작성자가 여러 사람인 경우에는 그 중 한 사람이 간인을 하면 된다(규칙 14조 1항, 2항). 공탁서나 공탁물출급·회수청구서인 때에는 공탁관이 인감도장으로 간인을 하여 확인하여야 한다(규칙 14조 3항).[2009 법무사]

3. 공탁서의 첨부서면

가. 자격증명서

(1) 공탁자가 법인인 경우

① 공탁자가 법인인 경우에는 법인등기사항증명서 등 대표자 또는 관리인의 자격을 증명하는 서면을 공탁서에 첨부하여야 한다(규칙 21조 1항). 법인등기사항증명서(관공서에서 발급)는 발급일로부터 3월 이내의 것이어야 한다.[2018 법무사]

② 공탁자가 대한민국 내 영업소 설치등기가 되어 있지 아니한 외국회사인 경우에는 외국회사 본국의 관할관청 또는 대한민국에 있는 그 외국 영사의 인증을 받은 대표자의 자격을 증명하는 서면 및 그 번역문을 그에 갈음하여 제출할 수 있다.[44][2010 법무사]

---

44) 공탁선례 1-5, 2-78.

(2) 공탁자가 법인 아닌 사단·재단인 경우
① 공탁자가 법인 아닌 사단이나 재단일 경우에는 정관이나 규약과 대표자 또는 관리인의 자격을 증명하는 서면을 공탁서에 첨부하여야 한다(규칙 21조 1항).
② 정관이나 규약은 비법인의 실체(명칭, 주사무소, 목적 등)를 증명하는 서면으로서, 그리고 대표자의 자격을 증명하는 서면(회의록, 대표자선임결의서 등)은 비법인 사단이나 재단이 대표자나 관리인을 통하여 사회적 활동이나 거래 등을 하기 때문에 각 첨부하도록 하는 것이므로 이 규정을 예시적으로 보아 다른 서면을 첨부하여 공탁할 수는 없다.45)
따라서 법인 아닌 사단이 판결에 기하여 공탁을 하는 경우 판결문상에 사단의 실체 및 대표자가 표시되어 있다 하더라도 판결문만을 첨부하여 공탁할 수는 없고, 반드시 정관이나 규약과 대표자의 자격을 증명하는 서면을 첨부하여야 한다.46)[2016, 2018, 2021, 2022 법무사]
③ 비법인 사단의 대표적 예가 될 수 있는 종중의 경우에도 대표자 또는 관리인의 자격을 증명하는 서면은 종중규약에 따라 대표자로 선출된 회의록 등이고, 부동산등기용 등록번호를 증명하는 서면인 종중등록증명서는 대표자의 자격을 증명하는 서면이 될 수 없다.47)[2011, 2021, 2022 법무사]
④ 정관·규약·대표자 선출 회의록, 위임장 등은 관공서에서 발급받는 서면이 아니므로 3월 이내의 것일 필요가 없다.[2011 법무사]

(3) 대리인이 공탁하는 경우
대리인이 공탁하는 경우에는 대리인의 권한을 증명하는 서면을 첨부하여야 한다(규칙 21조 2항). 법무사 등 임의대리인이 공탁하는 경우에는 권한위임을 증명하는 위임장을 첨부하여야 한다.[2013 법무사]

(4) 자격증명서의 유효기간
관공서에서 작성하는 자격증명서(가족관계증명서, 법인등기사항증명서 등)는 작성일로부터 3월 이내의 것이어야 한다(규칙 16조 1호).

---

45) 공탁선례 2-80.
46) 공탁선례 2-80.
47) 공탁선례 2-136.

나. 주소 소명서면 등

변제공탁을 하는 경우에 피공탁자의 주소를 표시하는 때에는 그 주소를 <u>소명하는 서면</u>을, 피공탁자의 주소가 불명인 경우에는 이를 <u>소명하는 서면</u>을 첨부하여야 한다(규칙 21조 3항).[2013, 2020, 2021 법무사]

(1) 주소 소명서면

① 주소를 소명하는 서면으로서 관공서에서 발급받은 서면(주민등록표등·초본, 법인등기사항증명서 등)은 발급일로부터 <u>3월 이내</u>의 것이어야 한다(규칙 16조 2호).

② 재결서나 판결문에 피공탁자의 주소가 표시되어 있고 표시된 주소가 주민등록표등·초본상의 주소와 일치된다 하더라도 재결서, 판결문은 주소가 불명인 경우에 <u>그 사유를 소명하는 서면</u>으로 볼 수는 있지만 <u>직접 주소를 소명하는 서면</u>으로 볼 수 없다.[48)][2020 승진, 2017, 2022 법무사]

③ 채권자 상대적 불확지공탁을 하는 경우에는 <u>피공탁자로 기재된 자</u> 모두의 주소소명서면을 제출하여야 한다.[2010 승진, 2017 법무사]

(2) 주소불명사유 소명서면

① 피공탁자의 주소가 불명인 경우에는 그 <u>사유를 소명하는 서면</u>을 첨부하여야 한다(규칙 21조 3항). 그 사유를 소명하는 서면으로서 피공탁자의 <u>최종주소를 소명하는 서면</u>(변제공탁의 직접 원인이 되는 계약서·재판서·재결서, 등기사항증명서, 토지대장, 공판서, 말소된 주민등록표등·초본 등) 및 그 주소지에 피공탁자가 <u>거주하지 않는다는 소명자료</u>를 첨부하여야 한다.[49)][2016 승진, 2010, 2021, 2022 법무사]

② 피공탁자가 외국인이거나 재외국민으로 주소가 분명하지 아니한 경우 공탁의 직접 원인이 되는 계약서, 재판서, 재결서 등에 나타난 주소지를 <u>최종주소지로 기재</u>하고, 그 최종주소지에 피공탁자가 <u>거주하지 않는다는 것을 소명하는 서면</u>(이사불명 등으로 반송되었다는 취지가 기재된 최근의 배달증명 등)을 제출하여야 한다.[50)][2010, 2018 승진, 2017 법무사]

---

48) 공탁선례 2-107, 170.
49) 공탁선례 2-170 참조.
50) 외국인 등을 위한 공탁신청에 관한 지침(행정예규 1083호 4조).

다. 공탁통지서

① 피공탁자에게 변제공탁의 내용과 공탁물 출급청구권이 발생하였음을 알려주는 기능을 하는 공탁통지는 본래 공탁자가 하여야 한다(민법 488조 3항). 다만 공탁규칙은 공탁통지를 확실하게 하기 위하여 공탁신청시 공탁자로 하여금 공탁통지서를 제출하도록 하고, 공탁물이 납입된 후에 공탁관이 공탁자를 대신하여 피공탁자에게 공탁통지서를 발송하도록 하고 있다(규칙 29조 1항).

따라서 공탁자가 피공탁자에게 공탁통지를 하여야 할 경우에는 피공탁자의 수만큼 공탁통지서를 첨부하여야 하고, 우편법 시행규칙에 따른 배달증명으로 할 수 있는 우편료를 납입하여야 한다(규칙 23조 1항, 2항).

② 공탁자가 피공탁자의 외국주소로 공탁통지를 하여야 할 경우에는 수신인란에 로마문자(영문)와 아라비아 숫자로 피공탁자의 성명과 주소를 적은 국제특급우편봉투와 우편요금을 첨부하여야 한다(규칙 67조 1항).

③ 절대적 불확지 변제공탁이나 피공탁자의 주소불명에 따른 수령불능을 이유로 한 변제공탁의 경우 공탁신청 당시에는 공탁통지서를 제출할 필요가 없으나, 나중에 피공탁자를 알게 되거나 채권자의 주소가 판명될 경우는 공탁서정정신청을 하면서 공탁통지서를 제출하여야 한다.[2011, 2015, 2017, 2021 법무사]

④ 민사집행법 제248조 제1항에 따라 제3채무자가 금전채권액의 일부에 대한 압류를 원인으로 압류에 관련된 채권 전액을 공탁한 경우에는 공탁금 중에서 압류의 효력이 미치지 않는 부분은 변제공탁의 성질을 가지므로 압류채무자를 피공탁자로 기재하여야 하며 피공탁자에게 발송할 공탁통지서를 첨부하여야 한다.[51][2010 승진, 2017 법무사]

⑤ 제3채무자가 금전채권에 대한 가압류를 원인으로 한 공탁(민사집행법 291조, 248조 1항)은 형식은 집행공탁이지만 실질은 채권자인 가압류채무자를 피공탁자로 하는 일종의 변제공탁이므로 가압류채무자를 피공탁자로 기재하여야 하고 피공탁자에게 발송할 공탁통지서를 제출하여야 한다.[52][2015, 2020, 2021 법무사]

라. 기명식 유가증권의 양도증서

기명식유가증권을 공탁하는 경우에는 공탁물을 수령하는 자가 즉시 권리를 취득할 수 있도록 유가증권에 배서를 '하거나' 양도증서를 첨부하여야 한다(규칙 24조).[53][2011, 2023 법무사]

---

51) 행정예규 1018호(제3채무자의 권리공탁에 관한 업무처리절차).
52) 행정예규 1018호(제3채무자의 권리공탁에 관한 업무처리절차).
53) 현실적으로는 양도증서를 공탁물보관자에게 제출한다.

마. 채권압류·가압류결정 사본

금전채권의 압류·가압류를 이유로 제3채무자가 민사집행법 248조에 의하여 공탁하는 경우에는 <u>가압류·압류결정 '사본'</u>을 첨부하여야 한다.[54] [2013 법무사]

바. 첨부서면의 생략

<u>같은 사람</u>이 동시에 <u>같은 공탁법원</u>에 여러 건의 공탁을 하는 경우에 첨부서면의 내용이 같을 때에는 <u>1건의 공탁서에 1통만을 첨부</u>하면 되고, 이 경우 다른 공탁서에는 그 뜻을 적어야 한다(규칙 22조). 다만 <u>전자신청에 의하여 공탁</u>을 하는 경우에는 같은 사람이 동시에 같은 공탁법원에 여러 건의 공탁을 하는 경우라도 첨부서면을 <u>각각 첨부</u>하여야 한다(규칙 73조 5항). [2010, 2017, 2021 법무사]

Memo

---

54) 행정예규 1018호(제3채무자의 권리공탁에 관한 업무처리절차).

제2절 공탁의 성립(공탁의 수리 및 공탁물 납입)

1. 공탁관의 심사

① 공탁관이 공탁신청서류를 접수한 때는 상당한 사유가 없는 한 지체 없이 모든 사항을 조사하여 신속하게 처리하여야 한다(규칙 25조).

② 공탁관의 심사범위에 대하여는 특별한 제한규정이 없으므로 공탁신청의 절차적 요건뿐만 아니라 해당 공탁이 유효한가 하는 실체적 요건에 관하여도 공탁서와 첨부서면에 의하여 심사할 수 있다.[2009 승진, 2022 법무사]

따라서 공탁관은 공탁당사자의 공탁신청에 대하여 그것이 절차상·실체상 일체의 법률적 요건을 구비하고 있는지 여부를 심사하여 공탁신청을 수리 또는 불수리하여야 한다. 그 심사방법은 공탁법규가 규정하는 공탁서와 첨부서면만에 의하여 심사하는 형식적 심사주의에 의한다.[55]

2. 공탁관의 심사결과

(1) 공탁의 수리

① 공탁관이 공탁신청을 수리한 때에는 공탁서 1통을 공탁자에게 내주어 공탁물을 공탁물보관자에게 납입하게 하여야 한다(규칙 26조 1항).

② 공탁관이 공탁신청을 수리한 때에는 주요사항을 전산등록하고, 공탁물보관자에게 그 내용을 전송하여야 한다. 다만 물품공탁의 경우에는 공탁물보관자에게 전송하는 대신 공탁자에게 공탁물품납입서 1통을 주어야 한다(규칙 26조 2항).

③ 공탁의 '수리요건'과 '유효요건'은 구별되므로 공탁이 수리되었다고 하여 반드시 그 공탁이 유효로 되는 것은 아니다. 따라서 채권자의 수령거절 등 변제공탁사유가 없음에도 있는 것처럼 변제공탁한 경우에는 공탁이 수리된다 하여도 변제공탁의 요건을 갖추지 못한 부적법한 것이므로 변제의 효력이 없다.[56]

④ 근저당권 피담보채무의 변제는 원칙적으로 근저당권설정등기의 말소에 앞서 이행되어야 하므로 근저당권 피담보채무의 변제와 근저당설정등기의 말소를 동시이행하기로 하는 특약을 한 사실이 없음에도 특약이 있는 것으로 하여 근저당설정등기의 말소에 필요한 서류 일체의 교부를 반대급부로 하여 공탁한 경우 공탁관은 특약유무에 관하여 심사할 수 없으므로 수리할 수 밖에 없으나, 근저당권자는 특약이 없음을 이유로 변제공탁의 효력을 부인할 수 있다.[57][2021 법무사]

---

55) 대법원 2014. 4. 24. 선고 2012다40592 판결.
56) 대법원 1965. 7. 22. 65마571 결정.
57) 공탁선례 2-32.

(2) 공탁의 불수리

① 공탁관이 공탁신청이나 공탁물 출급·회수청구를 불수리할 경우에는 별도의 양식에 따라 이유를 적은 결정으로 하여야 한다(규칙 48조 1항).[2010 승진]

② 공탁관이 불수리결정을 한 경우에는 신청인에게 불수리결정등본을 교부하거나 배달증명우편으로 송달하여야 한다.58)[2021 법무사]

③ 공탁관의 불수리결정에 대하여 불복하는 자는 관할법원에 이의신청을 할 수 있고, 이 경우에 이의신청은 공탁소에 이의신청서를 제출하는 방법으로 한다(12조). 공탁관의 처분 중 불수리처분만이 이의신청의 대상이 된다.[2012 법무사]

④ 공탁관이 불수리결정을 한 때에는 불수리결정 원본과 공탁서 또는 공탁물 출급·회수청구서 그 밖의 첨부서류는 공탁기록에 철하여 보관한다. 다만 신청인이 첨부서류에 대한 반환을 청구하면 해당 서류의 복사본과 신청인에게서 받은 영수증을 공탁기록에 철하고 원본을 반환한다.59)[2012, 2021 법무사]

(3) 각종 부기문의 기재

공탁서와 청구서 등에 적을 부기문은 그 서면의 여백에 적을 수 있고, 다만 다른 용지에 적을 때는 직인으로 간인을 하여야 한다(규칙 36조 1항). 부기문이 기재된 서면 중 1통을 제출자나 공탁물보관자에게 내주는 때에는 두 서면에 직인으로 계인을 찍어야 한다(규칙 36조 2항).

3. 공탁물의 납입

(1) 일반적인 경우

① 공탁자는 공탁소로부터 공탁서(단 물품공탁의 경우 공탁서와 공탁물품납입서)를 교부받아 공탁물보관자에게 납입기일까지 공탁물을 납입하여야 한다.

공탁자가 지정된 납입기일까지 공탁물을 납입하지 않을 때는 그 수리결정은 효력을 상실한다(규칙 26조 3항). 따라서 납입기일까지 공탁물이 납입되지 않아 수리결정이 효력을 상실한 이후에 공탁물이 납입되었다고 하더라도 그 공탁은 무효이다.[2015 법무사]

② 공탁이 유효하게 성립하는 시기는 공탁관의 수리처분이 있을 때가 아니라, 공탁자가 공탁물을 공탁물보관자에게 납입한 때이다.[2010, 2016 승진, 2015, 2023 법무사]

---

58) 행정예규 1013호 3조.
59) 행정예규 1013호 5조.

(2) 계좌입금에 의한 공탁금납입[60]

1) 가상계좌납입신청(예규 2조)
① 가상계좌에 의한 공탁금 납입신청은 <u>시·군법원 공탁소를 포함</u>하여 전국 모든 공탁사건에 대하여 할 수 있다.[2023 승진, 2012, 2013, 2015 법무사]
② 공탁자가 가상계좌납입신청을 하는 경우에는 공탁서의 <u>비고(가상계좌납입신청)</u>란에 그 취지를 표시하여야 한다.[2010 법무사]
③ 부동산경매에 있어서 매각허가결정에 대한 항고보증공탁을 하는 경우에는 <u>공탁금 보관은행을 경유</u>하여 이자소득세 원천징수에 필요한 사항을 <u>등록한 후 계좌납입신청</u>을 하여야 하고, 주민등록번호(개인)나 사업자등록번호(법인)를 <u>소명할 수 있는 자료</u>를 제출하여야 한다.[2010, 2021 법무사]

2) 가상계좌번호 부여절차(예규 3조)
① 공탁관은 공탁자가 공탁금 계좌입금을 신청한 경우에는 <u>공탁수리 후</u> 공탁금보관자에게 가상계좌번호부여를 요청하여야 한다.[2007 법무사]
② 공탁관은 공탁금보관자로부터 가상계좌번호를 전송받은 후 <u>공탁서는 보관</u>하고, <u>납입안내문을 출력하여 공탁자에게 교부</u>하여 납입기한 안에 계좌로 납부하게 하여야 한다.[2023 승진, 2011, 2013, 2021 법무사]

3) 가상계좌 납입절차(예규 4조)
① 공탁자는 납입기한의 <u>통상 업무시간까지</u> 지정된 계좌로 공탁금을 납입하여야 한다.[2010 법무사]
② 공탁금보관자는 가상계좌로 공탁금 납입시 공탁소에서 전송된 납입기한 및 공탁금액과 대조하여 확인한 후 납입처리하고, 그 처리결과를 <u>공탁관에게 전송하여야</u> 한다.[2015 법무사]
③ 공탁자가 계좌번호 오류, 은행의 전산다운 등의 사유로 납입마감일의 통상 업무시간까지 공탁금을 납입하지 못한 경우에는 당해 공탁사건은 <u>실효처리</u>된다. 다만 공탁관에게 납입기한 연장을 요청하여 승인을 받은 경우에는 예외로 한다.[2013, 2021, 2023 법무사]
④ <u>전자공탁시스템</u>을 이용하여 공탁을 하는 경우에는 <u>반드시 가상계좌번호</u>에 납입하도록 하여야 한다(규칙 78조 1항).[2023 승진, 2013, 2015 법무사]

---

60) 행정예규 936호(가상계좌에 의한 공탁금 납입절차에 관한 업무처리지침).

4) 계좌납입신청의 철회 및 납입취소(예규 5조)

① 공탁자는 가상계좌로 공탁금이 납입되기 전까지는 가상계좌납입 신청을 철회하고 관할공탁소 공탁금보관자에게 직접 납입할 수 있다.[2023 승진, 2021 법무사]

② 공탁관은 공탁자가 계좌납입신청을 철회하면 공탁서 비고란을 정정하게 하고 가상계좌 전산등록을 삭제 후 보관 중인 공탁서를 교부하여야 한다.[2010 법무사]

③ 공탁자가 착오납입을 한 경우 납입당일에 한해 통상 업무시간 전까지 공탁관의 확인을 받아 공탁금보관자에게 납입취소를 요청할 수 있다.[2013 법무사]

5) 공탁서의 교부

① 공탁관은 공탁금보관자로부터 납입전송을 받으면 지체 없이 보관 중인 공탁서에 납입증명을 하여 공탁자 또는 정당한 대리인에게 교부하거나 우편으로 발송하여야 한다(예규 6조).[2009 승진, 2015, 2023 법무사]

② 납입증명을 한 공탁서를 우편으로 우송받고자 하는 경우 수신인란에 공탁자의 성명과 주소, 전화번호를 기재하고 배달증명으로 할 수 있는 가액의 우표를 붙인 우편봉투를 함께 제출하여야 한다(예규 2조).[2007 법무사]

Memo

제3절 공탁사항의 변경(대공탁, 부속공탁, 담보물변경)

1. 대공탁

(1) 의의

① 대공탁이란 공탁유가증권의 상환기가 도래한 경우에 공탁당사자 등의 청구에 의하여 공탁소가 공탁유가증권의 상환금을 수령하여 종전의 공탁유가증권 대신 대신 보관함으로써 전후 공탁의 동일성을 유지하면서 유가증권공탁을 금전공탁으로 변경하는 공탁을 말한다(법 7조, 규칙 31조).[2020 법무사]

본래의 유가증권공탁을 기본공탁이라 한다. 대공탁은 공탁의 목적물이 유가증권에서 금전으로 변경되지만 공탁의 동일성이 유지되므로 유가증권의 상환금청구권의 시효소멸을 방지하여 종전 공탁의 효력을 지속시키는 데 그 목적이 있다.

② 당초 공탁된 유가증권인도청구권에 대한 압류 및 배당요구의 효력은 유가증권을 환가하여 현금화한 원금과 이자에 대한 대공탁과 부속공탁에 미친다.[61]

[2008 법무사]

(2) 대공탁의 절차

① 공탁유가증권의 상환금의 대공탁을 청구하려는 자는 2통의 대공탁청구서를 제출하여야 한다(규칙 31조 1항).

② 대공탁을 청구할 수 있는 자는 공탁물을 수령할 자이다(7조). 즉 공탁물에 대하여 출급 또는 회수청구권을 행사하여 공탁물을 지급받을 수 있는 권리를 가진 자를 말하며, 공탁자와 피공탁자 이외에 공탁물지급청구권의 양수인, 상속인, 추심·전부채권자도 포함된다.[2013 법무사]

③ 대공탁은 기본공탁과 동일성을 유지하면서 단지 유가증권을 현금으로 변경하는 절차이므로 공탁물을 출급·회수하는 절차와는 달리 공탁서 원본을 첨부할 필요가 없다.[62][2013, 2015, 2020 법무사]

④ 공탁유가증권이 기명식인 때에는 청구인은 대공탁 청구서에 공탁물보관자 앞으로 작성한 상환금추심 위임장을 첨부하여야 한다(규칙 31조 5항).[2020 법무사]

⑤ 같은 사람이 동시에 같은 공탁법원에 여러 건의 대공탁을 하는 경우에 첨부서면의 내용이 같을 때에는 1건의 대공탁서에 1통만을 첨부하면 된다. 이 경우 다른 공탁서에는 그 뜻을 적어야 한다(규칙 31조 4항, 22조).

---

[61] 대법원 2005. 5. 13. 선고 2005다1766 판결.
[62] 행정예규 973호.

(3) 대공탁의 수리 및 상환금 추심

① 공탁관이 대공탁의 청구를 수리할 때에는 대공탁청구서에 그 청구를 수리한다는 뜻과 공탁번호를 적고 기명날인한 다음, 그 중 1통을 유가증권출급의뢰서와 함께 청구인에게 내주어야 한다(규칙 31조 3항).

② 대공탁청구인이 공탁관으로부터 교부받은 대공탁청구서 및 유가증권출급의뢰서 등을 공탁물보관자에게 제출한 경우 공탁물보관자는 그 대공탁청구서 말미에 영수인을 찍어 청구인에게 반환하고, 공탁유가증권을 출급하여 그 유가증권 채무자로부터 상환금을 추심하여 공탁관의 계좌에 대공탁금으로 입금하는 절차를 밟아야 한다. 이 경우 공탁물보관자의 추심비용은 청구인이 부담한다(규칙 31조 6항).[2020, 2022 법무사]

③ 대공탁은 금전공탁사건으로 접수하고, 대공탁을 수리하는 경우에는 동시에 유가증권공탁사건부와 원장에 유가증권의 출급사항을 등록하여야 한다(규칙 31조 7항).

④ 동일한 유가증권공탁에 관하여 대공탁과 부속공탁을 동시에 청구하는 경우에는 하나의 청구서로 할 수 있고, 이 경우에 공탁관은 대공탁과 부속공탁을 별건으로 접수·등록하되 1개의 기록을 만든다(규칙 31조 2항).[2005 법무사]

2. 부속공탁

(1) 의의

공탁유가증권의 이자 또는 배당금의 지급기가 도래하였을 때 공탁당사자 등의 청구에 의하여 공탁소가 공탁유가증권의 이자 또는 배당금을 수령하여 종전의 공탁유가증권에 부속시켜 공탁함으로써 기본공탁의 효력이 그 이자 또는 배당금에도 미치도록 하는 공탁을 부속공탁이라 한다(법 7조, 규칙 31조).

(2) 절차

① 부속공탁을 청구하려는 자는 2통의 부속공탁청구서를 제출하여야 한다(규칙 31조 1항).

② 부속공탁을 청구할 수 있는 자는 공탁물을 수령할 자이므로(법 7조) 공탁자와 피공탁자 이외에 공탁물지급청구권의 양수인, 상속인, 추심·전부채권자도 포함된다.[2013 법무사]

③ 부속공탁은 공탁유가증권의 이자나 배당금을 기본공탁에 부속시키는 절차이므로 공탁물을 출급·회수하는 절차와는 달리 공탁서 원본을 첨부할 필요가 없다.[63][2013, 2015 법무사]

④ 같은 사람이 동시에 같은 공탁법원에 여러 건의 부속공탁을 하는 경우에 첨부서면의 내용이 같을 때에는 1건의 부속공탁서에 1통만을 첨부하면 된다. 이 경우 다른 공탁서에는 그 뜻을 적어야 한다(규칙 31조 4항, 22조).[2022 법무사]

(3) 부속공탁의 수리 및 이자·배당금의 추심
부속공탁은 금전공탁사건으로 접수한다(규칙 31조 7항). 부속공탁은 대공탁과 달리 유가증권공탁사건부와 원장에 출급의 등록을 하지 아니한다.

3. 담보물변경

(1) 의의
담보물변경이란 담보의 목적으로 금전 또는 유가증권을 공탁한 자가 법원의 승인을 받아 종전의 공탁을 그대로 둔 채 새로이 별개의 공탁을 한 후 종전 공탁은 공탁원인소멸을 이유로 회수하여 공탁물을 변경하는 것을 말한다(민사소송법 126조).

(2) 대공탁과 담보물변경의 차이점
① 대공탁은 공탁의 동일성이 유지되지만, 담보물변경은 동일성이 없다.
② 대공탁은 변제공탁·담보공탁·집행공탁 모두 허용되지만, 담보물변경은 담보공탁의 경우에만 인정된다.[2005 법무사]
③ 대공탁은 공탁의 동일성이 유지되므로 법원의 승인이 필요 없으나, 담보물변경에는 법원의 승인을 필요로 한다.[2013, 2022 법무사]
④ 대공탁은 유가증권공탁이 금전공탁으로 변경되는 경우에만 인정된다. 담보물변경의 경우에는 유가증권공탁이 금전공탁으로, 금전공탁이 유가증권공탁으로, 유가증권공탁이 다른 유가증권공탁으로 변경되는 경우도 포함된다.[2013, 2022 법무사]

(3) 담보물변경의 허용여부
① 공탁한 담보물이 금전인 경우에 유가증권으로 담보물을 변환하는 것은 법원의 재량에 속한다는 것이 판례의 입장이므로[64] 법원의 담보제공명령에 의하여 현금공탁을 한 후 이를 유가증권으로 변경하는 것도 허용된다.[2020 법무사]
② 공탁물의 일부분에 대한 담보물변경도 허용되며, 다만 종전 공탁물의 회수청구권이 압류된 경우에는 공탁물변경을 허용할 수 없다.

---
63) 행정예규 973호.
64) 대법원 1977. 12. 15. 77그27 결정.

(4) 담보물의 변경절차

① 담보제공명령을 한 법원은 담보제공자의 신청에 의하여 결정으로 공탁한 담보물을 바꾸도록 명할 수 있고, 다만 당사자가 계약에 의하여 공탁한 담보물을 다른 담보로 바꾸겠다고 신청한 때에는 그에 따른다(민사소송법 126조).

② 법원이 담보물의 변경을 허가할 때 신·구 담보물의 액면가액이 절대적으로 동일하거나 그 이상이어야 하는 것은 아니며, 신 담보물을 어떠한 종류와 수량의 유가증권이나 채권으로 할 것인지는 법원의 재량에 의한다.[65] [2022 법무사]

③ 담보물변경신청사건은 담보제공결정을 한 법원 또는 그 기록을 보관하고 있는 법원이 관할한다(민사소송규칙 23조 1항).[2020 법무사]

④ 납세담보공탁의 경우에는 세무서장 또는 지방자치단체의 장의 승인을 얻어야 담보물변경을 할 수 있다(국세징수법 21조 1항, 지방세기본법 68조 1항).

영업보증공탁에는 공탁자가 공탁 중인 유가증권의 상환기가 도래하여 다른 유가증권을 새로 공탁하고 종전의 공탁유가증권을 회수하고자 할 때 관계관청의 승인을 얻어야 한다는 명문규정이 없으므로 종전 공탁(구 공탁)과 동일한 공탁(신 공탁)이 이루어진 것을 소명하고 종전 공탁물을 회수할 수 있다.[66]

---

65) 대법원 1988. 8. 11. 88그25 결정.
66) 공탁선례 2-269.

제4절 공탁서 정정

1. 의의

공탁신청이 수리된 후 공탁서의 착오기재를 발견한 공탁자는 공탁의 동일성을 해하지 아니하는 범위 내에서 공탁서 정정신청을 할 수 있다(규칙 30조 1항).

즉 공탁서 정정이란 공탁서에 공탁수리 전부터 존재하는 명백한 표현상의 착오가 있음을 공탁수리 후에 발견한 경우에 정정 전·후의 공탁의 동일성을 해하지 아니하는 범위 내에서 공탁자의 신청에 의하여 그 오류를 시정하는 것을 말한다.67)[2018, 2024 법무사]

2. 공탁서 정정의 요건

(1) 명백한 표현상의 착오

그 착오가 공탁서 및 첨부서면의 전체 취지로 보아 명백하여야 한다.

(2) 공탁수리 전의 착오

공탁서 정정은 공탁서 기재와 공탁자 의사와의 불일치를 시정하고자 하는 것이므로 그 기재의 착오가 공탁수리 전에 존재하여야 한다. 따라서 공탁수리 후의 사정변경으로 공탁서의 기재와 객관적인 사실이 일치하지 않게 된 경우에는 공탁서 정정의 문제는 발생하지 않는다. 예컨대 공탁수리 후 피공탁자가 개명을 한 경우에는 공탁물출급청구시에 기본증명서(상세증명서)를 첨부하면 되므로 공탁서 정정의 문제는 발생할 여지가 없다.[2012 승진, 2012, 2014, 2015, 2021 법무사]

(3) 공탁수리 후의 발견

공탁서 정정은 그 기재의 착오가 공탁수리 후에 발견된 것이어야 한다.

(4) 공탁의 동일성 유지

공탁서 정정은 공탁의 동일성을 해하지 아니하는 범위 내에서 허용된다. 따라서 집행공탁을 혼합공탁으로 정정하는 것은 단순한 착오기재의 정정에 그치지 아니하고 공탁의 동일성을 해하는 내용의 정정이므로 허용될 수 없다.68)

[2024 승진, 2016, 2018, 2020, 2024 법무사]

---

67) 대법원 1995. 12. 12. 선고 94다42693 판결.
68) 공탁선례 201211-2.

3. 공탁서 정정이 허용되지 않는 경우

공탁자, 공탁금액, 공탁물수령자 등 공탁의 요건에 관한 사항에 대한 정정은 공탁의 동일성을 해하는 내용의 정정이므로 허용될 수 없다. 이러한 경우에는 착오를 증명하는 서면을 첨부하여 공탁물을 회수한 다음 다시 공탁하여야 함이 원칙이다.69)[2015, 2018, 2022 법무사]

(1) 피공탁자를 변경하는 정정

① 피공탁자를 변경하는 공탁서 정정은 원칙적으로 허용되지 아니한다. 따라서 '甲 및 乙 2인'으로 되어 있는 피공탁자를 '甲 1인'으로 정정하거나, '甲 1인'으로 되어 있는 피공탁자를 '甲 또는 乙'로 정정하는 것(기존의 확지공탁을 상대적 불확지공탁으로 정정)은 단순한 착오기재의 정정에 그치지 않고 공탁에 의하여 형성된 실체관계의 변경을 가져오는 것으로서 공탁의 동일성을 해하는 것이므로 허용될 수 없다.70) 공탁물수령자를 추가하는 공탁서 정정도 공탁의 동일성을 해하는 것으로서 허용될 수 없다.71)[2024 승진, 2012, 2018, 2019, 2021, 2024 법무사]

② 수용대상 토지에 대하여 가처분등기가 경료되어 있으나 그 가처분의 피보전권리가 공시되어 있지 않아 사업시행자가 '토지소유자 또는 가처분권리자'를 피공탁자로 하는 상대적 불확지공탁을 한 이후에 그 가처분의 권리가 소유권이전등기청구권임이 확인된 경우라 하더라도 기존의 불확지공탁에서 토지소유자를 피공탁자로 하는 확지공탁으로 바꾸는 공탁서 정정은 동일성을 해하므로 허용될 수 없다.72)[2022 승진, 2014, 2018 법무사]

다만 사업시행자가 보상금채권에 대한 처분금지가처분이 있음을 이유로 수용보상금을 공탁하는 경우 피공탁자를 상대적불확지로 하여 '가처분채권자 또는 토지소유자'로 기재하여야 함에도 공탁 당시 사업시행자가 착오로 '토지소유자'로 기재하였고 공탁관도 이를 간과한 채 공탁수리한 것이 공탁서 기재 자체로 보아 명백하다면 상대적 불확지공탁으로 해석하여야 하므로 착오기재를 이유로 피공탁자를 '토지소유자'에서 '가처분채권자 또는 토지소유자'로 정정할 수 있다.73)

(2) 공탁자를 변경하는 정정

공탁자를 변경하는 정정은 공탁의 동일성을 해하므로 원칙적으로 허용되지 않는다.[2018, 2021 법무사]

---

69) 행정예규 973호, 공탁선례 2-44, 45.
70) 대법원 1995. 12. 12. 선고 94다42693 판결.
71) 대법원 1998. 9. 22. 선고 98다12812 판결.
72) 공탁선례 2-191.
73) 공탁선례 2-186.

(3) 공탁원인을 추가하는 정정

새로운 공탁원인을 추가하는 것은 공탁의 동일성을 해치므로 원칙적으로 허용되지 않는다. 따라서 민법 제487조 후단 소정의 '과실 없이 채권자를 알 수 없는 경우'라고 하여 변제공탁을 하였다가 공탁원인사실에 같은 조 전단 소정의 '채권자의 수령불능'을 추가하는 정정은 공탁의 동일성을 해하므로 허용될 수 없다. 공탁의 동일성을 해하는 내용으로 정정되었다 하더라도 정정된 내용에 따른 공탁의 효력이 생기는 것은 아니다.[74][2015, 2022 승진, 2013, 2016, 2019, 2024 법무사]

(4) 반대급부조건을 추가하는 정정

반대급부조건이 없는 공탁에 반대급부조건을 추가하는 정정도 공탁의 동일성을 해하므로 허용되지 않는다. 다만 기존 반대급부조건을 철회하는 공탁서 정정은 가능하다.[2018, 2019, 2021 법무사]

(5) 공탁물을 변경하는 정정

수용보상금을 유가증권으로 공탁한 후 동일한 금액으로 유가증권과 현금으로 공탁물을 변경하는 것은 유가증권 일부를 회수하고 회수한 부분만큼 현금으로 새로운 공탁을 하는 것이므로 동일성이 유지되지 않아 허용될 수 없다.[75]

[2017, 2018, 2021 법무사]

4. 공탁서 정정이 허용되는 경우

(1) 공탁원인사실란의 법령조항의 정정

공탁서의 공탁원인사실란에 기재되어 있는 공탁근거 법령조항의 정정은 허용된다.[76][2014, 2015, 2020, 2022 법무사]

(2) 반대급부조건 철회를 위한 정정

변제공탁에 부당한 반대급부조건을 붙임으로써 부적법한 공탁이 된 경우에 그 반대급부조건을 철회하는 정정신청은 허용된다.[77]

[2014, 2016, 2019, 2020, 2021, 2022 법무사]

---

74) 대법원 2008. 10. 23. 선고 2007다35596 판결.
75) 공탁선례 2-39.
76) 공탁선례 2-41.
77) 대법원 1986. 8. 19. 선고 85누280 판결.

(3) 공탁당사자 표시의 정정

공탁자 또는 피공탁자가 동일인으로서 단지 그 성명과 주소표시를 잘못 기재한 것이라면 동일인임을 증명하는 서면을 첨부하여 공탁서 정정신청을 할 수 있다.[78] 따라서 공탁자의 이름과 주민등록번호가 주민등록초본과 일치하나 주소의 표시를 착오기재한 것이라면 공탁자는 주민등록초본을 공탁서 정정신청의 소명서면으로 첨부하여 공탁자의 주소를 정정할 수 있다.[79] [2010, 2018, 2022 법무사]

(4) 압류명령의 송달사실을 추가하는 정정

다수의 채권압류명령 등을 송달받은 제3채무자가 민사집행법 제248조 제1항에 의한 집행공탁을 하였으나 공탁 후 착오로 압류명령 중 일부를 누락한 것이 발견된 경우 이를 공탁원인사실에 추가하는 공탁서 정정은 허용된다. 다만 정정신청이 수리되면 제3채무자는 사유신고법원에 공탁서 정정신청서를 제출하여야 할 것이다.[80] [2015, 2024 승진, 2012, 2014, 2016, 2018, 2019 법무사]

(5) 피공탁자를 지정한 정정신청

① 채권자가 누구인지 전혀 알 수 없는 절대적 불확지공탁은 허용되지 아니하는 것이 원칙이나, 예외적으로 공익사업을 위한 토지 등의 취득 및 보상에 관한 법률에서는 절대적불확지 공탁이 허용된다.

② 토지를 수용하고 보상금 받을 자를 전혀 알 수 없어 절대적 불확지공탁을 한 경우에는 공탁자(사업시행자)가 후에 피공탁자를 알게 된 때에 그를 피공탁자로 지정하는 공탁서 정정신청을 할 수 있다.[81] 만일 공탁자(사업시행자)가 이러한 공탁서 정정절차를 취하지 않는 경우에는 공탁자(사업시행자)를 상대로 한 공탁금 출급청구권 확인판결을 첨부하여 직접 출급청구할 수 있다.[82]

[2012, 2022 승진, 2013, 2016, 2019, 2022 법무사]

5. 공탁서 정정의 절차

(1) 공탁서 정정의 신청

1) 방문신청

---

78) 행정예규 973호.
79) 공탁선례 2-337.
80) 공탁선례 2-47.
81) 대법원 1997. 10. 16. 선고 96다11747 전원합의체판결.
82) 대법원 1997. 10. 16. 선고 96다11747 전원합의체판결.

① 공탁서 정정신청을 하려는 사람은 공탁서 정정신청서 2통과 정정사유를 소명하는 서면을 제출하여야 한다(규칙 30조 2항). 공탁서 정정신청도 공탁신청 및 공탁금 지급청구와 마찬가지로 우편으로는 할 수 없다.83)[2015, 2020 법무사]

② 같은 사람이 동시에 같은 공탁법원에 여러 건의 공탁서 정정신청을 하는 경우에 첨부서면의 내용이 같을 때에는 1건의 공탁서 정정신청서에 1통만을 첨부하고 다른 공탁서 정정신청서에는 그 뜻을 기재하면 된다(규칙 30조 3항, 22조).[2018 법무사]

2) 전자신청

전자공탁시스템에 의한 공탁사건에 대한 정정신청 또는 보정은 전자공탁시스템을 이용하여 하여야 한다(규칙 76조). [2013, 2014, 2017, 2020 법무사]

(2) 공탁서 정정신청의 수리

① 수리의 뜻이 적힌 공탁서 정정신청서는 공탁서의 일부로 되므로(규칙 30조 5항) 공탁서 원본을 관공서 등에 제출하는 경우에는 공탁서 정정신청서 원본도 함께 제출하여야 한다.[2007 법무사]

② 공탁서 정정신청을 수리한 공탁관은 신청인이 전자공탁시스템에 접속하여 공탁서 정정신청서를 출력할 수 있도록 하여야 한다.84)[2018 법무사]

(3) 공탁서 정정의 효력

공탁서 정정신청이 적법하게 수리된 경우 그 정정의 효력은 당초공탁 시로 소급하여 발생하는 것이 원칙이지만,85) 반대급부조건을 철회하는 공탁서 정정신청을 수리한 때에는 그 때부터 반대급부조건이 없는 변제공탁으로서의 효력을 갖는 것이므로 그 정정의 효력이 당초공탁 시로 소급하지 않는다.86)

[2012, 2022 승진, 2012, 2013, 2015, 2020, 2021, 2024 법무사]

---

83) 공탁선례 1-69.
84) 행정예규 1354호 13조.
85) 공탁선례 2-48.
86) 대법원 1986. 8. 19. 선고 85누280 판결.

제3장 공탁물 지급절차

제1절 공탁물 출급·회수절차

1. 공탁물 출급·회수청구서의 제출

① 공탁물을 출급·회수하려는 사람은 공탁관에게 공탁물 출급·회수청구서 2통을 제출하여야 한다(규칙 32조 1항). 공탁물을 출급·회수청구서의 제출은 우편으로 할 수 없다.[87][2020 법무사]

② 출급 또는 회수청구는 대리인에 의하여도 할 수 있지만 근로기준법 제42조 제1항은 사용자가 직접 근로자에게 임금을 지급하도록 규정하고 있으므로 근로자의 임금이 공탁된 경우에는 대리인에 의하여 공탁금을 출급청구할 수 없다. 다만 근로자가 질병, 해외이주 등 부득이한 사정으로 직접 청구할 수 없는 사유가 있음을 소명하고 그 배우자나 자녀가 공탁금 출급청구를 한 경우와 같이 사실상 본인이 청구한 것으로 볼 수 있는 때에는 예외적으로 공탁금 출급청구가 가능할 수 있다.[88]

③ 같은 사람이 여러 건의 공탁에 관하여 공탁물의 출급·회수를 청구하려는 경우 그 사유가 같은 때에는 공탁종류에 따라 하나의 청구서로 할 수 있다(공탁규칙 35조).

④ 공탁액이 5천만원 이하인 금전공탁사건에 대한 공탁금 출급·회수청구는 전자공탁시스템을 이용하여 전자문서로 할 수 있다(규칙 69조). 이 경우에는 공탁물의 일괄청구에 관한 규칙 제35조 규정이 적용되지 아니하므로 공탁사건별로 공탁금 출급·회수청구서를 각각 제출하여야 한다(규칙 73조 5항).[2016 승진]

2. 공탁물 출급·회수청구서 기재사항

① 공탁물 출급·회수청구서에는 소정의 사항을 적고 청구인이 기명날인하여야 한다. 다만 대표자나 관리인 또는 대리인이 청구하는 때에는 그 사람의 주소를 적고 기명날인하여야 하며, 공무원이 직무상 청구할 때에는 소속 관서명과 그 직을 적고 기명날인하여야 한다(규칙 32조 2항).

---

[87] 공탁선례 2-24.
[88] 공탁선례 2-52.

② 유가증권의 경우 청구내역란에 유가증권의 명칭·장수·총 액면금·액면금(액면금이 없을 때에는 그 뜻)·기호·번호를 기재한다(규칙 32조 2항 2호). 특히 액면금 기재와 관련하여 유가증권이 상장주식 등인 경우에 이를 <u>시세로 기재하여서는 아니되며</u>, 주식의 경우는 <u>법인등기사항증명서에 기재된 '1주의 금액'</u>을 기재하여야 하고, 국·공채나 회사채의 경우 <u>권면에 기재된 금액</u>을 기재하여야 한다.

③ 공탁금 지급청구권에 대한 압류 및 추심명령이 있는 경우에 그 명령에 공탁금의 이자에 대한 언급이 없을 때에는 추심채권자는 <u>압류 전의 공탁금 이자</u>에 대한 추심권이 없으므로 이 경우 이자채권에 대하여 추심권을 행사하려면 별도의 압류 및 추심명령을 받아야 한다.[89)][2011, 2014, 2016 법무사]

3. 공탁물 출급·회수청구서 기재방법

(1) 기재문자

① 공탁서, 공탁물 출급·회수청구서 그 밖에 공탁에 관한 서면에 적는 문자는 자획을 명확히 하여야 한다(규칙 12조 1항). <u>공탁서, 공탁물 출급·회수청구서, 지급위탁서·증명서</u>에 적은 금전에 관한 숫자는 정정, 추가나 삭제하지 못한다(규칙 12조 2항 본문). 그러나 <u>공탁서의 공탁원인사실</u>과 <u>청구서의 청구사유</u>에 적은 금전에 관한 숫자는 그러하지 아니하다(규칙 12조 2항 단서).

② 정정, 추가나 삭제를 할 때에는 한 줄을 긋고 그 위쪽이나 아래쪽에 바르게 적거나 추가하고, 그 글자 수를 난외에 적은 다음 도장을 찍어야 하며, 정정하거나 삭제한 문자는 <u>읽을 수 있도록</u> 남겨두어야 한다(규칙 12조 3항). 정정을 한 서류가 <u>공탁서이거나 공탁물 출급·회수청구서</u>인 때에는 공탁관은 작성자가 도장을 찍은 곳 옆에 <u>공탁관의 인감도장</u>을 찍어 확인하여야 한다(규칙 12조 4항).

(2) 계속 기재

공탁관에게 제출하는 서류에 관하여 양식과 용지의 크기가 정하여져 있는 경우에 한 장에다 전부 적을 수 없는 때에는 해당 용지와 <u>같은 크기의 용지</u>로서 적당한 양식으로 계속 적을 수 있다(규칙 13조 1항).

(3) 서류의 간인

① 공탁관에게 제출하는 서류가 두 장 이상인 때에는 작성자는 간인을 하여야 한다(규칙 14조 1항). 이 경우에 서류의 작성자가 여러 사람인 경우에는 그 중 <u>한 사람이 간인</u>을 하면 된다(규칙 14조 2항).

---

89) 공탁선례 2-99.

② 간인을 한 서류가 공탁서 및 공탁물 출급·회수청구서인 때에는 공탁관은 작성자가 간인을 한 옆에 공탁관의 <u>인감도장으로 간인</u>을 하여 확인하여야 한다(규칙 14조 3항).

4. 전자문서에 의한 지급청구시 특칙

공탁액이 <u>5천만원 이하</u>인 금전공탁사건에 대한 공탁금은 전자공탁시스템을 이용하여 출급 또는 회수청구를 할 수 있다(규칙 69조). 전자문서에 의한 공탁금 지급청구의 경우 공탁규칙 제37조의 <u>인감증명서 제출은 면제</u>된다.[90]

---

[90] 행정예규 1354호.

제2절 공탁물 출급·회수청구 시 첨부서면

1. 공탁물 출급청구 시 첨부서면

(1) 공탁통지서

1) 원칙

공탁물을 출급하려는 사람은 원칙적으로 공탁관이 발송한 <u>공탁통지서를 첨부</u>하여야 한다(규칙 33조).

2) 출급청구 시 공탁통지서를 첨부할 필요가 없는 경우(규칙 33조 1호 단서)

① 출급청구하는 금액이 5,000만원 이하인 경우

출급청구하는 공탁금액이 <u>5,000만원 이하인 경우</u>(유가증권의 경우에는 총 액면금 5,000만원 이하인 경우)에는 출급청구시에 공탁통지서를 첨부할 필요가 없다. [다만 청구인이 관공서나 법인 아닌 사단·재단인 경우에는 공탁금액이 <u>1,000만원 이하인 경우</u>][2013, 2024 승진, 2010, 2015, 2020 법무사]

② 공탁서나 이해관계인의 승낙서를 첨부한 경우

피공탁자가 <u>공탁서를 첨부</u>한 경우에는 출급청구시에 공탁통지서를 첨부할 필요가 없다. 피공탁자가 <u>이해관계인(공탁자)의 승낙서를 첨부</u>한 경우에도 공탁통지서를 첨부할 필요가 없다. 승낙서에는 그 승낙의 취지를 기재하고 <u>인감증명서를 첨부</u>하여야 한다.

③ 강제집행이나 체납처분에 따라 출급청구를 하는 경우

출급청구권에 대한 <u>강제집행에 의하여 추심명령 또는 전부명령</u>을 얻은 추심채권자 또는 전부채권자가 출급청구하는 경우에는 공탁통지서를 첨부할 필요가 없다. 출급청구권에 대하여 <u>체납처분에 의한 압류</u>를 한 세무서장이 출급청구하는 경우에도 공탁통지서를 첨부할 필요가 없다.[2012, 2013, 2018 법무사]

④ 공탁통지서를 발송하지 않았음이 인정되는 경우

<u>절대적 불확지공탁</u>이나 채권자의 <u>주소불명을 이유로 한 변제공탁</u>의 경우와 같이 공탁서의 기재내용에 비추어 볼 때 공탁통지서를 발송하지 않았음이 명백하게 인정되는 경우에는 공탁통지서를 첨부할 필요가 없다.[91]

(2) 출급청구권이 있음을 증명하는 서면

공탁물을 출급하려는 사람은 원칙적으로 출급청구권이 있음을 증명하는 서면을 공탁물 출급청구서에 첨부하여야 한다(규칙 33조 2호 본문). 다만 다음 어느 하나의 사유가 있는 경우에는 출급청구권이 있음을 증명하는 서면을 첨부할 필요가 없다(규칙 33조 2호 단서).
① 공탁서의 내용으로 출급청구권이 있는 사실이 명백한 경우
② 공탁규칙 제86조 제1항(형사공탁)에 따른 '피공탁자 동일인 확인증명서'가 공탁소에 송부된 경우[92]

(3) 반대급부이행 증명서면

변제공탁의 경우에 공탁물을 수령할 자가 반대급부를 하여야 하는 경우에는 공탁자의 서면 또는 판결문, 공정증서, 그 밖의 관공서에서 작성한 공문서 등에 의하여 그 반대급부가 있었음을 증명하지 아니하면 공탁물을 수령하지 못한다(규칙 33조 3호).[2010, 2011, 2012 법무사]

(4) 인감증명서

1) 개설

① 공탁물 출급·회수청구를 하는 사람은 공탁물 출급·회수청구서 또는 위임에 따른 대리인의 권한을 증명하는 서면(위임장)에 찍힌 인감에 관하여 인감증명법 제12조와 상업등기법 제11조에 따라 발행한 인감증명서를 제출하여야 한다(규칙 37조 1항).[2013 승진] 인감증명서의 유효기간은 3월 이내의 것이어야 한다(규칙 16조 3호).

② 위임에 의한 대리인이 공탁물을 출급·회수 청구를 하는 경우 인감증명서 제출에 갈음하여 위임장을 공증인이 인증하는 방법으로 공탁물 출급청구할 수는 없다.[93][2016 법무사]

③ 공탁신청 당시 제출한 위임장에 '회수청구 및 그 수령의 권한'이라는 문구가 명기되어 있는 경우에도 종전의 대리인이 회수청구를 할 때에는 별도의 위임장을 제출하거나 종전에 위임한 대리권이 소멸하지 않았음을 증명하는 공탁자 본인 작성의 서면을 첨부하여야 한다.[94][2015, 2018 법무사]

---

91) 공탁선례 2-64.
92) 2024. 1. 26. 개정(추가).
93) 공탁선례 2-54.
94) 공탁선례 2-261.

2) 법정대리인 등의 인감증명서

① '법정대리인, 지배인, 그 밖의 등기된 대리인, 법인이나 법인 아닌 사단·재단의 대표자 또는 관리인'이 공탁물 출급·회수청구를 하는 경우에는 그 법정대리인, 지배인, 그 밖의 등기된 대리인, 대표자나 관리인 등의 인감에 관하여 인감증명법 제12조와 상업등기법 제11조에 따라 발행한 <u>인감증명서를 제출</u>하여야 한다(규칙 37조 2항).[2019 법무사]

② <u>법인의 지배인</u>이 직접 또는 다른 사람에게 위임하여 공탁물 출급·회수청구를 하는 경우 출급·회수청구서나 위임장에 날인된 인감에 관하여는 상업등기법 제16조에 따라 발행한 <u>지배인의 인감증명서를 첨부</u>하여야 하므로 지배인을 선임한 법인대표자의 인감증명서와 지배인 사용인감확인서를 첨부하여 공탁물 출급·회수청구를 할 수 없다.[95][2016 법무사]

마찬가지로, <u>법인의 대표자</u>가 직접 또는 다른 사람에게 위임하여 공탁물 출급·회수청구를 하는 경우 출급·회수청구서나 위임장에는 <u>법인대표자의 인감을 날인하고 법인대표자의 인감증명서를 첨부</u>하여야 하므로 사용인감을 날인하고 사용인감확인서 및 법인대표자의 인감증명서를 첨부하여 공탁물 출급·회수청구를 할 수 없다.[96][2013 승진, 2020 법무사]

3) 본인서명사실확인서[97]

① 공탁법, 공탁규칙, 그 밖의 법령 및 대법원예규에서 청구서 등에 '인감증명법에 따라 신고한 인감을 날인하고 인감증명서를 첨부하여야 한다'라고 규정한 경우, 이에 갈음하여 청구서 등에 서명을 하고 <u>본인서명사실확인서</u> 또는 <u>전자본인서명확인서 발급증</u>을 첨부할 수 있다(예규 2조).[2013, 2017 승진]

② 공탁관이 전자본인서명확인서 발급증을 제출받았을 때에는 전자본인서명확인서 발급시스템에 <u>발급번호를 입력</u>하고 전자본인서명확인서를 확인하여야 한다(예규 4조 1항). 공탁에 관한 청구를 받은 <u>공탁소 외의 기관·법인 또는 단체</u>가 전자본인서명확인서 발급시스템에서 <u>전자본인서명확인서를 열람</u>한 사실이 확인된 경우 공탁관은 해당 공탁에 관한 청구를 수리하여서는 아니된다(예규 4조 3항).[2017 승진, 2017 법무사]

---

95) 공탁선례 2-56.
96) 공탁선례 2-55.
97) 행정예규 1095호.

③ 본인서명사실확인서 또는 전자본인서명확인서의 '그 외의 용도'란에는 법원의 명칭, 공탁번호, 해당 용도가 기재되어 있어야 한다(예 : ○○지방법원 ○○○○년 금 제○○호 공탁금 출급청구). '그 외의 용도'란에 기재된 사항과 청구서 등에 기재된 사항이 일치하지 않는 공탁에 관한 청구는 수리하지 아니한다(예규 5조).[2017 법무사]

④ 대리인이 본인서명사실확인서 또는 발급증을 첨부하여 공탁에 관한 청구를 대리하는 경우에는 본인서명사실확인서 또는 전자본인서명확인서의 '위임받은 사람'란에 대리인의 성명과 주소가 기재되어 있어야 한다(예규 6조 1항 본문).

다만 대리인이 법무사나 변호사 등 자격자대리인인 경우에는 자격자대리인의 자격명과 성명이 기재되어 있으면 자격자대리인의 주소는 기재되어 있지 않아도 무방하다(예규 6조 1항 단서).[2017 승진, 2017 법무사]

⑤ 공탁에 관한 청구서에 첨부하는 본인서명사실확인서 또는 전자본인서명확인서는 발행일부터 3개월 이내의 것이어야 한다(예규 7조).[2017 법무사]

4) 재외국민의 인감증명서[98]

① 재외국민(대한민국 국민으로서 외국의 영주권을 취득한 자 또는 영주할 목적으로 외국에 거주하고 있는 자를 말함)이 귀국하여 직접 공탁금 지급청구를 하는 때에는 국내 거주 내국인과 같으므로 우리나라의 인감증명서를 첨부하여야 한다.[2014 승진, 2017 법무사]

② 재외국민이 귀국하지 않고 대리인에게 위임하는 경우 그 위임장에 찍힌 인영이 본인의 것임을 증명하기 위하여 본인의 인감증명(우리나라의 인감증명)을 제출하여야 한다.[2017 법무사] 다만 재외국민이 거주하는 나라(외국)가 우리나라와 같이 인감증명제도가 있는 나라(예컨대 일본)인 경우에는 그 나라 관공서가 발행한 인감증명을 첨부할 수 있다. 이 경우에는 위임장에 거주국 주재 대한민국 대사관이나 영사관의 확인을 반드시 받아야 하고, 법률사무소의 공증으로 이에 갈음할 수는 없다.[99][2011, 2016, 2019 법무사]

재외국민의 위임장에 거주국 주재 대한민국 총영사의 직인은 날인되어 있으나 재외공관공증법 제25조 제1항에서 정하는 공증담당 영사의 인증문언 등이 기재되어 있지 않음에도 일본국 행정청 명의로 위조된 공탁금출급청구인의 인감증명서를 믿고 인가한 공탁관에게 직무집행상의 과실이 있다.[100]

---

98) 행정예규 1084호.
99) 공탁선례 2-79.
100) 대법원 2002. 11. 22. 선고 2002다49200 판결.

③ 재외국민의 <u>상속재산 분할협의서</u>에 첨부할 인감증명은 상속재산 협의분할 서상의 서명 또는 날인이 본인의 것임을 증명하는 <u>재외공관의 확인서 또는 이에 관한 공정증서</u>(거주국 또는 대한민국 공증인)로 대신할 수 있다.[101)
[2011, 2016, 2019 법무사]

5) 외국인의 인감증명서

① <u>인감증명제도가 없는 나라</u> 국민은 위임장에 한 서명에 관하여 본인이 직접 작성하였다는 취지의 본국 관공서(주한 본국 대사관이나 영사관 포함)의 증명이나 이에 관한 공증(본국 또는 대한민국 공증인)이 있어야 한다.[2017 법무사]

② <u>인감증명제도가 있는 나라</u>(예컨대 일본) 국민은 위임장에 날인한 인감과 동일한 인감에 관하여 그 관공서가 발행한 인감증명이 있어야 한다.

③ 외국인도 출입국관리법에 따라 외국인등록을 하였다면 우리나라의 인감증명법에 따라 체류지를 관할하는 증명청에 <u>인감신고를 한 후</u> 인감증명을 발급받아 제출할 수 있다(인감증명법 3조 3항).[102)[2017 법무사]

④ <u>외국국적취득으로 성명이 변경된</u> 경우 변경 전의 성명과 변경 후의 성명이 동일인이라는 본국 관공서의 증명 또는 공증(본국 공증인)이 있어야 한다.[103)
[2017 법무사]

6) 출급·회수청구 시 인감증명서를 제출할 필요가 없는 경우

① **공탁금액이 1,000만원 이하인 경우**[104)

'본인이나 법정대리인, 지배인, 그 밖의 등기된 대리인, 법인 또는 법인 아닌 사단·재단의 대표자나 관리인'이 <u>직접 공탁금을 출급·회수청구</u>하는 경우로서 그 금액이 <u>1,000만원 이하</u>(유가증권은 총 액면금액이 1000만원 이하)이고, 공탁관이 신분에 관한 증명서(주민등록증, 여권, 운전면허증)로 본인이나 법정대리인 등을 <u>확인할 수 있는 경우</u>에는 인감증명서를 첨부할 필요가 없다(규칙 37조 3항 1호).
[2014, 2018 법무사, 2014 승진]

---

101) 등기선례 4-342.
102) 행정예규 1084호.
103) 행정예규 1084호.
104) 행정예규 744호.

◇ **출급·회수청구금액이 이자를 포함하여 1,000만원을 초과하는 경우**
출급·회수청구하는 공탁금액이 '1,000만원 이하'라 함은 원칙적으로 공탁서에 기재되어 있는 공탁금액이 1,000만원 이하인 경우를 말한다.
따라서 공탁서상의 공탁금액이 1,000만원 이하인 때에는 출급 또는 회수청구하는 금액이 이자를 포함하여 1,000만원을 초과한 경우에도 인감증명서를 첨부할 필요가 없다.

◇ **공탁자 또는 피공탁자가 여러 사람인 경우**
공탁서상의 공탁자 또는 피공탁자가 여러 사람인 때에는 공탁서상의 전체 공탁금액이 1,000만원을 초과하더라도 해당 출급 또는 회수청구를 하는 공탁자 또는 피공탁자에 대한 공탁서상의 공탁금액이 1,000만원 이하인 경우에도 인감증명서를 첨부할 필요가 없다.
배당 등에 따라 공탁금액을 여러 사람에게 나누어 지급하는 때에는 그 지급권자의 청구금액이 1,000만원 이하인 경우에도 인감증명서를 첨부할 필요가 없다.
[2010, 2014, 2015 법무사]

◇ **임의로 분할하여 출급·회수청구하는 경우**
1,000만원을 초과하는 공탁금액을 1,000만원 이하로 임의로 분할하여 출급 또는 회수청구하는 경우에는 인감증명서를 첨부하여야 한다.[2010, 2022 법무사]
◇ **액면금액의 표시가 없는 유가증권 및 공탁물이 물품인 경우**
공탁물이 액면금액의 표시가 없는 유가증권인 경우와 공탁물이 물품인 경우에는 적용되지 아니하므로 인감증명서를 첨부하여야 한다.
◇ **임의대리인에 의하여 출급·회수청구하는 경우**
임의대리인에 의하여 출급·회수청구하는 경우에는 출급·회수청구하는 금액에 관계 없이 인감증명서를 첨부하여야 한다.[2018 법무사]

② **관공서가 공탁물 출급·회수청구를 하는 경우**
관공서가 공탁물의 출급·회수청구를 하는 경우에는 인감증명서를 제출할 필요가 없다(규칙 37조 3항 2호).[2011, 2014, 2016, 2018 법무사]

③ **전자문서에 의하는 경우**
전자문서에 의하여 공탁금의 출급 또는 회수를 청구하는 경우 공탁규칙 37조의 인감증명서는 첨부하지 아니한다(규칙 79조 1항).

(5) 자격증명서

1) 청구인이 법인인 경우

① 청구인이 법인인 경우에는 법인등기사항증명서 등 대표자 또는 관리인의 자격을 증명하는 서면을 첨부하여야 하고(규칙 21조 1항, 38조 1항), 자격을 증명하는 서면을 관공서에서 발급한 것일 때에는 발급일로부터 3월 내의 것이어야 한다(규칙 16조 1호). 대표자의 인감증명서에 법인의 대표자인 취지가 기재되어 있다고 하더라도 법인인감증명서는 대표자의 자격을 증명하는 서면이 될 수 없다.105)

② 청구인이 대한민국 내 영업소 설치의 등기가 되어 있지 아니한 외국회사인 경우에는 외국회사 본국의 관할관청 또는 대한민국에 있는 그 외국 영사의 인증을 받은 대표자의 자격을 증명하는 서면 및 그 번역문을 그에 갈음하여 제출할 수 있다.106)[2010 법무사]

2) 청구인이 법인 아닌 사단 또는 재단인 경우

① 청구인이 법인 아닌 사단 또는 재단인 경우에는 정관이나 규약과 대표자 또는 관리인의 자격을 증명하는 서면을 첨부하여야 한다(규칙 21조 1항, 38조 1항). 판결문에 법인 아닌 사단의 실체 및 대표자가 표시되어 있다 하더라도 그 판결문을 자격증명서면으로 볼 수 없으며, 반드시 정관이나 규약과 대표자의 자격을 증명하는 서면을 첨부하여야 한다.107)[2016, 2018, 2021 법무사, 2020 승진]

② 대표적인 법인 아닌 사단이라 할 수 있는 종중의 경우 종중규약이 정하는 바에 따라 대표자를 선임한 회의록, 결의서 등은 대표자 자격증명서면이 될 수 있으나, 시장·군수·구청장이 발행한 부동산등기용 등록번호를 증명하는 서면인 '종중등록증명서'는 대표자 자격증명서면이 될 수 없다.108)[2021, 2022 법무사]

③ 출급·회수청구인이 법인 아닌 사단 또는 재단인 경우에는 대표자 또는 관리인의 자격을 증명하는 서면에 그 사실을 확인하는데 상당하다고 인정되는 2명 이상의 성년인 사람이 사실과 같다는 뜻과 성명을 적고 자필서명한 다음, 신분증 사본을 첨부하여야 한다(규칙 38조 2항). 다만 법무사나 변호사가 대리하여 청구하는 경우에는 자격자대리인이 자격증명서면에 사실과 같다는 뜻을 적고 기명날인하는 것으로 갈음할 수 있다(규칙 38조 3항).[2009, 2011 법무사]

---

105) 대법원 2014. 9. 16. 2014마682 결정.
106) 공탁선례 1-5, 2-78.
107) 공탁선례 2-80 참조.
108) 공탁선례 2-86.

3) 대리인에 의한 출급청구

① 법정대리인의 경우
　미성년자에 대한 친권은 부모가 공동으로 행사함이 원칙이나 부모의 일방이 친권을 행사할 수 없을 때에는 그 사유를 소명하여 다른 일방이 단독으로 행사할 수 있으므로 피공탁자가 미성년자로 기재되어 있는 공탁금을 모(母)가 단독으로 출급하려면 부(父)가 행방불명으로 친권을 행사할 수 없음을 소명하여야 한다.[109]

② 임의대리인의 경우
　법무사, 변호사 등 임의대리인은 위임장을 첨부하여야 한다. 피공탁자로부터 공탁금출급청구권 행사의 위임을 받은 자는 피공탁자의 임의대리인에 불과하며, 위임장은 공탁규칙 제33조 제2호의 출급청구권을 갖는 것을 증명하는 서면으로 볼 수 없으므로 그러한 자는 피공탁자의 지위에서 공탁금출급청구를 할 수는 없고, 단지 피공탁자의 대리인으로서 위임장 및 피공탁자의 인감증명서를 첨부하여 공탁금출급청구를 할 수 있을 뿐이다.[110][2011 법무사]

(6) 주소 등 연결서면

1) 일반적인 경우
　① 공탁규칙 제41조 제1항에 의한 보증지급은 공탁통지서나 공탁서를 제출할 수 없는 경우에 하는 것이므로 이를 공탁서상의 피공탁자의 주소가 주소증명서면(또는 인감증명서)상의 주소와 불일치하는 경우 동일인임을 입증하는 데까지 확대하여 적용할 수 없다.[111][2011, 2014 법무사]
　② 공탁서상의 피공탁자의 주소가 주민등록표상의 주소와 일치하지 않고 서로 연결되지도 않는 경우 피공탁자는 동일인임을 입증할 수 있는 주소소명자료를 공탁자에게 제출하여 공탁서의 주소를 정정한 다음 직접 공탁금의 출급을 청구할 수 있고, 만약 공탁자가 임의로 공탁서 정정신청하기를 거부한다면 공탁자를 상대로 공탁금 출급청구권의 확인판결(화해, 조정조서 포함)을 받은 뒤 그 판결정본 및 확정증명서를 출급청구권을 증명하는 서면으로 첨부하여 공탁금을 출급청구할 수 있다.[112]

---

109) 공탁선례 2-57.
110) 공탁선례 1-97.
111) 공탁선례 2-50.
112) 공탁선례 2-50.

③ 절대적 불확지공탁의 경우 공탁자(사업시행자)가 후에 피공탁자를 알게 되었을 때에는 공탁서 정정을 한 후 공탁금을 출급청구하게 할 수 있지만, 공탁자(사업시행자)를 상대로 공탁금 출급청구권의 확인판결(화해조서, 조정조서 등)을 받은 자는 공탁자로 하여금 피공탁자를 지정하는 공탁서의 정정 없이도 그 판결정본 및 그 확정증명서를 출급청구권을 증명하는 서면으로 첨부하여 공탁금을 직접 청구할 수 있다.113)[2012, 2013, 2015, 2016 법무사]

④ 공탁금지급청구권에 대한 채권압류 및 전부명령에 의하여 공탁금 지급청구를 함에 있어서 채권압류 및 전부명령상의 주소와 인감증명서상의 주소가 다를 경우에는 위 양 주소가 연결됨을 증명하는 서면이나 양 주소에 있는 자가 동일인임을 증명하는 서면 등을 소명자료로 첨부하여 공탁금 지급청구를 할 수 있는 것이나, 만약 그것이 소명되지 않는다면 집행법원에 채권압류 및 전부명령 경정결정신청을 하여 위 명령상의 주소를 인감증명서상의 주소와 일치하도록 경정한 후에 공탁금 지급청구를 할 수 있다.114)

2) 재외국민의 경우

① 공탁금 지급청구서에는 원칙적으로 주소를 소명하는 서면을 첨부할 필요가 없으나, 공탁서상 피공탁자 주소와 인감증명서상 주소가 다르다는 사유 등으로 권리자와 지급청구자가 같은 사람임을 확인할 수 없는 경우 공탁관은 주소변동사항이 나타나는 서면 등 동일인임을 소명하는 서면을 제출하게 할 수 있다.115)

② 재외국민은 주소변동을 확인하는 서면으로 시·군·구의 장 등이 발급한 주민등록표등·초본 또는 재외국민등록부등본을 제출할 수 있다.116)[2011 법무사]

3) 외국인의 경우

① 공탁금 지급청구서에는 원칙적으로 주소를 소명하는 서면을 첨부할 필요가 없으나, 공탁서상의 피공탁자 등 권리자의 주소와 인감증명서상의 주소가 다르다는 등의 사유로 권리자와 지급청구자가 같은 사람임을 공탁관이 확인할 수 없는 경우 외국인은 주소변동을 확인하는 서면으로 본국 관공서의 주소증명 또는 거주사실증명을 제출하여야 하고, 다만 주소증명을 발급하는 기관이 없는 경우에는 주소를 본국 공증인이 공증한 공정증서를 제출할 수 있다.117)

---

113) 공탁선례 2-68.
114) 공탁선례 2-343.
115) 행정예규 1084호.
116) 행정예규 1084호.
117) 행정예규 1084호.

② 외국인이 입국한 경우에는 출입국·외국인청 등이 발급한 외국인등록 사실증명 또는 국내거소신고 사실증명으로도 가능하다.118) 외국국적취득으로 성명이 변경된 경우 변경 전의 성명과 변경 후의 성명이 동일인이라는 본국 관공서의 증명 또는 공증(본국 공증인)이 있어야 한다.119)[2017 법무사]

③ 공탁관은 공탁금지급과 관련하여 첨부서면으로 외국 공무원이 발행한 문서가 제출된 경우 그 문서에 찍힌 도장 또는 서명의 진위 여부와 그 공무원의 직위를 확인하기 위하여 재외공관 공증법 제30조 제1항 본문에 따른 영사관의 확인 또는 외국공문서에 대한 인증의 요구를 폐지하는 협약에서 정한 아포스티유(Apostille) 확인120)을 받아 제출하게 할 수 있다.121)[2019 법무사, 2020 승진]

(7) 승계사실 증명서면

① 피공탁자로부터 출급청구권을 양도받은 양수인은 그 양도를 증명하는 서면을 첨부하여야 하는 외에 양도인이 채무자인 국가에게 그 사실을 통지하여야 하는 바, 공탁금출급청구권을 양도받은 사실을 이유로 국가를 상대로 공탁물수령권한이 있다는 확인판결을 받은 것만으로는 양도를 증명하는 서면은 갖추었으나 양도인의 적법한 통지가 있다고 볼 수 없으므로 양수인은 공탁금을 출급할 수 없다.122)[2018 법무사]

② 공탁금지급청구권에 대한 압류 및 추심명령 이후에 추심채권자가 집행채권을 제3자에게 양도한 경우 추심채권자의 지위도 양수인에게 이전되므로 집행채권의 양수인은 다시 국가를 제3채무자로 하여 압류 및 추심명령을 받을 필요는 없다.[2020, 2023 법무사] 이 경우 집행채권의 양수인은 이미 개시된 강제집행절차(압류 및 추심명령)를 속행하기 위하여 승계집행문을 부여받아 이를 집행법원에 제출하여야 하며, 이를 제출받은 집행법원의 법원사무관등은 그 취지를 채무자에게 통지하여야 한다(민사집행규칙 23조 참조). 따라서 집행채권의 양수인은 공탁금출급청구권의 증명서면으로 압류 및 추심명령정본과 그 송달증명, 승계집행문부여사실증명서를 각 첨부하여 공탁된 수용보상금을 출급할 수 있다.123)

---

118) 행정예규 1084호.
119) 행정예규 1084호.
120) 협약에 따라 외국문서의 관인이나 서명을 대조하여 진위를 확인하고 발급하는 것을 가리켜 아포스티유라고 한다. 아포스티유가 부착된 공문서는 아포스티유 협약가입국에서 공문서로서의 효력을 갖게 된다.
121) 행정예규 1083호 3조.
122) 공탁선례 2-338.
123) 공탁선례 2-335.

2. 공탁물 회수청구 시 첨부서면

(1) 공탁서

1) 원칙
공탁물을 회수하려고 하는 사람은 원칙적으로 공탁물회수청구서에 <u>공탁서를 첨부</u>하여야 한다(규칙 34조 1호).

2) 회수청구 시 공탁서를 첨부할 필요가 없는 경우

① **공탁금액이 5,000만원 이하인 경우**
회수청구하는 공탁금액이 <u>5,000만원 이하인 경우</u>(유가증권의 경우에는 <u>총 액면금액</u>이 5,000만원 이하인 경우)에는 공탁서를 첨부할 필요가 없다. 다만 청구인이 <u>관공서 또는 법인 아닌 사단·재단</u>인 때에는 그 금액이 <u>1000만원 이하</u>인 경우에 공탁서를 첨부할 필요가 없다(공탁규칙 34조 1호 단서 가호).
[2018 승진, 2009, 2011, 2022, 2024 법무사]

② **이해관계인의 승낙서를 첨부한 경우**
<u>이해관계인(피공탁자)의 승낙서</u>를 첨부한 경우에는 회수청구 시 공탁서를 첨부할 필요가 없다(공탁규칙 34조 1호 단서 나호). 승낙서에는 공탁서 첨부 없는 공탁자의 회수청구에 대한 승낙의 취지를 기재하고 이해관계인(피공탁자)의 <u>인감증명서를 첨부</u>하여야 한다.[2009, 2024 법무사]

③ **강제집행이나 체납처분에 따라 공탁물 회수청구를 하는 경우**
<u>강제집행이나 체납처분</u>에 따라 공탁물 회수청구를 하는 경우에는 공탁서를 첨부할 필요가 없다(공탁규칙 34조 1호 단서 다호).
따라서 공탁물회수청구권에 대하여 압류 및 추심명령 또는 전부명령을 얻은 <u>추심채권자나 전부채권자</u>가 공탁물을 회수하는 경우에는 공탁서를 첨부할 필요가 없으며, 공탁물회수청구권에 대하여 <u>체납처분에 의한 압류</u>를 한 세무서장 등이 회수청구하는 경우에도 공탁서를 첨부할 필요가 없다.[2009, 2013, 2022, 2024 법무사]

④ 공탁서 보관사실증명서를 첨부한 경우

금전채권의 일부에 대하여 압류가 있는 경우 제3채무자는 압류와 관련된 채권 전액을 공탁할 수 있고(민사집행법 248조 1항), 압류의 효력이 미치지 않는 부분에 대하여 회수청구할 수 있다.

이 경우 공탁자인 제3채무자는 공탁서 대신 '공탁서를 보관하고 있다는 사실을 증명하는 서면'을 집행법원으로부터 교부받아 회수청구서에 첨부하여야 한다(공탁서는 제3채무자가 사유신고 시에 이미 법원에 제출되었으므로 공탁서를 첨부할 수 없음).[124][2009 법무사]

(2) 회수청구권이 있음을 증명하는 서면

공탁물을 회수하려는 사람은 회수청구권이 있음을 증명하는 서면을 첨부하여야 하고, 다만 공탁서의 기재에 의하여 그 사실이 명백한 경우에는 그러하지 아니하다(규칙 34조 2호). 공탁물회수청구권에 대한 압류 및 전부명령을 받은 자도 원래의 공탁물회수청구권자의 지위를 넘어서 공탁물을 회수할 수 없으므로 공탁물 회수청구시에는 회수청구권을 갖는 것을 증명하는 서면을 첨부하여야 한다.[125]
[2016, 2020, 2024 법무사]

1) 민법 제489조 제1항에 의한 회수

① 변제공탁자는 공탁으로 인하여 질권, 저당권 등이 소멸하지 않는 경우에는 피공탁자가 공탁을 승인하거나 공탁소에 대하여 공탁물을 받기를 통고하거나 공탁유효판결이 확정되기까지는 공탁물을 회수할 수 있다(민법 489조 1항). 따라서 피공탁자가 공탁자의 회수를 저지하기 위하여는 공탁수락서 또는 공탁유효를 선고한 확정판결등본을 제출하여야 한다(규칙 49조 2항).

② 민법 제489조 제1항의 규정에 의하여 변제공탁물을 회수하는 경우에는 공탁서 및 공탁기록의 기재에 의하여 회수청구권이 있는지 여부를 알 수 있으므로 회수청구권을 갖는 것을 증명하는 서면을 첨부할 필요가 없다.[2013, 2016 법무사]

③ 변제공탁의 조건으로 한 반대급부는 피공탁자의 공탁물 출급청구권 행사에 제한사유가 될 뿐이고, 공탁자가 공탁금을 회수하는 데는 지급제한사유가 될 수 없다.[126][2016, 2020, 2024 법무사]

---

124) 행정예규 1018호.
125) 대법원 1973. 12. 22. 73마360 결정.
126) 공탁선례 2-333.

④ 토지수용보상금의 공탁은 토지보상법에 따라 간접적으로 강제되는 것이고 자발적으로 이루어지는 것이 아니어서 민법 제489조의 적용이 배제되므로 민법 제489조에 의한 공탁금회수청구는 인정되지 않는다.[127][2017, 2018, 2024 법무사]

2) 착오공탁으로 인한 회수

① 공탁으로서 필요한 유효요건을 갖추지 않아 공탁이 무효가 되면 공탁자는 착오를 이유로 공탁물을 회수할 수 있으며, 이 경우 착오를 증명하는 서면을 첨부하여야 한다(9조 2항 2호). 공탁으로서 유효한 요건을 갖추고 있는지 여부는 공탁서에 기재된 공탁원인사실을 기준으로 객관적으로 판단하여야 한다.[128]

② 집행법원이 집행공탁금의 배당을 실시하기 전에 공탁자가 집행공탁의 원인이 없음에도 착오로 집행공탁을 한 것임을 이유로 공탁사유신고를 철회하였고 집행법원이 공탁사유신고 불수리결정을 하였다면 공탁자는 공탁사유신고불수리결정을 첨부하여 공탁금회수청구를 할 수 있다.[129][2016, 2024 법무사]

■ **착오공탁의 사례**

㉠ 甲 명의로 공탁하여야 할 것을 乙 명의로 공탁한 경우
㉡ 변제의 목적물이 아닌 것을 공탁한 경우
㉢ 차용금 변제를 위한 변제공탁을 하였으나 애초부터 차용금 채무가 없었던 경우[130]
　　[2017 법무사]
㉣ 변제공탁의 관할공탁소가 아닌 곳에 공탁한 경우
㉤ 법원의 담보제공명령도 없이 임의로 담보공탁을 한 경우[131]
㉥ 가압류해방공탁을 하였으나 공탁금액이 가압류명령에서 정한 해방금액 전부가 아니라 그 일부에 불과한 경우[132][2020 법무사]
㉦ 선행 채권양도의 효력에 대하여 다툼이 없어 채권자불확지 변제공탁을 할 수 없음에도 후행 채권가압류가 있어 혼합공탁을 한 경우[133][2024 법무사]
㉧ 변제공탁의 피공탁자가 될 수 없는 가압류채권자를 피공탁자에 포함하여 '가압류채무자 또는 가압류채권자'를 피공탁자로 하여 상대적불확지공탁을 한 경우(이 경우에는 가압류를 원인으로 하는 집행공탁을 하여야 하므로 피공탁자를 가압류채무자로 기재하여야 함)[134]

---

127) 대법원 1988. 4. 8. 88마201 결정.
128) 대법원 1995. 7. 20. 95마190 결정.
129) 대법원 1999. 1. 8. 98마363 결정.
130) 대법원 1995. 7. 20. 95마190 결정.
131) 대법원 2010. 8. 24. 2010마459 결정.
132) 대법원 2013. 9. 13. 2013마949 결정.
133) 공탁선례 2-307.
134) 공탁선례 201211-1.

3) 공탁원인 소멸로 인한 회수

공탁 후 공탁원인이 소멸하면 공탁자는 공탁물을 회수할 수 있으며, 이 경우 공탁원인 소멸 증명서면을 첨부하여야 한다(9조 2항 3호).

① 변제공탁의 경우

당사자 간의 협의로 채권자의 승낙에 의하여 회수하는 경우에는 <u>채권자의 승낙서</u>(인감증명서 첨부), 채권자가 채권을 포기한 경우에는 <u>채권포기 증명서면</u>(인감증명서 첨부)이 공탁원인소멸을 증명하는 서면이 된다.[2009, 2013 법무사]

수용보상금공탁이 부적법하여 토지수용재결의 효력이 상실되었다는 판결이 확정된 경우 사업시행자는 위 <u>확정판결</u>을 첨부하여 공탁을 회수할 수 있으며, 이 경우 사업시행자 명의의 <u>소유권이전등기가 말소된 수용대상 토지의 등기사항증명서를 첨부할 필요는 없다</u>(재결의 실효를 원인으로 한 토지수용으로 인한 소유권이전등기의 말소신청은 등기의무자와 등기권리자가 <u>공동으로 신청</u>하여야 한다).135)[2013, 2017, 2024 법무사]

② 담보공탁의 경우

재판상 담보공탁의 경우에는 <u>담보취소결정정본과 확정증명서</u>가 공탁원인소멸 증명서면이 된다.

③ 집행공탁의 경우

민사집행법 제130조 제3항의 규정에 의하여 매각허가결정에 대한 항고시 보증으로 공탁한 금전 또는 유가증권을 회수하는 경우에는 ㉠ <u>공탁서</u>와 ㉡ <u>항고인용의 재판이 확정</u>되었음을 증명하는 서면 또는 당해 보증금이 <u>배당할 금액에 포함될 필요</u>가 없게 되었음을 증명하는 서면(집행법원의 법원사무관등이 발급한 것에 한함)을 첨부하여야 한다.136)

3. 첨부서면의 생략

같은 사람이 동시에 같은 법원에 여러 건의 공탁을 하는 경우에 첨부서면의 내용이 같을 때에는 <u>1건의 공탁서에 1통만을 첨부</u>하면 되고, 다른 공탁서에는 그 뜻을 적어야 하며, 이는 공탁물 <u>출급·회수청구에 준용</u>된다(규칙 38조, 22조). 다만 <u>전자신청</u>에 의하여 공탁 또는 공탁물 지급청구하는 경우에는 위 규정이 적용되지 아니하므로 첨부서면을 <u>각각 첨부하여야</u> 한다(규칙 73조 5항).[2010, 2021 법무사]

---

135) 공탁선례 2-247.
136) 행정예규 980호.

제3절 공탁관의 심사 및 공탁물 지급

1. 공탁관의 심사

(1) 심사방법
공탁관이 공탁물 출급·회수청구서류를 접수한 때에는 상당한 사유가 없는 한 지체 없이 모든 사항을 조사하여 신속하게 처리하여야 한다(규칙 39조 1항). 심사방법은 공탁법규가 규정하는 청구서와 첨부서면만에 의하여 심사하는 형식적 심사주의에 의한다.

(2) 심사범위
심사범위는 청구서가 소정의 서식과 기재사항에 의하여 적법하게 작성되었는지, 첨부서류는 완비되었는지, 청구서와 첨부서류가 상호 부합하는지 등 형식적인 면뿐만 아니라 청구서의 청구사유 기재와 첨부서류의 기재내용으로 보아 해당 청구자가 실체상 청구권이 있는 자인지, 반대급부 조건부 변제공탁에 있어서는 그 조건이 이행되었는지 등 실체적인 면에도 미친다.

(3) 관련 판례 및 선례
① 공탁관은 공탁물 출급·회수청구서와 그 첨부서류만으로 공탁당사자의 청구가 공탁관계 법령에서 규정하는 절차적, 실체적 요건을 갖추고 있는지를 심사하여야 하는 형식적 심사권만을 가지지만, 그러한 심사 결과 청구가 소정의 요건을 갖추지 못하였다고 볼만한 상당한 사정이 있는 경우에도 만연히 청구를 인가하여서는 안 된다.[137] [2018 법무사]

② 전부명령이 그 방식에 있어서 적법한 이상 그 내용이 위법·무효라고 하더라도 전부명령이 발령되어 확정되면 강제집행종료의 효력이 있고, 형식적 심사권밖에 없는 공탁관은 그 전부명령의 유·무효를 심사할 수 없으므로 공탁물회수청구채권이 이미 압류 및 전부되었다는 이유로 공탁금회수청구를 불수리한 공탁관의 처분은 정당하다.[138] [2015, 2023 법무사]

---

[137] 대법원 2017. 4. 28. 선고 2016다277798 판결.
[138] 대법원 1983. 3. 25. 82마733 결정.

③ 甲이 공탁금 수령권자인 乙에게 돈을 빌리는데 필요하다고 말하여 그로부터 받아둔 인감도장과 공탁금 관계에 필요하다고 말하여 乙이 직접 발급받아 교부한 공탁금회수용 인감증명서 1통을 가지고 공탁금 출급신청을 하였고 공탁관이 정당한 수령권자로서의 외관을 갖는 甲에게 공탁금을 지급하였다면 乙은 비록 그 공탁금을 현실로 수령하여 이득을 본 것이 없더라도 표현대리의 본인의 지위에서 그 공탁금을 수령한 셈이 된다.139)

④ 사용자인 법인이 민사집행법 소정의 압류금지채권인 근로자의 퇴직금 2분의 1 상당액을 민법 제487조의 규정에 의하여 근로자의 수령거절을 원인으로 변제공탁한 경우, 그 공탁금은 임금채권의 성질을 유지한다고 보아야 하므로 이를 집행대상으로 한 압류 및 전부명령은 비록 그 방식이 적법하더라도 그 내용은 무효라 할 것이나, 형식적 심사권밖에 없는 공탁관으로서는 그 압류 및 전부명령의 유·무효를 심사할 수는 없으므로 피공탁자 또는 전부채권자가 공탁금의 출급을 청구하는 어느 경우라도 그 출급을 인가할 수 없다.[2020 법무사, 2024 민집 법무사]

그러므로 피공탁자인 근로자가 공탁금 출급청구권을 행사하려면 위 전부채권자를 상대로 하여 피공탁자에게 공탁금의 출급청구권이 있음을 증명하는 확인판결(또는 화해조서, 조정조서 등)을 얻어 이를 공탁관에게 제출하는 방법으로 하여야 한다.140)

2. 공탁관의 심사결과

(1) 지급청구의 인가

① 공탁관은 심사결과 공탁물의 출급 또는 회수청구가 이유 있다고 인정할 때에는 청구서에 인가의 뜻을 적어 기명날인하고 전산등록을 한 다음 청구서 1통을 청구인에게 내주고, 공탁물보관자에게는 그 내용을 전송하여야 한다(규칙 39조 2항, 3항).

② 공탁금 회수청구에 대한 인가처분으로 공탁금이 이미 공탁금 보관은행에서 지급된 경우에는 설령 그 인가처분이 제3자의 부정출급행위에 의한 것이라 하더라도 공탁관계는 이미 종료되었으므로 당해 공탁관은 더 이상 어떤 처분도 할 수 없다(국가를 상대로 민사소송으로서 공탁금지급청구를 할 수도 없음).141)
[2008, 2012 법무사]

---

139) 대법원 1990. 5. 22. 선고 89다카1121 판결.
140) 공탁선례 2-89.
141) 공탁선례 2-91.

③ 공동공탁자 중 1인이 다른 공동공탁자에게 공탁금회수청구권을 양도한 후 채권양도통지를 하였으나 그 후 제3자가 위 공동공탁자의 공동명의로 공탁금회수청구서를 작성한 후 위조하거나 부정발급받은 서류를 첨부하여 공탁금회수청구를 한 경우, 공탁관에게는 형식적 심사권만 있다고 하더라도 채권양도통지 사실이 기재된 공탁사건기록과 공동공탁자 공동명의의 위 공탁금회수청구서를 대조하여 보는 것만으로도 위 공탁금회수청구가 진정한 권리자에 의한 것인지에 관하여 의심을 할 만한 사정이 있었다고 할 것임에도, 절차적 요건이나 실체적 요건을 갖추지 못한 위 공탁금회수청구를 인가한 공탁관에게는 공탁관련 법령이 요구하는 직무상 주의의무를 위반하여 그 직무집행을 그르친 과실이 있다.

이 경우 공탁관은 회수청구서나 첨부서면 등의 보정 또는 공탁금 회수청구를 불수리하였어야 하고, 공동명의로 회수청구하였다는 사정만으로 채권양도계약이 해제, 취소 또는 철회되었다고 판단하여서는 아니된다.142)

(2) 지급청구의 불수리

① 공탁관이 공탁신청이나 공탁물 출급 또는 회수청구를 불수리할 경우에는 이유를 적은 결정으로 하여야 한다(규칙 48조 1항). 불수리결정을 한 경우 공탁관은 신청인에게 불수리결정등본을 교부하거나 배달증명우편으로 송달하여야 한다.143)[2021 법무사]

② 공탁관이 불수리결정을 한 때에는 불수리결정원본과 공탁서 그 밖에 첨부서류는 공탁기록에 철하여 보관하고, 다만 첨부서류에 대하여 신청인 등이 반환청구한 경우에는 공탁관은 해당 첨부서류의 복사본과 신청인 등에게 받은 영수증을 공탁기록에 철하고 첨부서류 원본을 반환한다.144)[2021 법무사]

3. 공탁물의 지급

(1) 공탁물보관자의 공탁물지급

공탁물보관자는 출급·회수청구가 있는 때에는 공탁관이 전송한 내용과 대조하여 청구한 공탁물과 그 이자를 청구인에게 지급하고 그 청구서에 수령인을 받는다(규칙 45조). 공탁물보관자는 위와 같이 공탁물을 지급한 후에 지급사실을 공탁관에게 전송하고, 다만 물품공탁의 경우에는 지급결과통지서에 지급한 내용을 적어 공탁관에게 보낸다(규칙 46조).

---

142) 대법원 2010. 2. 25. 선고 2009다82831 판결.
143) 행정예규 1013호 3조.
144) 행정예규 1013호 5조.

(2) 공탁물지급의 효과

① 일단 공탁관의 공탁금출급 인가처분이 있고, 그에 따라 공탁금이 출급되었다면 설사 이를 출급받은 자가 진정한 출급청구권자가 아니라고 하더라도 이로써 공탁법상의 공탁절차는 종료되므로 원래의 진정한 공탁금 출급청구권자라 하더라도 공탁사무를 관장하는 국가를 상대로 하여 민사소송으로 그 공탁금의 지급을 구할 수 없다.[145][2008, 2012 법무사]

② 공탁금 회수청구에 대한 인가처분으로 공탁금이 이미 공탁금 보관은행에서 지급된 경우에는 설령 그 인가처분이 제3자의 부정출급행위에 의한 것이라 하더라도 공탁관계는 이미 종료되었으므로 당해 공탁관은 더 이상 어떤 처분도 할 수 없다.[146][2008, 2012 법무사]

③ 공탁금회수청구권에 대한 압류·전부채권자가 공탁관에게 전부금액에 해당하는 공탁금회수청구를 하였으나 공탁관이 선행하는 가압류가 존재한다는 이유로 이를 불수리하고 압류의 경합을 이유로 사유신고를 한 경우, 특단의 사정이 없는 한 집행법원은 배당절차를 개시하게 되고, 그 이후에는 공탁관은 집행법원의 배당절차에 따라 공탁금을 각 채권자들에게 분할지급할 수 있을 뿐 당해 공탁사건에 관하여 더 이상 어떠한 처분을 할 지위에 있지 않게 되는 것이므로 이 경우 공탁관의 처분에 대한 의의신청은 그 이익이 없어 부적법하다.[147][2023 법무사]

(3) 인가받은 공탁금출급·회수청구서를 분실한 경우

인가받은 공탁물지급청구서를 분실한 청구인이 공탁물을 지급받고자 하는 경우 청구인은 사실증명신청서 2통을 공탁관에게 제출하여야 한다.[148]

청구인이 사실증명서를 제출하여 공탁물의 출급 또는 회수를 청구하는 경우 공탁물보관자는 분실한 공탁물지급청구서에 의하여 이미 공탁물을 지급한 때 등과 같은 특별한 사정이 없는 한 그 청구에 따라 공탁물을 지급하여야 한다.[149]

[2021 법무사]

---

145) 대법원 1993. 7. 13. 선고 91다39429 판결.
146) 공탁선례 2-91.
147) 대법원 2001. 6. 5. 2000마2605 결정.
148) 행정예규 949호 2조 1항.
149) 행정예규 949호 4조.

4. 공탁금의 이자지급

(1) 공탁금의 이자
① 공탁금에는 대법원규칙이 정하는 이자를 붙일 수 있으며(6조), 공탁금의 이자에 관하여는 공탁금의 이자에 관한 규칙에 정하는 바에 의하는데, 현재 공탁금의 이자는 연 10,000분의 35이다(공탁금의 이자에 관한 규칙 2조).[2016, 2020 법무사]
② 공탁 시와 지급 시 사이에 이율이 변경된 경우에는 공탁 시의 이율을 지급 시까지 일률적으로 적용하거나 지급 시의 이율을 공탁 시까지 소급하여 적용하는 것이 아니고, 공탁 시부터 이율변경 전일까지는 변경 전 이율을 적용하고 변경일부터는 변경된 이율을 적용하여 합산한다.150)[2016 법무사]

(2) 이자의 청구권자

1) 변제공탁의 경우
변제공탁의 경우 공탁금의 이자는 공탁자가 공탁금을 회수하는 경우에는 공탁자에게 귀속하고, 피공탁자가 출급하는 때에는 피공탁자에게 귀속하는 것이 원칙이다.[2016 법무사] 반대급부의 조건이 붙은 변제공탁의 이자는 조건성취 당일 이후의 이자는 피공탁자에게 귀속하고, 공탁 후 조건성취일 전일까지는 공탁자에게 귀속한다.[2014 법무사]

2) 담보공탁의 경우
담보공탁의 법정과실에 대하여는 피공탁자의 담보권이 미치지 않는다는 공탁법 제7조 단서(보증공탁을 할 때에 보증금을 대신하여 유가증권을 공탁한 경우에는 공탁자가 그 이자나 배당금을 청구할 수 있다)의 취지가 공탁물이 금전인 경우에도 적용된다면 공탁금의 이자는 공탁자에게 귀속하며, 피공탁자인 담보권자에게는 이자청구권이 없다(7조 단서 참조).[2011, 2014 법무사]

3) 집행공탁의 경우
집행공탁의 경우에는 압류의 효력이 미치는 공탁금의 이자까지 포함하여 집행채권자에게 배당하여 지급한다.

---

150) 공탁선례 2-97.

4) 당사자의 교체가 있는 경우

① 공탁금 지급청구권에 대한 압류 및 전부명령이 확정되면 전부명령 송달일 이후의 이자는 전부채권자에게, 송달 전일까지의 이자는 공탁당사자에게 귀속한다. 따라서 압류 및 전부명령에 공탁금의 이자채권에 관하여 언급이 없으면 공탁일로부터 압류 및 전부명령이 제3채무자인 국가에 송달되기 전일까지의 공탁금에 대한 이자를 전부채권자에게 지급할 수 없다.[151] [2014, 2020 법무사]

② 공탁금 지급청구권에 대한 압류 및 추심명령이 있는 경우 그 명령에 공탁금의 이자에 대한 언급이 없으면 추심채권자에게는 압류 전의 공탁금의 이자에 대한 추심권은 없고 그 이자에 대하여 추심권을 행사하려면 별도의 압류 및 추심명령을 받아야 한다.[152] [2011, 2014, 2016, 2020 법무사]

③ 공탁금 지급청구권에 대한 채권양도가 있는 때에는 양도통지서에 공탁금뿐만 아니라 그 이자까지 양도한다는 취지가 기재된 경우에는 양도 전·후의 이자를 모두 양수인에게 지급하여야 하고, 이자청구권에 관하여 정한 바가 없다면 양도통지서 도달일 이후의 이자는 양수인에게, 도달 전일까지의 이자는 양도인에게 귀속한다.[2016 법무사]

(3) 이자의 지급시기

공탁금의 이자는 원금과 같이 지급하며, 다만 공탁금과 이자의 수령자가 다른 때에는 원금을 지급한 후에 이자를 지급할 수 있다(규칙 52조).[2011, 2020 법무사]

(4) 이자의 지급절차

공탁금의 이자는 원금과 같이 지급하는 것이 원칙이므로 공탁금의 이자는 공탁금 출급·회수청구서에 의하여 공탁금보관자가 계산하여 지급한다(규칙 53조 1항).[2011, 2014, 2020 법무사] 이자를 별도로 청구하려는 사람은 공탁관에게 공탁금이자청구서 2통을 제출하여야 한다(규칙 53조 2항).[2020 법무사]

---

151) 공탁선례 2-301.
152) 공탁선례 1-231.

제4절 특별한 공탁물 지급절차

1. 장기미제 공탁사건 등의 공탁금 지급 시 유의사항[153]

(1) 인가 전에 소속과장 등의 결재를 받아야 하는 경우
공탁관은 다음 공탁사건에 대하여 출급·회수청구서를 접수한 경우 이를 인가하기 전에 소속과장(시·군법원의 경우 시·군법원 판사)의 결재를 받아야 한다. 인가 전에 결재를 받아야 하는 공탁사건을 접수한 경우에 공탁관은 청구인에게 그러한 사유를 설명하여야 한다.[2017 승진, 2011, 2021 법무사]
① 장기미제 공탁사건[154] 중 공탁 당시 공탁금이 1천만원 이상인 공탁사건(공탁규칙 제43조에서 정한 지급위탁에 의하여 지급하는 경우는 '제외')
② 고액 공탁사건(지급청구금액이 10억원 이상인 경우)
③ 토지수용보상금을 공익사업을 위한 토지 등의 취득 및 보상에 관한 법률 제40조 제2항 '제1호 및 제2호'와 이를 준용하는 규정에 따라 공탁한 경우에 그 공탁의 공탁 당시 공탁금이 1천만원 이상이고 공탁일로부터 만 3년이 경과한 공탁사건[155]

> **공익사업을 위한 토지 등의 취득 및 보상에 관한 법률 제40조 제2항(보상금의 공탁)** 사업시행자는 다음 각 호의 어느 하나에 해당할 때에는 수용 또는 사용의 개시일까지 수용하거나 사용하려는 토지 등의 소재지의 공탁소에 보상금을 공탁할 수 있다.
> 1. 보상금을 받을 자가 그 수령을 거부하거나 보상금을 수령할 수 없을 때
> 2. 사업시행자의 과실 없이 보상금을 받을 자를 알 수 없을 때

(2) 인가 전 소속과장 등의 결재를 받을 필요가 없는 경우
다음의 경우에는 인가 전 소속과장 등의 결재를 받을 필요가 없다.[2017 승진]
① 법원서기관이 공탁관 또는 대리공탁관으로 공탁사무를 처리하는 경우
② 공탁관의 불수리결정에 대한 이의신청에 대하여 공탁법 제14조 제1항에 따라 지급하는 경우(즉 이의신청에 대한 법원의 결정에 따라 지급하는 경우)
③ 이자만 남아 있는 사건
④ 장기미제 공탁사건 중 공탁 당시 공탁금이 1천만원 미만인 경우

---
153) 행정예규 1390호(장기미제 공탁사건 등의 공탁금 지급시 유의사항).
154) 장기미제공탁사건이란 공탁 후 5년이 지나도록 출급 또는 회수청구가 없는 공탁사건을 말한다.
155) 토지보상법 제40조 제2항 제1호를 추가함(2024. 4. 16. 시행).

2. 계좌입금에 의한 공탁금 출급·회수절차[156]

계좌입금에 의한 공탁금 지급절차는 시·군법원을 포함한 전국의 모든 공탁사건에 대하여 적용된다.[2012 법무사]

(1) 계좌입금신청

① 공탁금 지급청구자가 계좌입금신청을 하는 경우에는 공탁금계좌입금신청서를 공탁관에게 제출하여야 한다. 이 경우 신청인은 먼저 공탁물 보관은행을 경유하여 이자소득세 원천징수에 필요한 사항을 등록하고 공탁금계좌입금신청서 하단에 등록확인인을 받아야 한다(예규 2조 1항, 2항).[2017, 2021 법무사]

② 입금계좌는 반드시 신청인 명의이어야 한다(2조 3항).[2009, 2017 법무사]

③ 전자신청의 방법으로 공탁금 지급청구를 한 경우, 청구인은 공탁금출급·회수청구서를 출력하여 공탁금 보관은행에 제출하는 방법으로 공탁금을 지급받을 수도 있고, 청구인 본인의 예금계좌로 공탁금을 지급받을 수도 있다.[157] [2017 법무사]

(2) 포괄계좌입금신청

포괄계좌입금신청은 신청인과 관련된 해당 법원의 모든 공탁사건에 관하여 공탁금을 자신의 예금계좌에 입금하여 줄 것을 신청하는 것이다. 포괄계좌가 등록되면 그 신청이 해지되기 전까지는 해당 법원의 공탁사건에서 계속적으로 같은 예금계좌를 이용할 수 있다.

① 공탁금 지급청구자가 포괄계좌입금신청을 하는 경우에는 공탁금 포괄계좌입금신청서를 제출하여야 하고, 포괄계좌입금신청을 해지하고자 하는 때에는 해지신청서를 제출하여야 한다(예규 3조 1항, 2항).

신청한 포괄계좌를 변경하고자 할 때에는 해지신청서와 포괄계좌입금신청서를 동시에 제출하여야 한다(예규 3조 3항).

③ 공탁관은 포괄계좌입금신청 또는 해지신청이 있는 때에는 각 신청서 우측 상단 '공탁관 확인'란에 날인을 한 후, 공탁금 포괄계좌입금신청자 명부를 전산시스템으로 작성·관리하여야 하고, 신청서(첨부서면 포함)는 스캔하여 전산시스템에 등록한 다음 연도별로 접수순서에 따라 편철하여 다음 해부터 5년간 보존하여야 한다(예규 3조 4항).[158]

---

[156] 행정예규 1391호(계좌입금에 의한 공탁금 출급·회수절차에 관한 업무처리지침).
[157] 행정예규 1354호 14조.
[158] 포괄계좌입금신청 또는 해지신청이 있는 경우 신청서 우측 상단 '공탁관 확인'란에 날인을 한 후 전산시스템에 등록하도록 개정함(2024. 4. 16. 시행).

(3) 전국공통 포괄계좌입금신청

전국공통 포괄계좌입금신청은 일반 포괄계좌입금신청의 범위를 확대한 것으로서 특정 법원의 공탁사건에만 미치는 것이 아니라, 전국 모든 법원의 공탁사건에서 이용할 수 있는 포괄계좌를 등록하는 것이다.

① 전국공통 포괄계좌등록은 국가 및 지방자치단체에 한하여 적용되므로 금융기관 등은 신청할 수 없다.[2017 법무사]

국가·지방자치단체가 전국공통 포괄계좌입금신청을 하는 경우에는 전국공통 포괄계좌 입금신청서(국가·지방자치단체용)를 제출하여야 하고, 전국공통 포괄계좌입금신청을 해지하고자 하는 때에는 해지신청서를 제출하여야 한다(예규 3조의2, 1항, 2항). 신청한 포괄계좌를 변경하고자 할 때에는 해지신청서와 전국공통 포괄계좌 입금 신청서를 동시에 제출하여야 한다(예규 3조의2, 3항).

② 전국공통 포괄계좌입금신청은 전국 모든 공탁소에 할 수 있으나, 그 해지신청은 반드시 전국공통 포괄계좌입금신청을 한 해당 공탁소에만 할 수 있다.
[2017, 2020 법무사]

③ 공탁관은 전국공통 포괄계좌 입금신청 또는 해지신청이 있는 때에는 전국공통 포괄계좌입금신청자 명부를 전산시스템으로 작성·관리하여야 하고, 신청서(첨부서면 포함)는 스캔하여 전산시스템에 등록한 다음 연도별로 접수순서에 따라 편철하여 다음 해부터 '5년간' 보존하여야 한다(예규 3조의2, 4항).

(4) 공탁관의 처리 등

① 공탁관은 공탁금 출급 또는 회수청구자가 계좌입금신청을 한 경우에는 공탁금 출급·회수청구서를 1통만 제출하도록 한다(예규 4조 1항).
[2012, 2017, 2019, 2020 법무사]

② 계좌입금에 의해 공탁금의 출급·회수를 청구하는 자는 청구서에 계좌입금을 신청한다는 취지와 입금계좌번호 및 실명번호를 기재하고 실명번호의 확인을 위해 주민등록번호(개인)나 사업자등록번호(법인)를 소명할 수 있는 자료를 제출하여야 한다. 다만 이미 포괄계좌입금신청을 하였을 경우에는 실명번호확인을 위한 소명자료를 제출하지 아니할 수 있다(예규 4조 2항).[2012, 2019, 2020 법무사]

③ 공탁관이 공탁금의 출급·회수청구를 인가한 경우에는 공탁물 보관자에게 출급·회수 인가의 취지와 계좌입금 지시를 전송하고, 청구자에게는 당해 지급청구서를 교부하지 '아니한다'(예규 4조 3항).[2009, 2012, 2019 법무사]

④ 공탁관은 계좌입금신청인이 출급지시 전에 계좌입금신청을 철회하거나 포괄계좌입금신청을 해지하지 아니하는 한 계좌입금 방식으로 공탁금을 지급하여야 하고, 신청인이나 그 대리인에게 직접 지급하여서는 아니된다(예규 4조 4항).
[2012, 2017, 2019, 2020 법무사]

3. 신분확인에 의한 공탁금 출급·회수절차[159]

'본인, 법정대리인, 지배인, 등기된 대리인, 법인 또는 법인 아닌 사단·재단의 대표자나 관리인'이 직접 공탁금을 출급·회수청구하는 경우로서 그 금액이 1,000만원 이하이고, 공탁관이 신분에 관한 증명서로 본인이나 법인의 대표자 등을 확인할 수 있는 경우에는 인감증명서를 첨부할 필요가 없다(규칙 37조 3항 1호)

(1) 공탁금액의 적용 기준

1) 공탁금 출급·회수청구 시 인감증명서를 첨부할 필요가 없는 경우
① 출급·회수청구하는 공탁금액(유가증권의 경우 총 액면금액)이 1,000만원 이하인 경우(원칙적으로 공탁서에 기재되어 있는 공탁금액이 1,000만원 이하인 경우를 말한다)[2022 법무사]
② 공탁서상 공탁금액이 1,000만원 이하인 때에는 출급 또는 회수청구하는 금액이 이자를 포함하여 1,000만원을 초과한 경우[2014, 2015, 2022 법무사]
③ 공탁서상의 공탁자 또는 피공탁자가 여러 사람인 때에는 공탁서상의 전체 공탁금액이 1,000만원을 초과하더라도 해당 출급·회수청구를 하는 공탁자 또는 피공탁자에 대한 공탁서상의 공탁금액이 1,000만원 이하인 경우[2018, 2022 법무사]
④ 배당 등에 따라 공탁금액을 여러 사람에게 나누어 지급하는 때에는 그 지급권자의 청구금액이 1,000만원 이하인 경우
⑤ 관공서가 공탁물의 출급·회수청구를 하는 경우(규칙 37조 3항 2호)
[2011, 2014, 2016, 2018 법무사]

2) 공탁금 출급·회수청구 시 인감증명서를 첨부하여야 하는 경우
① 1,000만원을 초과하는 공탁금액을 1,000만원 이하로 임의로 분할하여 출급 또는 회수청구하는 경우[2022 법무사]
② 공탁물이 액면금액의 표시가 없는 유가증권인 경우
③ 공탁물이 물품인 경우

---

[159] 행정예규 1308호(신분확인에 의한 공탁금 출급·회수청구에 관한 업무처리지침).

(2) 공탁관의 신분확인 시 유의사항

공탁관이 규칙 제37조 제3항 제1호에 따라 공탁금의 출급·회수청구를 받은 때에는 신분에 관한 증명서의 사진, 주소, 주민등록번호 등으로 본인 또는 대리인임을 철저히 확인하여야 하고 그 <u>신분에 관한 증명서 사본을 해당 공탁기록에 철하여야</u> 한다. 다만 그 신분에 관한 증명서가 이동통신단말장치에 암호화된 형태로 설치되는 등 사본화가 적합하지 않은 경우에는 <u>신분확인서를 해당 공탁기록에 철하여야</u> 한다.160)

4. 보증지급

① 공탁물출급·회수청구서에 공탁서나 공탁통지서를 첨부할 수 없는 때에는 공탁관이 인정하는 <u>2명 이상</u>이 연대하여 그 사건에 관하여 손해가 생기는 때에는 이를 배상한다는 <u>자필서명한 보증서</u>와 그 <u>재산증명서</u>(등기사항증명서 등) 및 <u>신분증 사본</u>을 제출하여야 한다(규칙 41조 1항). <u>인감증명서</u>는 제출할 필요가 없다.[2011, 2014, 2019 법무사]

② 보증지급은 공탁서 또는 공탁통지서를 제출할 수 없는 경우에 하는 것이므로 공탁서상의 피공탁자의 주소가 주소증명서면상의 주소와 일치하지 않는 경우 <u>동일인임을 입증</u>하는 데까지 확대하여 적용할 수는 없으며,161) 공탁물출급청구권을 갖는 것을 증명하는 서면인 <u>소유권 입증서류</u>를 보증서로 갈음할 수도 없다.162)[2014, 2019 법무사]

③ 청구인이 <u>관공서</u>인 경우에는 청구하는 공무원의 공탁물 출급·회수 용도의 <u>재직증명서</u>를 보증서 대신 제출할 수 있다(규칙 41조 2항).[2014, 2019 법무사]

④ 출급·회수청구를 법무사나 변호사 등 <u>자격자대리인이 대리하는 경우에는 보증서 대신</u> 손해가 생기는 때에는 이를 배상한다는 <u>자격자대리인 명의의 보증서</u>를 작성하여 제출할 수 있으며, 보증서에는 자격자대리인이 <u>기명날인하여야</u> 한다(규칙 41조 3항).[2014, 2019 법무사]

⑤ 재직증명서 또는 자격자대리인 명의의 보증서를 제출하는 경우에는 <u>재산증명서나 신분증사본을 제출할 필요가 없다.</u>[2014, 2019 법무사]

---

160) <u>모바일 신분증</u> 등 사본화가 적합하지 않은 경우에는 사본첨부에 갈음하여 신분확인서를 공탁기록에 철하도록 함(2022. 7. 22. 시행).
161) 공탁선례 2-50.
162) 공탁선례 1-128 ; 2-93.

5. 일괄청구·일부지급 및 배당 등에 의한 지급

(1) 일괄청구163)

① 같은 사람이 여러 건의 공탁에 관하여 공탁물의 출급·회수를 청구하려는 경우 그 사유가 같은 때에는 공탁종류에 따라 하나의 청구서로 할 수 있는데(규칙 35조), 이를 일괄청구라 한다(규칙 35조).

② 전자공탁시스템을 이용하여 공탁물 출급·회수청구를 하는 경우에는 일괄청구에 관한 공탁규칙 제35조를 적용하지 아니하므로 공탁사건별로 공탁금 출급·회수청구서를 각각 제출하여야 한다(규칙 73조 5항).[2016, 2021 법무사]

> ■ **일괄청구가 허용되지 아니하는 경우(예규 제954호 제2호)** [2009, 2016 법무사]
> ① 일부지급 또는 분할지급을 요하는 것이 있는 때
> ② 사안이 복잡하여 즉시 처리가 곤란한 것이 있는 때
> ③ 청구이유가 없어 불수리처분을 할 것이 있는 때
> ④ 기타 일괄청구에 적합하지 않다고 인정되는 것이 있는 때

(2) 일부지급

공탁물의 일부를 지급하는 경우에는 공탁관은 청구인이 제출한 공탁통지서나 공탁서에 지급을 인가한 공탁물의 내용을 적고 기명날인한 후 청구인에게 반환하여야 하고, 이 경우에는 출급·회수청구서의 여백에 공탁통지서나 공탁서를 반환한 뜻을 적고 수령인을 받아야 한다(규칙 42조 1항, 2항).[2018 승진]

(3) 배당 등에 의한 지급

① 배당이나 그 밖에 관공서의 결정에 의하여 공탁물을 지급하는 것을 배당 등에 의한 지급이라고 한다. 배당이나 그 밖에 관공서 결정에 따라 공탁물을 지급하는 경우 해당 관공서는 공탁관에게 '지급위탁서'를 보내고, 지급받을 자에게는 그 '자격에 관한 증명서'를 주어야 한다(규칙 43조 1항).[2010, 2011 법무사]

② 집행법원이 공탁관에게 지급위탁서를 송부하고 채권자에게 자격증명서를 교부하는 사무는 공탁관의 공탁사무가 아니라 집행법원이 공탁된 배당액의 출급을 위하여 집행절차에 부수하여 행하는 사무로 보아야 하므로 그 사무에 관한 집행법원의 처분에 대하여 불복하려면 공탁관의 처분에 대한 이의신청이 아니라 민사집행법 제16조에서 정한 집행에 관한 이의신청을 하여야 한다.164)[2023 법무사]

---

163) 행정예규 954(공탁금 출급·회수의 일괄청구에 관한 업무처리지침).
164) 대법원 1999. 6. 18. 99마1348 결정.

제4장 변제공탁

제1절 변제공탁의 의의

변제공탁이란 금전 기타 재산의 급부를 목적으로 하는 채무를 부담하는 채무자가 채권자 측에 존재하는 일정한 사유(채권자의 수령거절, 수령불능)로 인하여 변제를 할 수 없거나 채무자의 과실 없이 채권자가 누구인지를 알 수 없어(채권자 불확지) 변제를 할 수 없는 경우에 채무의 목적물을 공탁함으로써 채무를 면할 수 있도록 하는 제도이다. 변제공탁의 일반적 근거법규는 민법 제487조이지만 민법의 다른 조문이나 다른 법률에서 규정하고 있는 특별한 변제공탁도 다수 있다.

제2절 변제공탁의 신청

1. 관할

(1) 원칙

1) 채무이행지의 공탁소
① 변제공탁은 채무이행지의 공탁소에 하여야 한다(민법 488조 1항). 다만 시·군법원은 변제공탁의 경우 해당 시·군법원에 계속 중이거나 시·군법원에서 처리한 소액사건심판법이 적용을 받는 민사사건과 화해·독촉 및 조정사건에 대한 채무의 이행으로서 하는 경우에만 관할한다(규칙 2조 1호).

2) 형사공탁
형사사건의 피고인이 법령 등에 따라 피해자의 인적사항을 알 수 없는 경우에 그 피해자를 위하여 하는 변제공탁(이른바 형사공탁)은 해당 형사사건이 계속 중인 법원 소재지의 공탁소에 할 수 있다(5조의2, 1항). 형사공탁의 특례제도는 공소가 제기된 피고인에 대하여만 적용되고, 수사단계에 있는 피의자에 대하여는 적용되지 않는다.[2023 승진, 2023 법무사]

(2) 구체적 사례

1) 특별규정이 있는 경우
① 수용보상금 공탁은 수용하고자 하는 토지 등 소재지 공탁소에 할 수 있다(공익사업을 위한 토지 등의 취득 및 보상에 관한 법률 40조 2항).[2009 법무사]
② 농어촌정비법에 의한 농업기반 정비사업의 시행에 따른 환지청산금 공탁은 민법 제487조의 규정에 의하여 공탁할 수 있고, 이 경우 농어촌정비법에 관할공탁소에 관한 별도의 규정이 없으므로 민법 제488조 제1항 및 제467조 제2항의 규정에 따라 청산금 수령권자 주소지 관할공탁소에 공탁할 수 있다.[165]
③ 파산관재인이 채무자 회생 및 파산에 관한 법률 제528조 제3호에 따라 파산채권자를 위하여 배당액을 변제공탁할 경우에 채무이행지인 파산관재인이 직무를 수행하는 장소를 관할하는 지방법원에 공탁할 수 있다.[166][2020 법무사]

2) 채권자가 다수인 경우
채권자의 사망으로 수인의 상속인에게 법정상속비율로 변제공탁하는 것은 그 채권의 성질이 가분채권이므로 채권자인 상속인들의 주소지가 다른 경우에는 특약이 없는 한 각 채권자의 주소지를 관할하는 공탁소에 상속인별로 나누어서 공탁하여야 한다.[2016 승진, 2016 법무사]

3) 불확지 변제공탁의 경우
상대적 불확지 변제공탁의 경우 피공탁자들의 주소가 달라서 채무이행지가 달라지는 경우에는 피공탁자들 중 1인의 채무이행지 소재 공탁소에 공탁할 수 있다. 수용보상금의 절대적 불확지 변제공탁의 경우에는 수용하고자 하는 토지 등 소재지 공탁소에 공탁할 수 있다(토지보상법 40조 2항).

(3) 외국인 등 공탁사건의 특례
국내에 주소나 거소가 없는 외국인이나 재외국민을 위한 변제공탁은 지참채무의 경우에 다른 법령의 규정이나 당사자의 특약이 없는 한 서울중앙지방법원의 공탁관에게 할 수 있다(규칙 66조).[2018 승진, 2015, 2016, 2019, 2020, 2022 법무사]

---

165) 공탁선례 1-14, 2-104.
166) 공탁선례 2-106.

(4) 관할위반 공탁의 효력

토지관할 없는 공탁소에 한 변제공탁은 원칙적으로 무효이므로 공탁자는 착오에 의한 공탁으로 회수한 다음 다시 관할 공탁소에 공탁하여야 한다. 다만 변제공탁의 토지관할은 피공탁자(채권자)의 이익을 위한 것이므로 관할위반의 공탁이 절대적 무효는 아니고 피공탁자가 공탁을 수락하거나 공탁물을 출급하면 그 흠결이 치유되어 처음부터 유효한 공탁이 된다.[2016 승진, 2015, 2016, 2022 법무사]

(5) 관할공탁소 이외의 공탁소에서의 공탁사건 처리지침[167]

1) 목적

'관할공탁소 이외의 공탁소에서의 공탁사건 처리지침'은 공탁당사자가 관할공탁소와 멀리 떨어져 있는 경우 직접 관할공탁소를 방문해서 공탁업무를 처리해야 하는 불편을 덜어주기 위해 관할공탁소 '이외의' 공탁소(이를 접수공탁소라 함)에서 공탁신청 및 공탁금 지급청구에 관련된 공탁업무를 처리함에 필요한 특칙을 마련하는 것을 목적으로 한다.

2) 적용범위

① 공탁신청

공탁신청의 경우에는 '금전 변제공탁'에 한하여 적용된다.[2022, 2023 법무사]

② 지급청구

공탁금 지급청구의 경우에는 공탁의 종류를 불문하고 모든 금전공탁(유가증권·물품공탁 제외)에 적용하되, 공탁규칙 제37조 제3항 각 호에 해당되는 경우[168] 및 '법인'의 위임을 받은 대리인이 1,000만원 이하 금액을 청구하는 경우에 한하여 적용된다.[2011, 2017 승진, 2018, 2019, 2023 법무사]

③ 접수공탁소 및 관할공탁소 모두 지방법원 본원 또는 지원

이 지침은 접수공탁소 및 관할공탁소 모두가 지방법원 본원 또는 지원인 경우에 한하여 적용한다(시·군법원은 제외).[2011, 2018, 2019, 2023 법무사]

---

167) 행정예규 1167호(관할공탁소 이외의 공탁소에서의 공탁사건 처리지침).
168) 공탁규칙 제37조 제3항 각호(인감증명서 제출의 예외규정) : 본인이나 법정대리인 등이 1,000만원 이하 금액을 청구하는 경우 및 관공서가 지급청구하는 경우로서 공탁관이 신분증명서에 의하여 본인 등을 확인할 수 있는 경우를 말한다.

④ 적용되지 않는 경우
위 예규는 접수공탁소와 관할공탁소가 같은 특별시 또는 광역시에 소재한 경우 및 토지수용·사용과 관련한 보상금 공탁신청의 경우에는 적용되지 않는다.
[2011 승진, 2011, 2014, 2015, 2018, 2019, 2023 법무사]

3) 접수공탁소에의 공탁신청 또는 공탁금 지급청구
공탁자와 공탁금 지급청구인은 공탁서나 청구서를 제출하면서 우표를 붙인 봉투(원본서류를 관할공탁소에 국내특급우편으로 송부하기 위함)를 함께 제출하여야 한다.[2023 법무사]

2. 공탁당사자

(1) 공탁자
① 제3자도 변제공탁을 할 수 있으나, 채무의 성질 또는 당사자의 의사표시로 제3자의 변제를 허용하지 아니하는 때에는 제3자가 변제공탁하지 못한다(민법 469조 1항). 이해관계 없는 제3자는 채무자의 의사에 반하여 변제공탁을 할 수 없으나(민법 469조 2항), 물상보증인, 담보부동산의 제3취득자, 연대채무자, 보증인 등 이해관계 있는 제3자는 채무자의 의사에 반하여도 변제공탁할 수 있다.
[2017, 2020 법무사, 2023 승진]

② 민법 제469조 제2항은 '이해관계 없는 제3자는 채무자의 의사에 반하여 변제하지 못한다'라고 규정하고, 민법 제481조는 '변제할 정당한 이익이 있는 자는 변제로 당연히 채권자를 대위한다'라고 규정하고 있는데, 위 조항에서 말하는 '이해관계 내지 변제할 정당한 이익이 있는 자'는 변제를 하지 않으면 채권자로부터 집행을 받게 되거나 또는 채무자에 대한 자기의 권리를 잃게 되는 지위에 있기 때문에 변제함으로써 당연히 대위의 보호를 받아야 할 '법률상 이익'을 가지는 자를 말하고, 단지 사실상의 이해관계를 가진 자는 제외된다.

따라서 공동저당의 목적인 물상보증인 소유의 부동산에 후순위로 채권을 담보하기 위한 소유권이전청구권가등기가 설정되어 있는데 그 부동산에 대하여 먼저 경매가 실행되어 공동저당권자가 매각대금 전액을 배당받고 채무의 일부가 남은 경우, 위 가등기권리자는 채무자의 의사에 반하여 그 채무 잔액을 대위변제하거나 변제공탁할 수 있는 '이해관계 있는 제3자' 또는 '변제할 정당한 이익이 있는 자'에 해당하지 않는다.[169)

---

169) 대법원 2009. 5. 28. 2008마109 결정.

(2) 피공탁자

① 채권자의 수령불능 또는 수령거절을 원인으로 한 변제공탁의 피공탁자는 채권자이고, 채무자의 과실 없이 甲 또는 乙 중 누가 진정한 채권자인지 알 수 없음을 원인으로 한 상대적 불확지 변제공탁의 피공탁자는 '甲 또는 乙'이다.

변제공탁에 있어서 피공탁자의 지정과 그 소명은 전적으로 공탁자의 행위에 의존할 수밖에 없는 것으로 형식적 심사권만을 가지는 공탁관으로서는 공탁서 및 첨부서류를 심사하여 그 수리 여부를 결정하는 것이다.[170][2021 법무사]

② 형사공탁의 공탁서에는 공탁물의 수령인(피공탁자)의 인적사항을 대신하여 해당 형사사건의 재판이 계속 중인 법원과 사건번호, 사건명, 조서, 진술서, 공소장 등에 기재된 피해자를 특정할 수 있는 명칭을 기재하고, 공탁원인사실을 피해발생시점과 채무의 성질을 특정하는 방식으로 기재할 수 있다(5조의2, 2항).

③ 부동산소유권이전등기절차의 이행을 명하는 판결에서 피고 6인에 대한 금원의 지급이 상환조건으로 붙여진 경우에 피고들이 동 금원의 수령을 거부하고 피고 각자의 몫을 산정하기 곤란하다면 그러한 취지를 기재하고 피고 6인을 피공탁자로 일괄표시하여 공탁할 수 있다.[171][2021 법무사]

④ 공탁금 출급청구에 있어서 공탁서에 피공탁자의 대표자로 기재된 직무대행자가 공탁금 출급청구에 필요한 서류를 갖추어 공탁금을 출급청구하는 경우 그 직무대행자가 공탁 후에 그 지위를 상실하였다 하더라도 출급청구 시 대표자 자격을 증명하는 서류가 제출된 이상 형식적 심사권의 범위 내에서 인가 여부를 결정하는 공탁관은 출급청구를 인가할 수밖에 없다.[172]

3. 공탁통지서의 발송

(1) 의의

① 변제공탁에 특유한 제도로 공탁통지제도가 있는데, 공탁규칙에서는 공탁통지를 보다 확실하게 할 수 있도록 하기 위하여 공탁신청시에 공탁자로 하여금 공탁통지서를 공탁소에 제출하도록 하게 하고, 공탁물이 납입된 후에 공탁관이 공탁자 대신 피공탁자에게 공탁통지서를 발송하도록 규정하고 있다(규칙 29조 1항).

② 공탁자가 피공탁자에게 공탁통지를 하여야 할 경우에는 피공탁자의 수만큼 공탁통지서를 첨부하여야 하고, 우편법 시행규칙에 따른 배달증명을 할 수 있는 우편료를 납입하여야 한다(규칙 23조 1항, 2항).[2013 법무사]

---

170) 공탁선례 1-33, 2-31.
171) 공탁선례 1-18, 2-109.
172) 공탁선례 1-33, 2-31.

공탁관은 공탁통지서를 발송하기 위한 봉투 발신인란에 <u>공탁소의 명칭과 그 소재지</u> 및 <u>공탁관의 성명</u>을 적어야 한다(규칙 23조 3항).[2012 승진, 2013, 2021 법무사]

(2) 공탁통지를 하여야 할 경우

① 민법 제487조에 의한 변제공탁뿐만 아니라 다른 법령에 의한 변제공탁의 경우에도 원칙적으로 공탁통지서를 제출하여야 한다. <u>상대적 불확지</u> 변제공탁의 경우에도 <u>피공탁자의 수</u>에 따른 공탁통지서를 제출하여야 한다.[2011, 2013 법무사]

② <u>절대적 불확지</u> 변제공탁이나 피공탁자의 <u>주소불명</u>에 따른 수령불능을 원인으로 한 변제공탁의 경우에는 공탁신청 당시에는 공탁통지가 불가능하므로 공탁통지서를 제출할 필요가 없으나, 나중에 피공탁자를 알게 되거나 피공탁자의 주소를 알게 되어 <u>공탁서 정정신청을 하는 경우</u>에는 공탁통지서를 제출하여야 한다(규칙 30조 6항).[2011 법무사, 2016 승진]

③ 제3채무자가 금전채권에 대한 <u>가압류를 원인으로 공탁</u>을 하거나 금전채권의 일부에 대한 압류를 원인으로 압류와 관련된 <u>금전채권액 전액을 공탁</u>하는 경우에도 피공탁자에게 공탁사실을 알려 줄 필요가 있으므로 공탁통지서를 제출하여야 한다.[173][2011, 2021 법무사]

(3) 공탁통지서의 발송절차

1) 공탁통지서의 발송시기 및 기재사항

공탁자가 공탁물을 공탁물보관자에게 납입한 때에 공탁이 성립되므로 공탁관은 공탁물보관자로부터 공탁물 <u>납입사실을 전송</u>받거나 <u>공탁물납입통지서</u>를 받은 때에는 공탁통지서를 피공탁자에게 발송하여야 한다(규칙 29조 1항).[2012 승진]

2) 공탁통지서의 발송방법

공탁통지서의 발송은 <u>배달증명에 의한 우편발송</u>의 방법에 의하여야 하므로(규칙 23조 2항) 법원이 직권으로 소송상의 서류를 소송당사자 기타 이해관계인에게 송달하는 경우에 적용되는 <u>민사소송법상 송달</u>에 관한 규정은 적용될 수 없다. 따라서 민사소송법 제190조에 규정된 <u>집행관에 의한 휴일이나 야간송달</u>(특별송달) 또는 <u>공시송달</u>의 방법으로는 공탁통지서를 발송할 수 없다.[174]
[2012, 2013, 2021 법무사]

---

173) 행정예규 1018호(제3채무자의 권리공탁에 관한 업무처리절차).
174) 공탁선례 2-113.

3) 송달정보의 관리

① 공탁통지서를 발송한 경우 그 송달정보는 전산정보처리조직에 의하여 관리하여야 하고, 공탁통지서가 반송된 경우에는 이를 공탁기록에 편철하여야 한다(규칙 29조 3항, 4항).[2013 법무사]

② 전자신청의 방법으로 공탁이 이루어진 경우 공탁관은 전자공탁시스템으로 제출된 공탁통지서를 출력하여 공탁통지서를 발송하여야 하고, 전자공탁시스템에서 출력하여 발송한 공탁통지서가 반송된 경우에는 공탁관은 이를 폐기할 수 있다.[175][2013, 2021 법무사, 2018, 2022 승진]

4) 형사공탁의 특례

피공탁자에 대한 공탁통지는 공탁관이 '전자공탁 홈페이지에 공고'하는 방법으로 할 수 있다(규칙 84조 1항).[2023 법무사]

4. 공탁통지서가 반송된 경우의 처리[176]

(1) 피공탁자 본인이 교부청구를 한 경우

공탁관은 신분에 관한 증명서(주민등록증·여권·운전면허증)에 의하여 피공탁자의 신분을 확인한 다음 피공탁자로부터 공탁통지서 수령사실 및 수령일시가 기재된 영수증을 받고 공탁통지서를 교부한다(인감증명서는 필요 없음).[2012 승진]

(2) 대리인이 교부청구를 한 경우

반송된 공탁통지서를 대리인이 교부청구하는 경우에는 피공탁자 본인의 인감도장이 찍힌 위임장과 그 인감증명서를 공탁관에게 제출하여야 한다.[2021 법무사]

3) 공탁통지서를 발송하기 전에 교부청구한 경우

공탁통지서를 발송하기 전에도 위 1), 2)를 준용한다.[2011, 2021 법무사]

(3) 공탁통지서의 재발송

전자공탁시스템에서 출력하여 발송한 공탁통지서가 반송된 경우 공탁관은 이를 폐기할 수 있다. 이 경우 공탁자가 피공탁자에게 공탁통지서를 다시 발송하여 줄 것을 신청하면 전자공탁시스템에서 다시 출력하여 발송한다.[177]

[2013, 2021 법무사, 2018, 2022 승진]

---

175) 행정예규 1354호.
176) 행정예규 1309호.
177) 행정예규 1354호 12조.

5. 공탁통지가 되지 않은 경우의 효과

공탁통지는 공탁이 성립된 경우에 공탁자가 피공탁자에게 출급청구권이 발생하였음을 알려 주어 피공탁자가 출급청구권을 행사하는 데 편의를 제공하기 위한 것일 뿐 공탁의 유효요건은 아니므로 공탁통지가 되지 않은 변제공탁도 원칙적으로 그 효력에 영향이 없다.[178] [2013 법무사, 2018 승진]

따라서 공탁통지서를 피공탁자의 주소로 발송한 이상 그 통지서가 수취인 부재로 반송되었다 하더라도 채무소멸이라는 변제효과는 발생하는 것이고, 다만 공탁자의 과실로 피공탁자의 주소표시가 잘못되어 공탁통지가 이루어지지 않았다면 공탁자에게 그에 따른 손해배상책임이 발생할 수도 있다.[179]

Memo

---

[178] 대법원 1976. 3. 9. 선고 75다1200 판결.
[179] 공탁선례 2-113.

제3절 변제공탁의 요건

1. 변제공탁의 목적인 채무

(1) 현존하는 확정채무일 것

1) 의의
변제공탁의 채무는 <u>현존하는 확정채무</u>임을 요하므로 '장래의 채무'나 '불확정채무'는 원칙적으로 변제공탁의 목적이 되지 못한다.

2) 구체적 사례
① 가옥 등 임대차의 경우 <u>장래 발생할 차임</u>은 나중에 목적물을 사용·수익함으로써 구체적으로 발생하는 채무이므로 임차인은 원칙적으로 사용·수익 전에 기한의 이익을 포기하고 미리 공탁할 수 없다(다만 차임선불특약이 있는 경우에는 그 <u>약정기한의 도래</u> 시에 변제공탁할 수 있다).[2012, 2016 법무사]
② 주위토지통행권자가 통행지 소유자에게 매월 정기적으로 지급하기로 판결이 확정된 손해보상금에 관해서 통행지 소유자가 수령을 거절하는 경우에는 <u>과거 수개월분의 손해보상금</u>을 모아서 공탁할 수는 있으나 <u>장래의 손해보상금</u> 수개월분까지 일괄공탁할 수 없다.[180)[2019 법무사]
③ <u>불법행위로 인한 손해배상채무, 부당이득반환채무, 지상권 당사자의 지료증감청구로 인한 지료의 금액</u>(민법 286조)처럼 나중에 재판을 통하여 구체적인 금액이 확정될 수 있는 채무도 이론적으로는 이미 객관적으로 채무금액이 확정되어 있다고 볼 수 있으므로 <u>확정채무로 보아 공탁</u>할 수 있다. 따라서 불법행위 채무자 등은 <u>스스로 주장하는 채무액</u> 전액에 불법행위일로부터 변제제공일까지의 <u>지연손해금</u>을 합하여 변제공탁을 할 수 있다.[2012, 2016 법무사]
③ 채권자와 채무자 사이에 손해배상채무액에 대해 다툼이 있어 소송이 진행되는 경우, 그 판결이 <u>확정되기 전이라도</u> 채무자가 <u>가집행선고부 판결주문</u>에 표시된 금액을 이행제공하고, 이에 대해 채권자의 수령거부, 수령불능 등 <u>변제공탁 사유가 있으면 공탁</u>할 수 있다(다만 이 경우의 변제공탁은 채무를 확정적으로 소멸시키는 것이 아니라, 가집행선고로 인한 지급으로서의 성질을 갖는다는 점이 원래의 변제공탁과 다르다).[181)[2010 승진, 2016, 2022 법무사]

---

180) 공탁선례 2-114.
181) 공탁선례 2-117.

(2) 공법상의 채무

변제공탁의 목적인 채무의 발생원인에는 제한이 없으므로 공법상의 채무라도 변제공탁의 대상이 될 수 있다. 따라서 조세채무나 국민연금법에 의한 연금보험료채무도 민법 487조에 의한 변제공탁의 목적이 될 수 있다.182)[2016, 2019 법무사]

또한 공유수면매립공사로 준공된 산업단지에 대하여 행정구역이 확정되지 아니한 상태에서 인접한 A시와 B시가 각각 종합토지세 등의 부과처분을 한 경우 납세자는 'A시 또는 B시'를 피공탁자로 하고 과실 없이 진정한 채권자(징수권리자)를 알 수 없다는 것을 공탁원인으로 하는 상대적 불확지 변제공탁을 함으로써 조세채무를 면할 수 있다.183)[2016, 2019 법무사]

2. 공탁원인

(1) 채권자의 수령거절

1) 변제자

채무의 성질 또는 당사자의 의사표시로 제3자의 변제를 허용하지 아니하는 때에는 제3자가 변제하지 못하며, 이해관계 없는 제3자는 채무자의 의사에 반하여 변제하지 못한다(민법 469조 1항, 2항).

2) 변제제공의 상대방

변제제공의 상대방은 원칙적으로 채권자 본인이지만 채권자 이외에 변제수령을 할 수 있는 권한이 주어진 자에 대한 변제공탁 역시 유효한 변제제공이 된다.

따라서 매수인 甲이 매도인을 대리하여 매매잔대금을 수령할 권한을 가지고 있는 丙에게 잔대금의 수령을 최고하고 丙을 공탁물 수령자로 지정하여 한 잔대금 변제공탁은 매도인 乙에 대한 잔대금 지급의 효력이 있으며, 또 매수인 甲이 위 공탁을 하면서 반대급부로서 소유권이전등기절차에 필요한 서류 등의 교부를 요구하였다고 하여도 위 반대급부의 이행을 요구받은 상대방은 매도인 乙이라고 할 것이며, 위 반대급부조건을 붙여서 한 위 공탁은 유효하다.184)
[2007, 2022, 2024 법무사]

3) 변제제공의 시기

① 변제의 제공은 변제기에 하는 것이 원칙이다.

---
182) 공탁선례 1-60, 2-102, 2-115.
183) 공탁선례 1-59, 2-102,
184) 대법원 1981. 9. 22. 선고 81다236 판결 ; 2012. 3. 15. 선고 2011다77849 판결.

② 기한은 일반적으로는 채무자의 이익을 위한 것으로 추정되지만 이자부 금전소비대차의 경우에는 채권자도 기한의 이익을 가지므로 채무자가 기한의 이익을 포기하고 기한 전에 변제하고자 하는 경우에는 약정 변제기까지의 이자도 포함하여 변제제공을 하여야 한다(공탁 시까지가 아님).[2012 법무사]

4) 변제제공의 목적물

채무자가 공탁에 의하여 그 채무를 면하려면 채무액 전부를 공탁하여야 하고 일부공탁은 그 채무를 변제함에 있어 일부의 제공이 유효한 제공이라고 인정될 수 있는 특별한 사정이 있는 경우를 제외하고는 채권자가 이를 수락하지 않는 한 그 공탁은 무효로 되어 채무소멸의 효과가 발생하지 않는다.[185]
[2010, 2014 법무사]

5) 변제제공의 방법

① 현실제공

민법은 변제제공의 방법으로 현실제공과 구두제공 두 가지 방법을 인정하고 있는데, 변제는 채무내용에 따른 현실제공으로 하여야 함이 원칙이다(민법 460조 본문).

② 구두제공

채권자가 미리 변제받기를 거절하거나 채무이행에 채권자의 행위를 요하는 경우에는 변제준비의 완료를 통지하고 그 수령을 최고하면 되는데(민법 460조 단서), 이를 구두제공이라 한다. 다만 판례에 따르면, 변제공탁에는 수령지체의 요건을 구비할 필요가 없으므로 채권자가 미리 수령을 거절한 때에는 변제자는 구두제공을 할 필요 없이 바로 변제공탁을 할 수 있다고 판시하였다.[186][2024 법무사]

또한 채권자가 미리 명시적으로 수령거절의 의사를 표명하지 않았더라도 채권자의 태도로 보아 채무자가 설사 채무의 변제제공을 하였더라도 그 수령을 거절하였을 것이 명백한 경우에는 채무자는 변제제공을 하지 않고 바로 변제공탁을 할 수 있다고 판시하였다.[187][2007, 2024 법무사]

채권자의 수령거절의사가 명백하여 전에 한 수령거절의사를 번복할 가능성이 보이지 않는 경우에는 채무자는 구두제공 없이 바로 변제공탁할 수 있다.[188]

---

185) 대법원 1983. 11. 22. 선고 83다카161 판결.
186) 대법원 1955. 7. 14. 선고 4288민상124 판결.
187) 대법원 1994. 8. 26. 선고 93다42276 판결.
188) 대법원 1976. 11. 9. 선고 76다2218 판결.

(2) 채권자의 수령불능

1) 사실상 수령불능
지참채무에 있어서 변제기일에 채권자 등 변제수령권자가 변제장소에 부재 중이어서 채무자가 변제할 수 없는 경우는 사실상 수령불능사유에 해당한다.

2) 법률상 수령불능
제한능력자인 채권자에게 법정대리인이 없는 경우에는 법률상 수령불능에 해당하므로 채무자는 수령불능을 원인으로 변제공탁을 할 수 있다.[2016 법무사]

(3) 채권자 불확지

1) 의의
① 우리 공탁제도상 채권자가 특정되거나 적어도 채권자가 상대적으로나마 특정되는 상대적 불확지 공탁만이 허용될 수 있는 것이고, 채권자가 누구인지 전혀 알 수 없는 절대적 불확지 공탁은 허용되지 아니하는 것이 원칙이지만, 토지보상법 제40조 제2항 제2호와 같이 특별규정이 있는 경우에는 예외적으로 절대적 불확지 공탁이 허용된다.[189][2012 법무사]

② 매매계약의 중도금 지급기일을 앞두고 사망한 매도인에게 상속인들이 여러 명이 있고 그 중에는 출가한 딸들도 있을 뿐 아니라 출가하였다가 자식만 남기고 사망한 딸도 있는 등 매수인으로서는 매도인의 공동상속인들이나 그 상속인들의 상속지분을 구체적으로 알기 어렵다면 중도금 지급기일에 사망한 매도인을 피공탁자로 하여 중도금의 변제공탁을 한 것은 민법 제487조 후단(채권자 불확지)에 해당하여 유효하다.[190]

③ 채권자가 사망하고 과실 없이 상속인을 알 수 없는 경우 채무자는 민법 제487조 후문에 따라 변제공탁을 할 수 있다. 그런데 공탁관이 가족관계증명서, 제적등본 등의 첨부서류만으로는 출급청구인이 진정한 상속인인지 여부를 심사할 수 없다는 이유로 공탁물출급청구를 불수리한 경우 정당한 공탁물수령권자는 그 법률상 지위의 불안이나 위험을 제거하기 위하여 '공탁자'를 상대방으로 하여 그 공탁물출급청구권의 확인을 구하는 소송을 제기할 이익이 있다.[191][2022 법무사]

---

189) 대법원 1997. 10. 16. 선고 96다11747 전원합의체 판결.
190) 대법원 1991. 5. 28. 선고 91다3055 판결.
191) 대법원 2014. 4. 24. 선고 2012다40592 판결.

④ 채무자가 누가 진정한 채권자인지를 알 수 없어 상대적 불확지 변제공탁을 하여 피공탁자 중 1인이 다른 피공탁자들을 상대로 자기에게 공탁금출급청구권이 있다는 확인을 구한 경우에, 피공탁자들 사이에서 누가 진정한 채권자로서 공탁금출급청구권을 갖는 것인지는 피공탁자들과 공탁자인 채무자 사이의 법률관계에서 누가 본래의 채권을 행사할 수 있는 진정한 채권자인지를 기준으로 판단하여야 한다.[192]

2) 채권양도의 효력에 관하여 사실상 또는 법률상 의문이 있는 경우

① 채권양도금지특약에 반하여 채권양도가 이루어진 경우 양수인이 양도금지특약이 있음을 알았거나 중대한 과실로 알지 못한 경우에는 그 채권양도는 효력이 없다(민법 449조 2항). 이 경우 채무자는 양도금지특약에 대한 양수인의 선의 여부를 알 수 없어서 과연 채권이 적법하게 양도된 것인지 의문이 제기될 여지가 충분히 있으므로 특별한 사정이 없는 한 채권자 불확지에 해당한다.[193]
[2015 승진, 2013, 2016 법무사]

② 당사자 사이에 채권양도금지특약이 있는 채권에 대한 전부명령이 확정된 경우에는 양도금지특약이 있는 채권이라도 전부채권자의 선의 여부를 불문하고 전부채권자에게 이전되므로 제3채무자는 채권자 불확지 변제공탁을 할 수 없다.[194][2010 승진, 2016, 2018, 2019, 2024 법무사]

③ 채권이 이중으로 양도된 경우 양수인 상호간의 우열은 통지 또는 승낙에 붙여진 확정일자의 선후에 의하여 결정되는 것이 아니라, 확정일자 있는 양도통지가 채무자에게 도달한 일시 또는 확정일자 있는 승낙의 일시의 선후에 의하여 결정하여야 하므로 양도통지가 도달한 일시에 선후가 있는 경우는 채권자 불확지에 해당하지 않는다. 다만 확정일자 있는 증서에 의한 양도통지가 동시에 이루어졌거나 그 도달의 선후가 불분명하다면 채무자는 이중변제의 위험이 있으므로 채권자 불확지에 해당한다.[195][2018, 2019 법무사, 2023 승진]

④ 특정 채권에 대하여 채권양도의 통지가 있었으나 그 후 통지가 철회되는 등으로 채권이 적법하게 양도되었는지 여부에 관하여 의문이 있는 경우도 채권자 불확지에 해당한다.[196][2016, 2019, 2024 법무사]

---

192) 대법원 2017. 5. 17. 선고 2016다270049 판결.
193) 대법원 2000. 12. 22. 선고 2000다55904 판결.
194) 대법원 2002. 8. 27. 선고 2001다71699 판결.
195) 대법원 1994. 4. 26. 선고 93다24223 전원합의체 판결 ; 공탁선례 2-120.
196) 대법원 1996. 4. 26. 선고 96다2583 판결.

3) 채권에 대하여 처분금지가처분이 있는 경우

① 채권에 대하여 처분금지가처분이 있고 가처분채권자와 가처분채무자 사이에 채권의 귀속에 관하여 다툼이 있는 경우 그 종국적 확정은 본안소송에 달려 있으므로 채권자 불확지에 해당하고, 피공탁자를 '가처분채권자 또는 가처분채무자'로 하는 상대적 불확지 변제공탁을 할 수 있다.197)[2012 법무사]

② '사해행위취소에 따른 원상회복청구권'을 피보전권리로 한 처분금지가처분결정이 제3채무자에게 송달된 경우 그 가처분채권자는 채무자에 대한 채권자의 지위에 있을 뿐이고 채권이 가처분채권자 자신에게 귀속한다고 다투는 경우가 아니므로 제3채무자는 수령불능을 공탁원인으로 하여 피공탁자를 가처분채무자로 하는 확지공탁을 하되, 이 가처분에 관한 사항을 '공탁원인사실'에 기재하여야 한다.198)[2012, 2013, 2016, 2019, 2023 법무사]

③ 확정일자 있는 증서에 의한 채권양도가 이뤄진 후 양도된 채권에 대하여 사해행위취소에 따른 원상회복청구권을 피보전권리로 한 채권처분금지가처분결정이 제3채무자에게 송달된 경우, 제3채무자는 공탁근거법령을 민법 제487조로 하고, 피공탁자는 양수인(가처분채무자)으로 하되, 위 가처분에 관한 사항을 공탁원인사실에 기재하여야 할 것이며, 이때 가처분의 효력은 가처분채무자의 공탁금출급청구권에 대하여 존속한다. 위와 같이 양도된 채권에 대하여 사해행위취소에 따른 원상회복청구권을 피보전권리로 하는 채권처분금지가처분결정이 제3채무자에게 송달된 후 양도인을 채무자로 하는 채권압류 및 추심명령이 제3채무자에게 송달된 경우에도 제3채무자는 민법 제487조의 변제공탁을 할 수 있다.199)

④ 상대적 불확지 공탁을 할 수 없음에도 공탁이 이루어진 경우에는 착오에 의한 공탁으로서 공탁법 제9조 제2항 제2호에 따라 착오를 증명하는 서면을 첨부하여 공탁금을 회수할 수 있고, 구체적인 공탁사건에서 착오를 증명하는 서면인지 여부는 해당 공탁관이 판단할 사항이다.200)

4) 그 밖의 경우

① 한국예탁결제원이 선량한 관리자의 주의를 다하여도 보호예수의무자와 제3자 중 누구에게 주권을 반환해야 할 것인지를 알 수 없는 경우에는 '과실 없이 채권자를 알 수 없는 경우'에 해당하므로 민법 제487조 후단의 채권자 불확지를 원인으로 하여 주권을 변제공탁할 수 있다.201)[2019 법무사]

---

197) 공탁선례 201101-2.
198) 공탁선례 201010-2.
199) 공탁선례 202406-2.
200) 공탁선례 201010-2.
201) 대법원 2008. 10. 23. 선고 2007다35596 판결.

② 공탁자가 지급하여야 할 보상금의 총액은 확정되어 있으나 보상금 수령권자가 불분명하고 그 배분금액도 다투는 경우에는 <u>다투는 자 전원을 피공탁자</u>로 지정하여 채권자 불확지공탁을 할 수 있다.202)[2016, 2024 법무사]

③ 예금계약의 출연자와 예금명의자가 서로 다르고 양자 모두 예금채권에 관한 권리를 적극 주장하고 있는 경우로서 금융기관이 예금지급 시는 물론 예금계약 성립 시의 사정까지 모두 고려하여 <u>선량한 관리자로서의 주의의무를 다하여도 어느 쪽이 진정한 예금주인지</u> 사실상 혹은 법률상 의문이 제기될 여지가 충분히 있다고 인정되는 때에는 채무자인 금융기관은 민법 제487조 후단의 채권자 불확지를 원인으로 하여 변제공탁을 할 수 있다.203)[2008, 2016 법무사]

④ 예금주가 사망했을 때 금융기관이 그 상속인을 확인하기 위하여 <u>선량한 관리자로서의 주의의무</u>를 다하여도 상속인의 전부 또는 일부를 알 수 없는 경우에는 채권자 불확지에 해당한다.204)[2010 승진]

⑤ 채권자인 예금주가 사망한 후 <u>상속인 중의 일부</u>가 은행을 상대로 자신의 상속지분에 상당하는 돈의 지급을 구하는 소를 제기한 것에 대하여 <u>다른 상속인</u>이 '자신에게 기여분이 있고, 망인이 상속인 중 망인의 처와 자신에게 대부분의 재산을 상속시킨다는 취지의 유언공정증서를 남겼다'는 등의 이유로 위 돈을 지급하지 말 것을 은행에 요구하고 있는 경우, 채무자인 은행은 <u>상속인들을 피공탁자</u>로 지정하고 그 상속지분을 알 수 없는 이유를 공탁원인사실에 구체적으로 기재하여 채권자 불확지 변제공탁을 할 수 있다.205)[2024 법무사]

⑥ 예금채권에 대하여 국세체납처분에 의한 압류채권자의 추심청구가 있고, 예금주가 체납처분에 의한 압류가 무효라고 주장하며 예금지급을 구하는 소송에 위 압류채권자인 지방국세청장이 피고 은행을 위해 보조참가하여 체납처분이 적법하다고 다투고 있는 경우, 은행으로서는 진정한 <u>예금채권의 권리자가 누구인지 과실 없이 알 수 없는 때</u>에 해당하므로 피공탁자를 '국가(소관 체납처분청) 또는 예금주'로 하여 상대적 불확지 변제공탁을 할 수 있다.206)

⑦ 동일한 채권에 대하여 확정일자 있는 채권양도통지와 가압류 또는 압류명령이 제3채무자에게 <u>동시에</u> 송달되어 그들 상호 간에 우열이 없는 경우에는 제3채무자는 이중변제의 위험이 있으므로 채권자 불확지공탁을 할 수 있다.207)

---

202) 공탁선례 2-121.
203) 대법원 2004. 11. 11. 선고 2004다37737 판결.
204) 공탁선례 2-122.
205) 공탁선례 2-123.
206) 공탁선례 201009-1.
207) 대법원 1994. 4. 26. 선고 93다24223 판결.

3. 변제공탁의 내용

(1) 일부공탁

1) 의의

① 채무자가 변제공탁에 의하여 그 채무를 면하려면 채무액 전부(원금, 이자, 지연손해금, 비용 등)를 공탁하여야 하므로 일부의 공탁은 일부의 채무이행이 유효하다고 인정할 수 있는 특별한 사정이 있는 경우를 제외하고는 <u>채권자가 이를 수락하지 않는 한 그 공탁은 무효</u>로 되어 채무소멸의 효과가 발생하지 않는다(채무의 일부소멸을 주장할 수도 없다).[208] [2010, 2014, 2015 법무사] 다만 채권자에 대한 변제자의 공탁금액이 채무의 총액에 비하여 <u>아주 근소하게 부족한 경우</u>에는 해당 변제공탁은 신의칙상 <u>유효한 것이라고 보아야</u> 한다.[209] [2015, 2020, 2022 법무사]

② 채무금액에 다툼이 있는 채권에 관하여 채무자가 채무전액의 변제임을 공탁원인 중에 밝히고 공탁한 경우 채권자가 그 공탁금을 수령할 때 채권의 일부로서 수령한다는 등 별단의 유보의사표시를 하지 않은 이상 그 수령이 채권의 <u>전액에 대한 변제공탁의 효력</u>이 인정된다.[210] 다만 채권자가 공탁금을 채권의 일부에 충당한다는 이의유보의 의사표시를 하고 이를 수령한 때에는 그 공탁금은 <u>일부의 변제에 충당</u>된다.[211] [2014, 2020, 2023 법무사]

③ 부동산강제경매절차 진행 중 채무자가 집행권원상 대여금 채무 중 일부를 변제공탁하고, 채권자가 대여금 원금이 아닌 <u>이자의 일부변제에 충당한다는 취지의 이의를 유보하고 공탁금을 수령한 경우</u>, 위 공탁금은 법정변제충당의 순서에 따라 집행비용과 대여금 <u>이자의 일부변제에</u> 충당되었다고 할 것이고, 집행권원상 대여금 원금채권은 위 변제공탁으로 소멸하였다고 볼 수 없다.[212]

④ 채무자가 채무액의 일부만을 변제공탁 하였으나 그 후 <u>부족분을 추가로 공탁하였다면</u> 그 때부터는 전 채무액에 대하여 유효한 공탁이 이루어진 것으로 볼 수 있고, 이 경우 채권자가 공탁물수령의 의사표시를 하기 전이라면 추가공탁을 하면서 제1차 공탁시에 지정된 공탁의 목적인 <u>채무의 내용을 변경하는 것도</u> 허용될 수 있다.[213] [2022 승진, 2006, 2019, 2022 법무사]

---

208) 대법원 1983. 11. 22. 선고 83다카161 판결.
209) 대법원 1988. 3. 22. 선고 86다카909 판결(채무총액이 49,050,000원인데 48,986,300원을 공탁하여 <u>63,700원이 부족한 사례</u>) ; 2002. 5. 10. 선고 2002다12871, 12888 판결(채무총액이 69,384,761원인데 69,135,935원을 공탁하여 <u>248,816원이 부족한 사례</u>).
210) 대법원 1983. 6. 28. 선고 83다카88, 89 판결 ; 1997. 11. 11. 선고 97다37784 판결.
211) 대법원 1996. 7. 26. 선고 96다14616 판결.
212) 대법원 2012. 3. 15. 선고 2011다83776 판결.
213) 대법원 1991. 12. 27. 선고 91다35670 판결.

⑤ 수용보상금의 공탁은 특별한 사정이 없는 한 보상금 전액을 공탁하여야 하므로 사업시행자가 피수용자의 전기요금 등을 대납하였다 하더라도 그만큼을 공제한 차액만을 공탁할 수는 없다.214)[2006, 2015, 2017 법무사]

또한 수용대상 토지에 대한 상속등기를 대위신청할 때 소요된 취득세·등록면허세(지방교육세 포함) 그 밖의 비용을 공제한 나머지 금액만을 공탁한 경우에도 유효한 공탁이 될 수 없다.215)[2006, 2010, 2017, 2022 법무사]

그러나 토지보상법에 의하여 사업시행자가 토지소유자에게 지급할 보상금이 소득세법 또는 법인세법 규정에 의하여 원천징수의 대상이 되는 경우에는 사업시행자는 토지소유자에게 지급할 보상금에서 그 원천징수세액을 공제한 나머지 금액을 공탁할 수 있다. 이 경우 공탁서상의 공탁원인사실란에 원천징수세액을 공제한 사실을 기재하여야 하지만 원천징수세액의 공제를 소명하는 자료는 제출할 필요가 없다.216)[2015, 2019, 2023 법무사]

2) 구체적 사례

① 부동산 임대차에 있어서 수수된 보증금은 임료채무, 목적물의 멸실·훼손 등으로 인한 손해배상채무 등 임대차관계에 따른 임차인의 모든 채무를 담보하는 것으로서 그 피담보채무 상당액은 임대차관계 종료 후 목적물이 반환될 때에 특별한 사정이 없는 한 별도의 의사표시 없이 보증금에서 당연히 공제된다.217)

따라서 임대차관계가 종료되는 경우에 그 임대차보증금 중에서 목적물을 반환받을 때까지 생긴 연체차임 등 임대차관계에서 발생하는 모든 채무를 공제한 나머지 금액에 대한 변제공탁은 유효하다.218)[2013, 2017, 2022 법무사]

② 매월 말에 차임을 지급하기로 약정한 경우에 비록 수개월분의 차임이 연체되어 있더라도 차임지급의무는 매월 사용·수익의 대가로 부담하는 것이므로 그 중 1개월분의 차임 및 지연손해금의 변제공탁은 채무의 내용에 따른 변제공탁으로서 유효하다.[2014 법무사]

③ 경매부동산을 매수한 '제3취득자'가 그 부동산으로 담보하는 채권최고액과 경매비용을 변제공탁한 경우 그 변제공탁은 유효하다.219)[2013, 2017, 2020, 2022 법무사]

---

214) 공탁선례 1-61, 2-182.
215) 공탁선례 1-62, 2-125.
216) 공탁선례 2-173.
217) 대법원 1999. 12. 7. 선고 99다50729 판결 ; 2016. 7. 27 선고 2015다230020 판결 등.
218) 대법원 2002. 12. 10. 선고 2002다52657 판결.
219) 대법원 1971. 5. 15. 71마251 결정.

④ 채무자의 채무액이 근저당 채권최고액을 초과하는 경우에 채무자 겸 근저당권설정자가 그 채무의 일부인 채권최고액과 지연손해금 및 집행비용만을 변제공탁하였다면 '일부공탁'에 해당되어 그 변제공탁은 원칙적으로 무효이다.[220)]
[2013, 2014, 2017, 2019, 2020 법무사]

⑤ 근저당권의 피담보채무에 관하여 전액이 아닌 일부에 대하여 공탁한 이상 그 피담보채무가 계속적인 금전거래에서 발생하는 다수의 채무의 집합체라고 하더라도 공탁금액에 상응하는 범위에서 채무소멸의 효과가 발생하는 것은 아니다.[221)][2013, 2014, 2017, 2019, 2020 법무사, 2022 승진]

(2) 반대급부 조건부 공탁

1) 의의

① 변제공탁의 목적인 채무가 조건 없는 채무인 경우에는 그 변제공탁도 무조건적으로 하여야 하므로 본래의 채권에 부착하고 있지 않은 조건을 붙여서 한 공탁(즉 피공탁자인 채권자가 반대급부나 조건을 이행할 의무가 없음에도 조건을 붙여 공탁한 경우)은 채권자가 이를 수락하지 않는 한 조건뿐만 아니라 공탁 그 자체가 무효로 된다.[2016, 2020 법무사, 2022 승진]

② 부당한 반대급부조건을 붙여서 한 변제공탁이라 하더라도 그 반대급부조건이 이미 성취되어 공탁물 수령에 아무런 지장이 없으면 그 공탁은 유효한 것으로 된다.[222)] [2009, 2010 법무사]

③ 변제공탁이 반대급부를 붙인 조건부공탁으로서 부적법한 것이라 할지라도 공탁자가 위 조건을 철회하는 공탁서정정신청을 하고 공탁관이 인가하여 공탁물 수령자가 이러한 사실을 알았다면 적법한 공탁이라 할 수 있다.[223)] 이 경우 그 변제공탁은 인가결정 시부터 '반대급부조건이 없는 변제공탁'으로서의 효력을 갖는 것이고, 당초의 변제공탁 시로 소급하는 것은 아니다.[224)] [2024 법무사]

④ 부당한 반대급부조건을 붙여서 한 공탁신청이 수리되어 공탁금이 납입된 상태에서 공탁관은 공탁자로 하여금 공탁물을 회수하여 조건 없는 공탁을 하거나 반대급부조건을 철회하는 공탁서 정정신청을 하도록 할 권한이나 의무는 없다.[225)]

---

220) 대법원 1981. 11. 10. 선고 80다2712 판결.
221) 대법원 1998. 10. 13. 선고 98다17046 판결.
222) 대법원 1969. 2. 18. 선고 66다1244 판결.
223) 대법원 1974. 5. 14. 선고 74다166 판결.
224) 대법원 1986. 8. 19. 선고 85누280 판결.
225) 공탁선례 2-7 참조.

2) 반대급부조건부 공탁이 유효한 경우

① 부동산매매를 하는 경우 매수인의 잔대금 지급채무와 매도인의 소유권이전등기절차 이행채무는 특약이 없는 한 <u>동시이행관계</u>에 있으므로 매수인이 잔대금을 변제공탁하면서 소유권이전등기에 필요한 일체 서류의 교부를 반대급부 조건으로 한 것은 유효하다.226)[2007 법무사]

② 소유권 이외의 권리관계가 없는 부동산에 대하여 매매계약을 체결하고 계약금과 중도금까지 이행된 후 잔대금 지급기일 전에 목적부동산 위에 근저당권설정등기 및 압류등기가 이루어진 경우에는 특약이 없는 한 매수인의 잔대금 지급의무와 매도인의 소유권이전등기 및 기타 권리등기의 말소의무는 <u>동시이행관계</u>에 있으므로 매수인이 잔대금을 변제공탁하면서 <u>소유권이전등기에 필요한 일체의 서류를 교부할 것</u>과 <u>소유권 이외의 권리 일체를 말소할 것</u>을 반대급부조건으로 하는 것은 유효하다.227)[2014 법무사]

③ 채무의 이행확보를 위하여 어음을 발행한 경우 그 채무의 이행과 어음의 반환은 <u>동시이행관계</u>에 있으므로 그 채무를 변제공탁하면서 어음의 반환을 반대급부 조건으로 한 것은 유효하다.228)[2012, 2014, 2018 법무사]

④ 전세권자의 전세목적물 인도의무 및 전세권설정등기말소 이행의무와 전세권설정자의 전세금 반환의무는 서로 <u>동시이행관계</u>에 있으므로 전세권설정자가 전세금을 공탁하면서 '전세권설정등기의 말소'를 반대급부조건으로 것은 유효하다.229)[2017, 2022 승진, 2011, 2018, 2023 법무사]

⑤ 임대차계약이 만료된 경우 임차인의 임차목적물 명도의무와 임대인이 보증금 중 연체차임 등 당해 임대차에 관하여 명도 시까지 생긴 모든 채무를 청산한 나머지를 반환할 의무는 <u>동시이행관계</u>에 있다.230)[2006, 2013 법무사]

⑥ 임대인과 임차인이 임대차계약을 체결하면서 임대차보증금을 전세금으로 하는 전세권설정등기를 경료한 경우 임대차보증금은 전세금의 성질을 겸하게 되므로 당사자 사이에 다른 약정이 없는 한 '임대차보증금 반환의무'는 민법 제317조에 따라 '전세권설정등기의 말소의무'와 <u>동시이행관계</u>에 있다.231)

---

226) 공탁선례 1-63, 2-126.
227) 공탁선례 2-173.
228) 대법원 1992. 12. 22. 선고 92다8712 판결.
229) 공탁선례 1-167, 2-128.
230) 대법원 1977. 9. 28. 선고 77다1241, 1242 전원합의체판결.
231) 대법원 2011. 3. 24. 선고 2010다95062 판결.

3) 반대급부 조건부 공탁이 무효인 경우

① 채권자가 반대급부 또는 조건을 이행할 의무가 없음에도 불구하고 채무자가 변제제공을 함에 있어서 채권자로 하여금 '어떠한 조건을 이행하지 않는 한 그 공탁물을 수령할 수 없다'라는 취지로 공탁을 한 때에는 <u>채권자가 이를 수락하지 않는 한</u> 그 변제공탁은 효력이 없다.232)[2016 법무사]

② 근저당권의 피담보채무를 변제공탁하면서 <u>근저당권설정등기의 말소</u>에 필요한 일체 서류의 교부를 반대급부 조건으로 한 경우 특약이 없는 한 그 공탁은 <u>무효</u>이다(근저당채무의 변제가 선이행).233)[2012 법무사, 2017 승진]

③ 채무의 담보를 위하여 가등기 및 그 가등기에 기한 본등기가 경료된 경우에 채무자가 변제공탁을 하면서 <u>가등기 및 본등기의 말소</u>를 반대급부 조건으로 하였다면 그 공탁은 <u>무효</u>이다(채무의 변제가 선이행).234)[2012 법무사]

④ 사업시행자가 공익사업을 위한 토지 등의 취득 및 보상에 관한 법률 제40조 제2항에 의하여 <u>수용보상금의 공탁</u>을 하면서 매매계약서, 등기필증, 인감증명서, 주민등록표초본, 부동산등기사항증명서를 <u>반대급부조건</u>으로 한 경우 그 공탁은 무효이다(보상금은 조건부공탁을 할 수 없음).235)[2020 법무사]

⑤ 채무자가 <u>근저당권의 피담보채무</u>의 변제공탁을 하면서 경매신청 취하와 근저당설정등기 말소의 선이행을 반대급부조건으로 한 경우에 그 공탁은 무효이다(근저당 피담보채무의 변제가 선이행).236)[2010, 2012 법무사]

⑥ 건물명도와 동시이행관계에 있는 임차보증금의 변제공탁을 하면서 '<u>건물을 명도하였다는 확인서</u>'를 첨부할 것을 반대급부조건으로 붙인 경우 그 변제공탁은 건물명도의 선이행을 조건으로 한 것으로 볼 수 있으므로 <u>무효</u>이다.237) 다만 건물명도와 보증금반환채무는 동시이행관계에 있으므로 '<u>건물명도</u>'를 반대급부조건으로 한 변제공탁은 유효하다.[2017 승진, 2012, 2014, 2018, 2022 법무사]

즉 임차인의 건물인도의무 및 임대인의 임대차보증금 반환의무는 서로 동시이행의 관계에 있으므로 임대인이 임대차보증금을 공탁하면서 <u>반대급부 내용란에 '건물의 인도'</u>라고 기재한 것은 유효한 공탁이라고 할 수 있다.238)

---

232) 대법원 1969. 5. 27. 선고 69다298, 299 판결.
233) 대법원 1966. 4. 29. 65마210 결정 ; 1975. 12. 23. 선고 75다1134 판결.
234) 대법원 1982. 12. 14. 선고 82다카1321, 1322 판결.
235) 대법원 1979. 10. 30. 선고 78누378 판결.
236) 대법원 1970. 9. 22. 선고 70다1061 판결.
237) 대법원 1991. 12. 10. 선고 91다27594 판결.
238) 공탁선례 제202407-1호(2024. 7. 12.).

⑦ 임대인의 보증금반환의무와 임차인의 주택임대차보호법 제3조의3에 의한 임차권등기 말소의무는 <u>동시이행관계에 있지 아니하므로</u> 임차보증금을 변제공탁하면서 임차권등기 말소를 반대급부 조건으로 공탁할 수 없다.[239]

[2012, 2014, 2018, 2023 법무사, 2014, 2017, 2021 승진]

⑧ 채무자가 채권 전부를 변제한 때에는 채권자에게 <u>채권증서의 반환</u>을 청구할 수 있으나(민법 475조) 영수증 교부와는 달리 변제와 <u>동시이행관계에 있지 아니하므로</u> 채권증서의 반환을 반대급부 조건으로 공탁할 수 없다.[240]

[2010 승진, 2013, 2018 법무사]

Memo

---

239) 대법원 2005. 6. 9. 선고 2005다4529 판결.
240) 대법원 2005. 8. 19. 선고 2003다22042 판결.

제4절 변제공탁의 효과

1. 채무의 소멸

① 변제공탁이 적법한 경우에는 채권자가 공탁물 출급청구를 하였는지와 관계없이 공탁을 한 때에 변제의 효력이 발생하고, 그 이후 공탁물 출급청구권에 대하여 가압류집행이 되더라도 변제의 효력에는 영향이 없다.241)[2015 승진, 2015 법무사]

② 변제공탁이 적법한 경우에는 채권자가 공탁물 출급청구를 하였는지 여부와는 관계없이 공탁을 한 때에 변제의 효력이 발생하지만, 변제공탁자가 공탁물 회수권의 행사에 의하여 공탁물을 회수한 경우에는 공탁하지 아니한 것으로 보아 채권소멸의 효력은 소급하여 없어진다.242)[2010 법무사, 2014, 2015 승진]

채권소멸의 효력을 소급적으로 소멸시키는 공탁물의 회수에는 공탁자에 의하여 이루어진 경우뿐만 아니라, 제3자가 공탁자에게 대하여 가지는 별도 채권의 집행권원으로써 공탁자의 공탁물 회수청구권에 대하여 압류 및 추심명령(또는 전부명령)을 받아 공탁물을 회수한 경우도 '포함'된다.243)[2015 승진, 2024 법무사]

2. 담보의 소멸

변제공탁으로 인하여 저당권·질권이 소멸한 때에는 공탁자는 공탁물 회수청구를 할 수 없다(민법 489조 2항).

3. 공탁물 지급청구권의 발생

① 적법한 변제공탁이 있으면 피공탁자의 공탁금 출급청구권이 발생하고, 피공탁자의 공탁금 출급청구권은 피공탁자가 공탁불수락의 의사표시를 하더라도 그 존부에는 영향을 미친다고 볼 수 없으므로 피공탁자의 채권자는 피공탁자의 공탁금 출급청구권에 대하여 강제집행을 할 수 있다.244)[2006, 2009, 2024 법무사]

② 피공탁자의 공탁물 출급청구권은 본래의 채권에 갈음하는 권리로서 그 권리의 성질과 범위는 본래의 채권과 동일한 것이어야 하므로 본래의 채권이 압류금지채권이라면 그 공탁물 출급청구권도 압류금지채권으로 된다.245)

---

241) 대법원 2011. 12. 13. 선고 2011다11580 판결.
242) 대법원 1981. 2. 10. 선고 80다77 판결 ; 2014. 5. 29. 선고 2013다212295 판결.
243) 대법원 2014. 5. 29. 선고 2013다212295 판결.
244) 공탁선례 1-138, 2-342.
245) 공탁선례 2-89, 2-277.

제5절 변제공탁물의 지급

1. 변제공탁물의 출급

(1) 출급청구권자

1) 피공탁자

① 변제공탁의 공탁물 출급청구권자는 <u>피공탁자 또는 그 승계인</u>이다. 피공탁자는 <u>공탁서의 기재</u>에 의하여 형식적으로 결정되므로 아무리 실체법상의 채권자라 하더라도 <u>피공탁자로 지정되어 있지 않다면</u> 공탁물 출급청구권을 행사할 수 없다.246)[2011, 2018 법무사]

따라서 공탁당사자가 아닌 <u>제3자</u>가 피공탁자를 상대로 하여 <u>공탁물 출급청구권 확인판결</u>을 받았다 하더라도 그 확인판결은 출급청구권을 증명하는 서면에 해당하지 아니하므로 그 확인판결을 받은 제3자가 직접 공탁물출급청구를 할 수는 없다.247)[2017, 2022 승진, 2010, 2011, 2012, 2013, 2016, 2018, 2019, 2020, 2021 법무사]

또한 채무자가 확정판결에 따라 甲과 乙을 피공탁자(지분 각 1/2)로 하여 판결에서 지급을 명한 금액을 변제공탁한 경우 甲과 乙은 각자 위 공탁금의 <u>1/2 지분에 해당하는 공탁금을 출급청구할 수 있을 뿐</u>이고, 각자의 지분을 초과하는 지분에 대하여는 甲과 乙이 피공탁자로 지정되어 있지 않으므로 <u>초과지분</u>에 대하여 상대방을 상대로 공탁금출급청구권의 확인을 청구할 수 없다.248)

[2017 승진, 2014, 2019, 2024 법무사]

② <u>수용보상금</u>을 공탁하면서 수용대상 토지의 공유자 전원을 피공탁자로 한 경우 그 수용보상금을 <u>가분채권</u>으로 보아 공유자 각자가 자기의 <u>등기사항증명서상 지분</u>에 해당하는 공탁금을 출급청구할 수 있다.249)[2024 법무사]

---

246) 대법원 2006. 8. 25. 선고 2005다67476 판결.
247) 대법원 1993. 12. 15. 93마1470 결정.
248) 대법원 2006. 8. 25. 선고 2005다67476 판결(이 경우 실체법상의 채권자는 피공탁자로부터 공탁물 출급청구권을 양도받거나 자발적으로 양도하지 않으면 피공탁자를 상대로 출급청구권에 대한 양도의 의사표시를 하고 채무자인 국가(소관 공탁관)에게 통지하라는 내용의 판결을 받아 출급청구를 할 수 있다).
249) 공탁선례 2-202.

③ 변제공탁에서 공탁물 출급청구권자는 공탁서의 기재에 의하여 형식적으로 결정되고, 형식적 심사권만을 갖는 공탁관은 피공탁자로 지정된 자에게만 공탁금을 출급할 수 있다.

따라서 실체법상 불가분채권자 1인이 모든 채권자를 위하여 단독으로 이행을 청구할 수 있더라도 채무자인 공탁자가 변제공탁을 하면서 공탁서에 불가분채권자 2인을 피공탁자로 기재하였다면 비록 피공탁자 중 1인이 '공탁자'의 출급동의서를 첨부하였더라도 단독으로 공탁금 출급청구를 할 수 없고, 피공탁자 전원이 함께 청구하거나 피공탁자 1인이 나머지 피공탁자의 위임을 받아 청구하여야 한다.250)[2022 승진, 2011, 2022 법무사]

④ 조합재산을 수용하고 그 보상금을 합유자 전체 명의로 공탁하면서 합유자의 지분을 특정한 경우라 하더라도 그 보상금은 합유자의 소유에 속한다 할 것이므로 위 공탁금을 출급청구함에 있어서는 합유자 전원의 청구에 의하여야 한다.251)[2011, 2013, 2024 법무사]

⑤ 공탁관이 가족관계증명서, 제적등본 등의 첨부서류만으로는 출급청구인이 진정한 상속인인지 여부를 심사할 수 없다는 이유로 공탁물출급청구를 불수리한 경우 정당한 공탁물수령권자는 그 법률상 지위의 불안이나 위험을 제거하기 위하여 '공탁자'를 상대방으로 하여 그 공탁물출급청구권의 확인을 구하는 소송을 제기할 이익이 있다.252)[2022 법무사]

2) 피공탁자의 승계인

① 공탁물 출급청구권에 대한 압류 및 전부명령이 제3채무자인 국가(소관 공탁관)에게 송달된 후 그 전부명령이 확정되기 전에 다른 압류명령 등이 국가에 송달되었더라도 선행의 전부명령이 실효되지 않는 한 압류의 경합이 생기지 아니하므로 차후에 전부명령이 확정되면 전부채권자는 피공탁자의 특정승계인으로서 출급청구할 수 있다.253)[2024 승진, 2020, 2024 법무사]

② 추심채권자가 집행채권을 제3자에게 양도한 경우 당해 추심권자로서의 지위도 집행채권의 양도에 수반하여 양수인에게 이전되므로 집행채권의 양수인은 국가를 제3채무자로 하여 다시 압류 및 추심명령을 받을 필요는 없지만, 위 집행채권의 양수인으로서 승계집행문을 부여받아야 한다.254)[2020, 2023 법무사]

---

250) 공탁선례 2-133.
251) 공탁선례 1-101, 2-205.
252) 대법원 2014. 4. 24. 선고 2012다40592 판결.
253) 공탁선례 2-352.
254) 공탁선례 2-335.

③ 근로자를 보호하기 위하여 사용자는 임금을 직접 근로자에게 지급하여야 하므로(근로기준법 43조 1항) 사용자는 임금채권의 양수인이나 근로자의 대리인에게 임금을 지급할 수는 없다. 따라서 사용자가 임금 또는 퇴직금에 대한 변제공탁을 한 경우 근로자 본인이 아닌 대리인은 원칙적으로 공탁물 출급청구를 할 수 없다. 다만 근로자가 질병 등 부득이한 사정으로 직접 청구할 수 없는 사유가 있음을 소명하고 그 배우자나 자녀가 공탁금 출급청구를 한 경우와 같이 사실상 본인이 청구한 것과 동일하게 볼 수 있는 때에는 예외적으로 공탁금을 출급할 수 있다.255)

(2) 출급청구권 증명서면

공탁물을 출급하기 위하여는 원칙적으로 출급청구권 증명서면을 첨부하여야 한다. 다만 공탁서의 내용으로 그 사실이 명백한 경우 및 공탁규칙 제86조 제1항(형사공탁)에 따른 '피공탁자 동일인 확인증명서'가 공탁소에 송부된 경우256)에는 출급청구권 증명서면을 제출할 필요가 없다(규칙 33조 2호).

1) 확지 변제공탁

피공탁자를 확정적으로 지정한 일반적인 변제공탁의 경우에는 공탁서나 공탁통지서의 기재 자체에 의하여 출급청구권자와 출급청구권의 발생 및 그 범위를 대부분 알 수 있으므로 원칙적으로 별도의 출급청구권 증명서면을 제출할 필요가 없다.[2011 법무사]

2) 상대적 불확지 변제공탁

① 상대적 불확지 변제공탁의 경우 피공탁자 전원이 공동으로 출급청구하는 경우에는 출급청구서의 기재에 의하여 상호승낙이 있는 것으로 볼 수 있으므로 별도의 출급청구권 증명서면을 제출할 필요가 없다.[2009, 2022 법무사]

② 사해행위취소 및 가액배상을 구하는 소송을 제기한 수인의 취소채권자들 전부를 피공탁자로 하여 상대적 불확지 변제공탁을 한 경우 피공탁자 각자는 공탁서의 기재에 따라 각자의 소송에서 확정된 판결 등에서 인정된 가액배상금의 비율에 따라 공탁금을 출급청구할 수 있다.257)[2022 승진, 2023 법무사]

---

255) 공탁선례 1-112, 2-52.
256) 2024. 1. 26. 개정(추가).
257) 대법원 2007. 5. 31. 선고 2007다3391 판결.

③ 피공탁자 사이에 권리의 귀속에 관하여 분쟁이 없는 경우에는 <u>다른 피공탁자</u>의 승낙서 또는 협의성립서(인감증명서 첨부)를 첨부하여 출급청구할 수 있다.
피공탁자 사이에 권리의 귀속에 관하여 분쟁이 있는 경우에는 일방의 피공탁자가 '<u>다른 피공탁자</u>'를 상대로 자기에게 출급청구권이 있음을 증명하는 공탁물 출급청구권 확인판결(조정조서, 화해조서 포함) 또는 승낙서를 첨부하여 출급청구할 수 있다. '<u>공탁자</u>'의 승낙서나 '<u>공탁자</u>' 또는 '<u>국가</u>'를 상대로 한 공탁물 출급청구권 확인판결 등은 출급청구권 증명서면으로 볼 수 없다.[2012, 2018, 2022 법무사]
④ 상대적 불확지 변제공탁의 <u>피공탁자 중 1인을</u> 채무자로 하여 그의 공탁물 출급청구권에 대하여 채권압류 및 추심명령을 받은 추심채권자는 공탁물을 출급하기 위하여 '<u>자기</u>'의 이름으로 '<u>다른 피공탁자</u>'를 상대로 공탁물 출급청구권이 추심채권자의 채무자에게 있음을 확인한다는 확인의 소를 제기할 수 있다.258)

[2022 승진, 2022 법무사]

⑤ 수용보상금을 공탁하면서 피공탁자를 '<u>甲과 乙</u>'로 하였는데 甲이 수용대상토지가 甲의 단독소유임을 증명하는 서류를 첨부하더라도 단독으로 공탁물 출급청구를 할 수는 없다.259)[2024 승진, 2010, 2011, 2016, 2021 법무사]

3) 절대적 불확지 변제공탁

사업시행자가 수용보상금에 대하여 <u>절대적 불확지</u> 변제공탁을 한 경우, 나중에 피공탁자를 알게 된 때에는 공탁자(사업시행자)가 그를 피공탁자로 지정하는 <u>공탁서정정신청</u>을 하면 피공탁자가 공탁물 출급청구를 할 수 있다. 만일 공탁자가 공탁서정정신청에 응하지 아니하면 '<u>공탁자(사업시행자)</u>'를 상대로 공탁금출급청구권이 자신에게 있다는 확인판결(조정조서, 화해조서 포함) 및 확정증명서를 첨부하여 공탁물을 직접 출급청구할 수 있다.260)[2022 승진, 2013, 2016, 2019, 2022 법무사]

(3) 반대급부이행 증명서면

1) 의의

공탁자는 피공탁자가 이행하여야 할 반대급부의 내용을 공탁서에 기재하고 변제공탁할 수 있다(민법 491조 참조). 이는 변제공탁의 특유한 기재사항으로서 반대급부의 내용이 공탁서에 기재된 때에는 피공탁자는 '<u>반대급부가 있었음을 증명하는 서면</u>'을 첨부하여야 공탁물을 수령할 수 있다(법 10조, 규칙 33조 3호).

---

258) 대법원 2011. 11. 10. 선고 2011다55405 판결.
259) 대법원 1989. 12. 1. 89마821 결정.
260) 대법원 1997. 10. 16. 96다11747 전원합의체판결.

2) 반대급부이행의 상대방

① 반대급부이행의 상대방은 공탁자(채무자)이고, 공탁물 출급청구서에 반대급부 이행서면을 첨부하여야 하므로 반대급부의 목적물을 직접 공탁관에게 이행할 수 없다.261)[2010, 2015 법무사, 2021 승진]

② 공탁물을 수령하려고 하는 사람이 공탁자에게 공탁서에 기재된 반대급부의 이행을 제공하였으나 공탁자가 그 수령을 거절하는 때에는 그 반대급부를 변제공탁하고 공탁관으로부터 교부받은 '공탁서'를 공탁법 제10조 소정의 반대급부가 있었음을 증명하는 서면으로 첨부하여 공탁물출급청구를 할 수 있다.262)

[2014 승진, 2010, 2011, 2023 법무사]

3) 반대급부이행 증명서면

반대급부이행 증명서면으로 공탁자의 서면 또는 판결문, 공정증서 그 밖의 관공서에서 작성한 공문서, 변제공탁서 등을 들 수 있다(법 10조, 규칙 33조 3호).

① '공탁자의 서면'은 반대급부를 수령하였다는 공탁자 작성의 반대급부 영수증 또는 반대급부채권 포기서·면제서 등을 말한다. '변제공탁서'도 반대급부이행 증명서면이 될 수 있다.[2020 법무사]

② '판결문'은 반대급부 이행사실이나 반대급부채권의 포기·면제가 판결주문 또는 이유 중에 명백하게 기재된 것을 말한다. 이행판결, 확인판결, 형성판결을 불문하지만 확정되어야 하므로 미확정의 가집행선고판결은 해당되지 않는다.

[2013, 2021 승진]

③ 공탁자가 소유권이전등기에 필요한 서류를 공탁자에게 교부하라는 반대급부조건을 붙여 변제공탁한 후, 이와는 별도로 같은 부동산에 관한 소유권이전등기절차이행의 소를 제기하여 승소확정판결을 받은 경우, 비록 위 판결에 기하여 앞서 반대급부조건으로 요구한 위 각 서류 없이 강제집행의 방법으로 그 부동산에 관한 공탁자 명의의 소유권이전등기를 필할 수 있게 되었다 하더라도 그와 같은 사유만으로써 위 공탁의 반대급부가 이행된 것으로 볼 수는 없다(다만 공탁자가 위 판결에 기하여 이미 소유권이전등기를 마친 경우에는 소유권이전등기가 경료된 등기사항증명서는 반대급부이행 증명서면으로 볼 수 있다).263)

[2014, 2023 법무사]

---

261) 행정예규 973호.
262) 대법원 1990. 3. 31. 89마546 결정.
263) 대법원 1985. 12. 28. 85마712 결정.

④ 공탁물을 수령하려고 하는 사람이 공탁자에게 공탁서에 기재된 반대급부의 이행을 제공하였으나 공탁자가 그 수령을 거절하는 때에는 그 반대급부를 변제공탁하고 공탁관으로부터 교부받은 공탁서를 첨부하여 공탁물 출급청구를 할 수 있다.264)[2014 승진, 2010, 2011, 2023 법무사]

⑤ 부당한 반대급부조건을 붙인 변제공탁은 채권자가 이를 수락하지 않는 한 무효의 공탁이지만, 피공탁자가 위 조건을 수락하여 공탁물을 출급하고자 한다면 먼저 반대급부조건을 이행하고 그 증명서면을 첨부하여야 한다.265)

[2024 승진, 2010, 2012, 2023, 2024 법무사]

(4) 이의유보부 출급

1) 의의

① 공탁물의 수령에 관한 이의유보의 의사표시는 변제공탁의 피공탁자가 공탁물 출급청구 시 공탁원인에 승복하여 공탁물을 수령하는 것이 아님을 분명히 함으로써 공탁한 취지대로 채무소멸의 효과가 발생함을 방지하고자 하는 의사표시이다.266) 채권의 성질에 다툼이 있는 경우에는 이의유보의 의사표시를 할 수 없으므로 차임으로 변제공탁한 것을 손해배상금으로 출급한다는 이의를 유보하고 공탁물을 출급하는 것은 허용될 수 없다.[2018 승진]

② 채권자가 단지 채무액에 대해서만 이의를 유보한 것이 아니라 채무자의 공탁원인인 부당이득반환채무금과 다른 손해배상채무금으로서 공탁금을 수령한다는 이의를 유보한 때에는 그 공탁금 수령으로 채무자의 공탁원인인 부당이득반환채무의 일부소멸의 효과가 발생하지 않고, 이의유보의 취지대로 손해배상채무의 일부변제로서 유효하다고 할 수도 없다. 이 경우 채권자의 공탁금수령은 법률상 원인 없는 것이 되고, 이로 인하여 채무자는 공탁금을 회수할 수도 없게 됨으로써 동액 상당의 손해를 입었다 할 것이므로 채권자는 채무자에게 출급한 공탁금을 반환하여야 한다.267)[2008, 2017, 2023 법무사]

2) 당사자

① 이의유보의 의사표시를 할 수 있는 자는 원칙적으로 변제공탁의 피공탁자이지만 공탁물 출급청구권에 대한 양수인, 전부채권자, 추심채권자, 채권자대위권을 행사하는 일반채권자도 이의유보의 의사표시를 할 수 있다.

---

264) 대법원 1990. 3. 31. 89마546 결정.
265) 공탁선례 1-170, 2-75 ; 대법원 1986. 12. 12. 86마카26 결정.
266) 대법원 1982. 11. 9. 선고 82누197 전원합의체판결.
267) 대법원 1996. 7. 26. 선고 96다14616 판결.

다만 공탁물 출급청구권에 대한 <u>압류 또는 가압류채권자</u>는 공탁물 출급청구권에 대한 처분권한이 없으므로 채권자대위권에 의하지 않는 한 이의유보의 의사표시를 할 수 없다.[2012, 2023 법무사, 2018 승진]

② 이의유보 의사표시의 상대방은 반드시 <u>공탁관</u>에 국한할 필요가 없고 <u>공탁자</u>에 대하여도 할 수 있다.268)[2010, 2012, 2017 법무사, 2022 승진]

3) 이의유보 의사표시의 방법

<u>공탁관에게</u> 이의유보 의사표시를 하려면 공탁물 출급청구서의 '청구 및 이의유보사유'란에 이의유보의 취지를 기재하면 되고, <u>공탁자에게</u> 이의유보 의사표시를 하려면 공탁자에게 이의유보의 취지를 통지한 후 그 서면을 출급청구서에 첨부하여야 한다.269)[2010, 2012, 2017 법무사, 2022 승진]

4) 이의유보 의사표시의 효과

① 채무금액에 다툼이 있는 채권에 관하여 채무자가 채무전액의 변제임을 공탁원인 중에 밝히고 공탁한 경우, 피공탁자가 그 공탁금을 수령할 때 채권의 <u>일부로서 수령한다는 이의를 유보</u>하고 공탁물을 출급받는다면 이러한 이의유보부 출급으로 채권자는 그 나머지 잔액에 대하여도 다시 청구할 수 있으나, 피공탁자가 아무런 <u>이의유보의 의사표시 없이</u> 공탁물을 수령한 때에는 공탁서에 기재된 공탁원인을 승낙하는 효과가 발생하므로 <u>채권 전액</u>에 대한 변제효과가 발생한다.270)[2018 승진]

② 채권자가 아무런 이의 없이 공탁금을 수령하였다면 이는 공탁의 취지대로 수령한 것이 되어 그에 따른 법률효과가 발생하므로 채무자가 <u>변제충당할 채무를 지정</u>하여 공탁한 것을 채권자가 아무런 이의 없이 수령하였다면 그 공탁의 취지에 따라 변제충당된다.271)[2017 법무사]

③ 공탁자가 공탁원인으로 들고 있는 사유가 <u>법률상 효력이 없는 것</u>이어서 공탁이 부적법하다고 하더라도 피공탁자가 그 공탁물을 수령하면서 <u>아무런 이의도 유보하지 아니하였다면</u> 특별한 사정이 없는 한 공탁자가 주장한 공탁원인을 수락한 것으로 보아야 하므로 공탁자가 공탁원인으로 주장한 대로 법률효과가 발생한다.272)[2010, 2012, 2017 법무사]

---

268) 대법원 1993. 9. 14. 선고 93누4618 판결.
269) 공탁선례 2-143 참조.
270) 대법원 1973. 11. 13. 선고 72다1777 판결 ; 1983. 6. 28. 선고 83다카88, 89 판결.
271) 대법원 1987. 4. 14. 선고 85다카2313 판결.
272) 대법원 1992. 5. 12. 선고 91다44698 판결.

④ 매도인이 매수인의 채무불이행을 이유로 매매계약을 해제하면서 그 받은 중도금을 변제공탁하였고, 매수인이 아무런 이의 없이 수령하였다면 실제로 매수인의 채무불이행이 있었는지 여부를 불문하고 위 공탁사유취지, 즉 매수인의 잔대금 채무불이행으로 인한 매도인의 매매계약 해제의 법률효과가 발생한다.273)

[2018 승진, 2010, 2015, 2023 법무사]

⑤ 피공탁자가 보상금을 수령하면서 보상금 중 일부의 수령이라는 등 이의유보의 의사를 밝혔다면 토지수용위원회의 재결에 승복한 것으로 볼 수 없으나,274) 피공탁자가 아무런 이의를 유보함이 없이 공탁금을 수령하였다면 이는 종전의 수령거절의 의사를 철회하고 토지수용위원회의 재결에 승복하여 그 공탁의 취지에 따라 보상금 전액을 수령한 것이라고 볼 수 있다.275)

5) 묵시적 이의유보 의사표시

1) 의의

피공탁자가 공탁금을 수령하면서 이의유보의 의사표시를 한 바 없다면 피공탁자는 그 공탁의 취지에 따라 이를 수령하였다고 보아야 한다. 피공탁자가 공탁금을 수령할 때 공탁자에 대한 이의유보의 의사표시는 반드시 명시적으로 하여야 하는 것은 아니다.276)[2012, 2014, 2017 법무사]

2) 묵시적 이의유보 의사표시를 부정한 사례

① 사업시행자가 토지수용위원회가 재결한 토지수용보상금을 공탁한 경우 피공탁자인 토지소유자가 위 재결에 대하여 이의신청을 제기하거나 소송을 제기하고 있는 중이라고 할지라도 그 쟁송 중에 보상금 일부의 수령이라는 등 이의유보의 의사표시 없이 공탁금을 수령하였다면 이는 종전의 수령거절 의사를 철회하고 재결에 승복하여 공탁한 취지대로 보상금 전액을 수령한 것이라고 볼 수 밖에 없으며, 공탁금 수령 당시 이의신청이나 소송이 계속 중이라는 사실만으로 공탁금 수령에 관한 이의유보의 의사표시가 있었다고 볼 수 없다.277)

[2010, 2023 법무사]

---

273) 대법원 1980. 7. 22. 선고 80다1124 판결.
274) 대법원 1987. 5. 12. 선고 86누498 판결.
275) 대법원 1982. 11. 9. 선고 82누197 전원합의체판결.
276) 대법원 1989. 7. 25. 선고 88다카11053 판결 ; 1997. 11. 11. 선고 97다37784 판결.
277) 대법원 1982. 11. 9. 선고 82누197 전원합의체판결.

② 사업시행자가 토지수용위원회가 재결한 토지수용보상금을 공탁한 경우 피공탁자가 <u>아무런 이의도 유보하지 아니한 채</u> 공탁금을 수령하였다면 원재결에서 정한 보상금을 증액하기로 원결정을 변경한 이의신청의 재결에 대하여 피공탁자가 제기한 <u>행정소송이 공탁금수령 시 계속 중이었다는 사실만으로는</u> 묵시적 이의유보의 의사표시가 있었다고 볼 수 없다.278) [2010 법무사]

③ 토지소유자가 수용재결에서 정한 손실보상금을 수령할 당시 이의유보의 뜻을 표시하였다 하더라도 이의재결에서 증액된 손실보상금을 수령하면서 <u>이의유보의 뜻을 표시하지 아니하였다면</u> 이의재결의 결과에 승복하여 수령한 것으로 보아야 하고, 추가보상금을 수령할 당시 이의재결을 다투는 <u>행정소송이 계속 중</u>이라는 사실만으로는 추가보상금의 수령에 관하여 이의유보의 의사표시가 있는 것과 같이 볼 수 없다.279)

3) 묵시적 이의유보 의사표시를 긍정한 사례

채권자가 제기한 대여금 청구소송에서 채무자와 채권자 간에 이자의 약정 여부에 관하여 다툼이 있던 중 채무자가 채권자를 공탁물수령자로 하여 원금과 <u>법정이율에 의한 이자를 변제공탁하자</u> 채권자가 그 공탁금을 원금과 <u>약정이율에</u> 따른 이자에 충당하는 방법으로 계산한 뒤 <u>남은 금액을 청구금액으로 하여 청구취지를 감축</u>하고 그 청구취지 감축 및 원인변경 신청서가 채무자에게 송달된 후에 <u>공탁금을 수령한 경우</u> 위 공탁금수령 시 <u>채권의 일부로 수령한다는 채권자의 묵시적인 이의유보의 의사표시</u>가 있었다고 보아야 한다.280) [2017 법무사]

2. 변제공탁물의 회수

(1) 의의

공탁자는 민법 제489조 제1항에 의한 경우, 착오로 공탁을 한 경우, 공탁원인이 소멸한 경우에 공탁물을 회수할 수 있다(9조 2항).

(2) 민법 제489조 제1항에 의한 회수

1) 의의

---

278) 대법원 1990. 1. 25. 선고 89누4109 판결.
279) 대법원 1995. 9. 15. 선고 93누20627 판결.
280) 대법원 1997. 11. 11. 선고 97다37784 판결.

① 변제공탁자(채무자)는 피공탁자(채권자)가 공탁을 승인하거나 공탁소에 대하여 공탁물을 받기를 통고하거나(공탁수락) 공탁유효의 판결이 확정되기까지는 공탁물을 회수할 수 있다(민법 489조 1항).

② 변제공탁의 자유로운 회수를 인정하는 이유는 공탁자에 의하여 공탁이 자발적으로 행하여진다는 점에 있으므로 그 공탁이 자발적이 아니라 강제되는 경우에는 민법 제489조 제1항에 의한 자유로운 회수는 인정되지 않는다. 따라서 토지수용보상금의 공탁은 공익사업을 위한 토지 등의 취득 및 보상에 관한 법률 제42조에 따라 간접적으로 강제되는 것으로서 자발적으로 이루어지는 것이 아니므로 피공탁자가 공탁자에게 공탁금을 수령하지 아니한다는 의사표시를 하였다 하더라도 사업시행자인 공탁자는 민법 제489조의 규정에 따른 회수청구를 할 수 없다(수용보상금은 착오 또는 공탁원인의 소멸을 이유로 하는 경우에만 회수청구할 수 있음).281)[2007, 2018 법무사, 2022 승진]

2) 회수의 효과

① 공탁의 소급적 실효

변제자가 공탁물을 회수한 때에는 공탁하지 아니한 것으로 본다(민법 489조 1항 단서). 변제공탁이 적법한 경우에는 채권자가 공탁물 출급청구를 하였는지 여부와 관계 없이 공탁을 한 때에 변제의 효력이 발생하지만, 변제공탁자가 공탁물 회수권의 행사에 의하여 공탁물을 회수한 경우에는 공탁하지 아니한 것으로 보아 채권소멸의 효력은 소급하여 없어진다.282)[2010 법무사]

채권소멸의 효력을 소급적으로 소멸시키는 공탁물의 회수에는 공탁자에 의하여 이루어진 경우뿐만 아니라, 제3자가 공탁자에게 대하여 가지는 별도 채권의 집행권원으로써 공탁자의 공탁물 회수청구권에 대하여 압류 및 추심명령(전부명령)을 받아 공탁물을 회수한 경우도 포함된다.283)[2015 승진, 2024 법무사]

② 질권·저당권 이외의 담보권의 부활

질권과 저당권은 변제공탁의 성립으로 당연히 소멸하므로 공탁 후에 질물이 반환되었는지 또는 저당권설정등기가 말소되었는지 여부와 관계 없이 변제공탁의 성립과 동시에 민법 제489조에 의한 회수청구권은 확정적으로 소멸한다.

---

281) 대법원 1988. 4. 8. 88마201 결정 ; 1997. 9. 26. 선고 97다24290 판결.
282) 대법원 1981. 2. 10. 선고 80다77 판결 ; 2014. 5. 29. 선고 2013다212295 판결.
283) 대법원 2014. 5. 29. 선고 2013다212295 판결.

따라서 공탁으로 인하여 질권 또는 저당권이 소멸한 경우에는 공탁자는 공탁물을 회수할 수 없다(민법 489조 2항).[2010, 2013 법무사, 2015 승진]

그러나 민법 제489조 제2항의 규정은 가등기 및 본등기에 의하여 담보된 채무의 변제공탁으로 인하여 가등기담보권이나 양도담보권이 소멸하는 경우에도 변제자가 공탁물을 회수할 수 없다는 취지를 포함하는 것은 아니므로 양도담보권·가등기담보권이 변제공탁으로 소멸된 경우에는 공탁자는 공탁물을 회수할 수 있고, 이로 인하여 양도담보권·가등기담보권은 부활하게 된다.[284]

3) 회수청구권의 제한

> **법 제9조의2(공탁물 회수의 제한)**[285] ① 공탁자가 형사사건 피해자를 위하여 변제공탁을 한 경우에는 제9조 제2항 제1호(민법 제489조에 의한 경우) 및 제3호(공탁의 원인이 소멸한 경우)의 사유로는 공탁물을 회수하지 못한다. 다만 다음 각 호의 어느 하나에 해당하는 경우에는 그 사실을 증명하여 공탁물을 회수할 수 있다.
> 1. 공탁물의 수령인으로 지정된 자가 공탁물의 회수에 동의하거나 공탁물의 수령을 거절하는 의사를 공탁소에 통고한 경우
> 2. 공탁의 원인이 된 해당 형사사건에서 무죄판결이 확정되거나 불기소 결정(기소유예는 제외한다)이 있는 경우
>
> **규칙 제49조의2(공탁물 회수동의 또는 수령거절의사 통고)**[286] 법 제9조의2 제2항에 따른 공탁물 회수동의 또는 수령거절의사 통고는 해당 공탁소에 서면으로 하여야 한다.

① 공탁금 회수제한의 신고

변제공탁자는 공탁신청과 동시에 또는 공탁 후에 특정 형사사건에 대하여 불기소결정(기소유예는 제외)이 있거나 무죄판결이 확정될 때까지 공탁금에 대한 회수청구권을 행사하지 않겠다는 취지의 회수제한신고를 할 수 있다.[287]

공탁금 회수제한신고서가 제출된 경우에는 공탁자의 회수청구권에 관하여 압류통지서가 접수된 경우에 준하여 처리하고, 공탁금을 납입한 공탁자가 공탁금 회수제한신고서의 부본을 제출하여 요구하면 그 부본에 공탁금 회수제한신고서의 접수사실을 확인하고 기명날인하여 교부한다.[288][2013 승진, 2012, 2014 법무사]

---

284) 대법원 1982. 7. 27. 선고 81다495 판결.
285) 2025. 1. 17. 신설/시행.
286) 2025. 1. 17. 신설/시행.
287) 행정예규 1014호.
288) 행정예규 1014호.

② 회수제한신고서가 제출된 경우의 회수청구
㉠ 공탁금 회수제한신고서가 제출된 경우 공탁자가 회수청구를 하기 위하여는 그 회수제한신고서에 기재된 대로 회수청구의 조건이 구비되었음을 증명하는 서면을 첨부하여야 한다.289)[2012, 2014 법무사]
㉡ 공탁자가 형사사건 피해자를 위하여 변제공탁을 한 경우에는 민법 제489조 및 공탁원인 소멸을 이유로는 회수할 수 없다(착오공탁을 이유로는 회수 가능함). 다만 다음의 경우에는 그 사실을 증명하여 회수할 수 있다(법 9조의2, 1항).
1. 공탁물의 수령인으로 지정된 자가 공탁물의 회수에 동의하거나 공탁물의 수령을 거절하는 의사를 공탁소에 통고한 경우
2. 공탁의 원인이 된 해당 형사사건에서 무죄판결이 확정되거나 불기소결정(기소유예는 제외)이 있는 경우

공탁물 회수동의 또는 수령거절의사의 통고는 해당 공탁소에 서면으로 하여야 한다(규칙 49조의2).
㉢ 형사사건과 관련하여 보상금이 변제공탁된 후 피공탁자가 공탁금 회수동의서를 공탁소에 제출한 경우에도 피공탁자의 공탁금 출급청구권에는 영향이 없으므로 공탁금이 회수되지 않은 상태라면 피공탁자는 출급청구할 수 있다.290)
[2012, 2014, 2019, 2021 법무사, 2022 승진]
㉣ 회수제한신고서를 제출하였으나 변제공탁 후 공탁서 및 회수제한신고서를 재판부에 제출하지 못한 경우라고 하더라도 가해자가 관련 형사사건으로 유죄판결을 받아 확정되었다면 회수청구를 할 수 없다.291)[2012, 2021 법무사, 2013, 2017 승진]

4) 회수청구권의 소멸 : 공탁수락의 의사표시를 한 경우

① 공탁수락의 의사표시를 할 수 있는 자
공탁수락의 의사표시를 할 수 있는 자는 원칙적으로 피공탁자이다. 공탁금 출급청구권에 대한 양수인, 추심채권자, 전부채권자, 채권자대위권을 행사하는 일반채권자는 공탁수락의 의사표시를 할 수 있다. 다만 공탁금 출급청구권에 대한 압류·가압류채권자는 전부명령이나 추심명령을 받지 않는 한 당해 청구권의 처분권한이 없으므로 채권자대위권에 의한 경우가 아니면 공탁수락의 의사표시를 할 수 없다.[2012 법무사, 2017 승진]

---

289) 공탁선례 2-152.
290) 공탁선례 201010-1.
291) 공탁선례 2-148.

② 공탁수락 의사표시의 상대방
공탁수락의 의사표시는 공탁소 또는 공탁자에게 할 수 있다.

③ 공탁수락의 방법
ㄱ. 공탁자에 대한 공탁수락의 의사표시에는 제한규정이 없으므로 구두 또는 서면으로 할 수 있으나, 공탁소에 대한 공탁수락의 의사표시는 피공탁자가 공탁을 수락한다는 뜻을 적은 서면을 공탁관에게 제출하는 방법으로 하여야 한다(규칙 49조 1항).[2012, 2019, 2023 법무사]

ㄴ. 변제공탁의 경우 공탁관에게 도달된 공탁금출급청구권의 양도통지서에 공탁수락의 의사표시가 명시적으로 기재되어 있지 않더라도 적극적인 불수락의 의사표시가 기재되어 있지 않는 한 그 양도통지서의 도달과 동시에 공탁수락의 의사표시가 있는 것으로 보아 공탁자의 민법 제489조 제1항에 의한 회수청구권은 소멸된다.[292)[2021 승진, 2012, 2016, 2018, 2019, 2020, 2024 법무사]

④ 공탁수락의 효과
ㄱ. 피공탁자의 공탁수락으로 민법 제489조에 의한 공탁물 회수청구권은 소멸되고, 원칙적으로 공탁자가 공탁서에 공탁원인으로 기재한 대로 그 법률효과가 발생한다.[2010, 2020 법무사]

공탁자가 공탁원인으로 들고 있는 사유가 법률상 효력이 없는 것이어서 공탁이 부적법하다고 하더라도 피공탁자가 그 공탁물을 수령하면서 아무런 이의도 유보하지 아니하였다면 공탁자가 주장한 공탁원인을 수락한 것으로 보아 공탁자가 공탁원인으로 주장한 대로 법률효과가 발생한다.[293)[2010, 2012, 2017 법무사]

ㄴ. 변제공탁의 피공탁자가 공탁된 금원 중 일부금에 대하여 이의를 유보하고 출급한 경우 미출급된 공탁금에 대해서는 공탁수락의 의사표시가 미치지 않는다고 보아 공탁자의 공탁금 회수청구권은 소멸되지 않는다.[294)[2012 법무사]

ㄷ. 가집행선고부 판결에 기한 공탁은 채무를 확정적으로 소멸시키는 원래의 변제공탁이 아니고, 상소심에서 그 가집행의 선고 또는 본안판결이 취소되는 것을 해제조건으로 하는 것이므로 가집행선고부 제1심판결의 채무액이 항소심 판결에서 일부취소되었다면 그 차액에 대해서는 공탁원인이 소멸하였다 할 것이므로 공탁자가 회수할 수 있다.[295)[2022 승진, 2013, 2015, 2016, 2019 법무사]

---

292) 행정예규 779호.
293) 대법원 1992. 5. 12. 선고 91다44698 판결.
294) 공탁선례 2-331.
295) 공탁선례 2-149.

⑤ 공탁불수락

적법한 변제공탁이 있으면 피공탁자의 공탁금 출급청구권이 발생하고, 이러한 피공탁자의 공탁금 출급청구권은 피공탁자가 공탁불수락의 의사표시를 하더라도 그 존부에는 영향을 미친다고 볼 수 없으므로 피공탁자의 채권자가 피공탁자의 공탁금 출급청구권에 대하여 강제집행을 할 수 있다.[296][2006, 2009, 2024 법무사]

5) 회수청구권의 소멸 : 공탁유효판결이 확정된 경우

① 공탁유효판결은 확인판결에 한하지 않고 이행판결도 포함한다. 그러나 공탁의 유효 여부에 관하여 법적 판단을 할 수 없는 형사판결은 공탁유효판결로 볼 수 없으므로 비록 형사사건에서 공탁에 기한 정상참작을 받은 사실이 판결이유에 나타나더라도 그 형사판결은 공탁유효판결에 포함될 수 없다.[2014 법무사]

② 공탁유효판결이 확정되면 민법 제489조 제1호에 의하여 공탁물 회수청구권은 소멸되지만, 그 판결등본이 공탁소에 제출되기 전에 공탁자가 회수청구를 하면 공탁관은 공탁유효판결의 확정 여부를 알 수 없으므로 공탁물을 지급할 수 밖에 없다. 따라서 공탁유효의 확정판결이 있는 경우 공탁자의 회수청구를 제한하기 위하여는 피공탁자는 그 판결등본을 공탁관에게 제출하여야 한다(규칙 49조 2항).[2015 법무사]

6) 회수청구권의 소멸 : 공탁으로 인하여 질권·저당권이 소멸한 경우

공탁으로 인하여 질권 또는 저당권이 소멸한 경우에는 회수청구권이 소멸하므로 공탁자는 공탁물을 회수할 수 없다(민법 489조 2항). 질권과 저당권은 변제공탁의 성립으로 당연히 소멸하므로 공탁 후에 질물이 반환되었는지 또는 저당권설정등기가 말소되었는지 여부에 관계 없이 변제공탁의 성립과 동시에 민법 제489조에 의한 공탁물 회수청구권은 확정적으로 소멸한다.[2010, 2013, 2019 법무사]

(3) 공탁법상의 회수

착오로 공탁한 경우 또는 공탁원인이 소멸한 경우에 공탁자는 그 사실을 증명하여 공탁물을 회수할 수 있다(9조 2항). 이를 공탁법상의 회수라고 한다.

1) 착오를 이유로 한 회수청구

① 공탁자가 착오로 공탁을 한 때에는 공탁이 비록 수리되고 공탁물이 납입되었다 하더라도 그 공탁은 무효이다.

---

296) 공탁선례 1-138, 2-342.

착오로 공탁한 때라 함은 공탁으로서 필요한 유효요건을 갖추고 있지 아니한 경우를 말하고, 공탁요건을 갖추고 있는지 여부는 어디까지나 공탁서에 기재된 공탁원인사실을 기준으로 하여 객관적으로 판단하여야 한다.297)[2010 법무사]

② 착오공탁을 이유로 회수청구를 하는 경우에는 그 착오를 증명하는 서면을 제출하여야 한다. 공탁무효판결을 받은 경우의 그 판결문, 채권양도 후에 양도인을 피공탁자로 한 경우에는 그 양도통지서 등을 들 수 있다. 차용금 변제를 위한 변제공탁을 하였으나 애초부터 차용금 채무가 없었다면 그 공탁은 차용금 변제로서의 효력이 생기지 아니하여 '착오로 인한 때'에 해당하므로 공탁자는 공탁물을 회수할 수 있다.[2017 법무사]

③ 공탁자가 착오로 공탁한 때 또는 공탁원인이 소멸한 때에는 공탁자가 공탁물을 회수할 수 있을 뿐 피공탁자의 공탁물 출급청구권은 존재하지 않으므로 공탁자가 회수하기 전에 위 공탁물 출급청구권에 대한 전부명령을 받아 공탁물을 수령한 자는 법률상 원인 없이 공탁물을 수령한 것이 되어 공탁자에 대하여 부당이득반환의무를 부담한다.298)[2013, 2015, 2018, 2019, 2021, 2023 법무사, 2015 승진]

④ 가압류등기 후 제3자 앞으로 소유권이전등기가 마쳐진 부동산에 대하여 가압류권자의 신청에 의한 강제경매절차가 진행되자, 가압류채무자의 해방공탁 및 가압류집행취소로 위 부동산에 대한 가압류등기가 말소된 후, 가압류채무자가 가압류등기말소를 이유로 강제경매개시결정의 취소신청을 하였으나 위 신청이 기각된 경우, 가압류채무자는 말소된 가압류등기의 회복 없이 착오에 의한 공탁을 이유로 해방공탁금을 회수할 수는 없다.299)[2011 법무사]

⑤ 제3채무자에게 채권가압류결정이 송달된 이후 채권양도통지가 있었는데 제3채무자가 채권양도사실을 간과한 채 채권가압류를 이유로 민사집행법 제248조 제1항 및 제291조에 의하여 집행공탁을 한 경우 착오를 증명하는 서면을 첨부하여 공탁금 회수청구를 할 수 있다.300)[2014, 2015, 2020 법무사]

2) 공탁원인의 소멸로 인한 회수청구

① 공탁원인의 소멸이란 공탁이 유효하게 성립된 이후의 사정변경으로 더 이상 공탁을 지속시킬 이유가 없게 된 경우를 말한다. 공탁원인의 소멸을 이유로 회수청구하는 경우에는 공탁원인의 소멸을 증명하는 서면을 첨부하여야 한다(예컨대 채권자가 채권을 포기한 경우의 채권포기서 등).[2013 법무사]

---

297) 대법원 1995. 7. 20. 95마190 결정.
298) 대법원 2008. 9. 25. 선고 2008다34668 판결.
299) 공탁선례 2-302.
300) 공탁선례 2-309.

② 가집행선고부 판결에 기한 공탁은 채무를 확정적으로 소멸시키는 원래의 변제공탁이 아니고, 상소심에서 그 가집행의 선고 또는 본안판결이 취소되는 것을 해제조건으로 하는 것이므로 가집행선고부 1심판결의 채무액이 항소심 판결에서 일부취소되었다면 그 차액에 대해서는 공탁원인이 소멸하였다 할 것이므로 공탁자가 회수할 수 있다.[301] [2022 승진, 2013, 2014, 2015, 2016, 2018, 2019 법무사]

Memo

---

301) 공탁선례 1-181, 2-149.

제6절 형사공탁의 특례

1. 공탁법 규정

> **법 제5조의2(형사공탁의 특례)**
> ① 형사사건의 피고인이 법령 등에 따라 피해자의 인적사항을 알 수 없는 경우에 그 피해자를 위하여 하는 변제공탁(이하 '형사공탁'이라 한다)은 "해당 형사사건이 계속 중인 법원 소재지"의 공탁소에 할 수 있다.[2023, 2024 법무사]
> *형사공탁의 특례제도는 '공소가 제기된 피고인'에 대하여만 적용되고, 수사단계에 있는 피의자에 대하여는 적용되지 않음을 주의[2023 법무사]
> ② 형사공탁의 공탁서에는 공탁물의 수령인(이하 "피공탁자"라 한다)의 인적사항을 대신하여 해당 형사사건의 재판이 계속 중인 법원(이하 "법원"이라 한다)과 사건번호, 사건명, 조서, 진술서, 공소장 등에 기재된 피해자를 특정할 수 있는 명칭을 기재하고, 공탁원인사실을 피해 발생시점과 채무의 성질을 특정하는 방식으로 기재할 수 있다. [2024 법무사]
> ③ 피공탁자에 대한 공탁통지는 공탁관이 다음 각 호의 사항을 인터넷 홈페이지 등에 공고하는 방법으로 갈음할 수 있다.[2023 법무사]
>   1. 공탁신청 연월일, 공탁소, 공탁번호, 공탁물, 공탁근거 법령조항
>   2. 공탁물 수령·회수와 관련된 사항
>   3. 그 밖에 대법원규칙으로 정한 사항(규칙 84조 2항)
> ④ 공탁물 수령을 위한 피공탁자 동일인 확인은 다음 각 호의 사항이 기재된 "법원이나 검찰"이 발급한 증명서에 의한다.
>   1. 사건번호
>   2. 공탁소, 공탁번호, 공탁물
>   3. 피공탁자의 성명·주민등록번호
>   4. 그 밖에 동일인 확인을 위하여 필요한 사항
> ⑤ 형사공탁의 공탁서 기재사항, 첨부하여야 할 서면, 공탁신청, 공탁공고 및 공탁물 수령·회수절차 등 그 밖에 필요한 사항은 대법원규칙으로 정한다.

Memo

2. 공탁규칙 및 선례

규칙 제83조(첨부서면의 특칙)
공탁서에는 제21조 제1항과 제2항에 따른 서면 외에 다음 각 호의 서류를 첨부하여야 한다.
1. 해당 형사사건이 계속 중인 법원을 확인할 수 있는 서면
2. 피해자를 특정할 수 있는 명칭이 기재된 공소장 부본이나 조서·진술서·판결서 사본
3. 법령 등에 따라 피해자의 인적사항을 알 수 없음을 확인할 수 있는 서면

제84조(형사공탁의 공고)
① 피공탁자에 대한 공탁통지는 공탁관이 전자공탁홈페이지에 공고하는 방법으로 할 수 있다.[2024 승진, 2023 법무사]
② 공탁관은 공탁물보관자로부터 공탁물 납입사실의 전송이나 공탁물품납입통지서를 받은 때에는 특별한 사정이 없는 한 다음 날까지 다음 각 호 사항을 공고하여야 한다.
 1. 법 제5조의2 제3항에 규정된 사항
 2. 해당 형사사건이 계속 중인 법원과 사건번호 및 공소장에 기재된 검찰청과 사건번호
 3. 그 밖에 대법원예규로 정한 사항

제85조(형사공탁사실 통지)
① 공탁관은 공탁물보관자로부터 공탁물 납입사실을 전송받거나 공탁물품납입통지서를 받은 때에는 해당 형사사건이 계속 중인 법원과 검찰에 형사공탁에 관한 내용을 통지하여야 한다.[2024 법무사]
② 피해자에게 변호사가 선임 또는 선정되어 있는 경우 대법원예규에서 정한 바에 따라 법원은 제1항에 의하여 통지받은 내용을 그 변호사에게 고지한다.

제86조(피공탁자 동일인 확인증명서의 제출 등)
① 법 제5조의2 제4항에 따른 공탁물 수령 또는 법 제9조의2 제1항 제1호에 따른 공탁물 회수를 위한 피공탁자 동일인 확인은 형사공탁에 관한 내용을 통지받은 법원 또는 검찰이 특별한 사정이 없는 한 지체 없이 동일인 증명서를 발급하여 공탁소에 송부하는 방식으로 한다.[2024 승진, 2024 법무사]

★**개정내용**
공탁물을 출급하려는 사람이 법원 또는 검찰에서 피공탁자 동일인 확인증명서를 발급받아 제출하던 것을 형사공탁에 관한 내용을 통지받은 법원 또는 검찰이 동일인 증명서를 발급하여 공탁소에 송부하는 방식으로 변경함.
② 제1항에 따른 동일인 증명서 발급·송부는 공탁의 원인이 된 형사사건이 계속 중인 법원(판결선고 후 기록 송부 전인 경우를 포함한다)이 담당한다. 다만 특정범죄신고자 등 보호법 제7조 및 이를 준용하는 법률 등에 따라 피해자의 인적사항을 범죄신고자 등 신원관리카드에 등재·관리하는 사건 및 이미 확정되어 기록이 검찰로 인계된 사건의 경우에는 검찰이 담당한다.[2024 승진]

★**개정내용**
동일인 증명서 발급기관의 범위를 구분함(원칙 : 형사건이 계속 중인 법원, 예외 : 검찰)

③ 형사공탁에 관한 내용을 통지받은 법원은 <u>피해자의 인적사항이 기재된 증거서류가 검찰로부터 제출되지 아니하는</u> 등의 사정으로 피해자의 인적사항을 알 수 없는 경우 해당 사건의 재판절차에서 <u>공판검사에게 인적사항의 제공을 요구할 수 있다.</u><신설>
[2024 승진]
④ 제3항의 <u>요구를 받은</u> 검찰은 특별한 사정이 없는 한 지체 없이 법원에 피해자의 인적사항을 제공하여야 한다. 만약 피해자 인적사항이 제공되지 않거나 그 제공이 지체되는 경우 공탁물을 출급하려는 사람은 <u>검찰에 동일인 증명서 발급·송부를 요청할 수 있다.</u><신설>
⑤ 공탁소에 동일인 증명서가 발급·송부되지 않은 경우 공탁물을 출급하려는 사람은 제2항의 구분에 따라 <u>동일인 증명서 발급·송부를 담당하는 법원 또는 검찰에 동일인 증명서의 발급·송부를 요청할 수 있다.</u><신설>
⑥ 제4항 후문 및 제5항의 <u>요청을 받은</u> 법원 또는 검찰은 피공탁자 인적사항을 확인할 수 없는 경우가 아닌 한 <u>지체 없이 동일인 증명서를 발급하여 공탁소에 송부하여야</u> 한다.<신설>

제87조(열람 및 증명청구의 특칙)
<u>피공탁자나 그 포괄승계인 또는 법정대리인의 인적사항이</u> 기재되어 있는 공탁관계 서류 및 전자기록에 대하여 열람 및 사실증명의 청구가 있는 경우 공탁관은 피공탁자 등(피공탁자, 포괄승계인, 법정대리인)의 인적사항이 공개되지 않도록 개인정보 보호를 위한 비실명 처리 후 이를 열람하게 하거나 증명서를 발급하여야 한다.

★개정내용
비실명처리 대상에 피공탁자 외에 그 <u>포괄승계인 또는 법정대리인도 포함</u>시킴.

제88조(군사법원에 계속 중인 사건)
군사법원에 계속 중인 형사사건에 관하여도 이 장의 규정을 적용한다. 이 경우 법원은 군사법원으로, 검찰은 군검찰로 본다.

■ **공탁선례 제202307-2호(2023. 7. 31. 제정)**
[사망한 피해자를 피공탁자로 한 형사공탁]
1. 법원 또는 검찰에서 발급한 동일인 증명서에는 사망한 피해자의 인적사항이 기재되어 있으면 충분하고 그 상속인의 인적사항까지 기재되어 있을 필요는 없다. 이는 <u>형사공탁 후 피공탁자가 사망한 경우에도 같다.</u>[2024 법무사]
2. 공탁관은 출급청구인이 사망한 피해자의 상속인에 해당하는지, 상속지분이 어떻게 되는지 등을 심사하기 위하여 상속관계서류의 제출을 <u>보정권고</u>할 수 있다.
3. 한편 사망한 피해자의 상속인이 여러 명인 경우, 어느 상속인에 의하여 사망한 피해자의 인적사항이 기재된 동일인 증명서가 <u>이미 공탁소에 제출되어</u> 있다면 이후 다른 상속인은 공탁금 출급청구시 동일인 증명서를 <u>다시 제출하지 않아도</u> 된다.

■ 공탁선례 제202406-4호(2024. 6. 17. 제정)
[공탁자가 다수의 피해자를 위하여 공탁법 제5조의2의 형사공탁을 하는 경우, 일괄하여 1건의 공탁서로 작성·제출할 수 있는지 여부]

1. 형사사건의 피고인이 법령 등에 따라 피해자의 인적사항을 알 수 없는 경우에 그 피해자를 위하여 하는 변제공탁은 해당 형사사건이 계속 중인 법원 소재지의 공탁소에 할 수 있고(법 5조의2, 1항), 형사공탁의 공탁서에는 공탁물의 수령인(피공탁자)의 인적사항을 대신하여 해당 형사사건의 재판이 계속 중인 법원과 사건번호, 사건명, 조서, 진술서, 공소장 등에 기재된 피해자를 특정할 수 있는 명칭을 기재하고, 공탁원인사실로서 피해 발생시점, 피해 장소, 채무의 성질을 특정하는 방식으로 기재하여야 한다(법 5조의2, 2항).
2. 공소장 등에 피해자들의 성명이 실명 또는 가명[예시: 홍길동(가명)]으로 기재되어 있고, 각 피해자에 대한 공탁원인사실(피해 발생시점, 피해장소, 채무의 성질)이 구체적으로 일치하는 경우는 일괄하여 1건의 공탁서로 작성·제출할 수 **'있다'**.
3. 이와 달리 ① 각 피해자들의 성명이 실명 또는 가명으로 기재되어 있더라도 공탁원인사실(피해 발생시점, 피해 장소, 채무의 성질)이 다른 경우, ② 피해자의 성명이 비실명 처리되어 공탁서 기재에 의하여 피공탁자 특정이 어려운 경우에는 각 피해자별로 각 1건의 공탁서를 작성하여 제출하는 방식으로 한다.

■ 공탁선례 제202404-1호(2024. 4. 8. 시행)
[공탁자가 형사공탁을 신청하면서 피해자를 특정하기 위한 첨부서면으로 별지 범죄일람표가 포함된 공탁규칙 제83조 제2호의 서면(공소장 등)을 제출하였고, 위 범죄일람표에 피해자 성명 일부가 비실명화 또는 가명처리된 다수의 피해자가 기재되어 있는 경우 공탁서의 피공탁자 기재방법]

1. 공탁자는 공소장·조서·진술서·판결서("공소장 등"이라 한다)에 피해자의 성명 중 일부가 비실명 처리되어 있거나 가명으로 기재되어 있는 경우에는 공탁서에도 그대로 기재하되, 가명으로 기재되어 있는 경우에는 괄호를 하여 가명임을 표시한다(행정예규 제1362호 제4조 참조).
2. 위 1.에서 공탁자가 공소장 등의 별지 범죄일람표를 함께 제출하였고, 범죄일람표에 피해자 성명 일부가 비실명화 또는 가명처리된 다수의 피해자가 기재되어 있는 경우 괄호를 하여 범죄일람표의 순번을 기재하는 방법으로 한다.
   예시) 이○호(범죄일람표 1. 10번 피해자)
   예시) 이도령(가명, 범죄일람표 1. 15번 피해자)
3. 형사공탁사실통지서는 피공탁자별로 작성한다.

제5장 수용보상금공탁

제1절 총설

1. 토지수용의 의의 및 근거법률
토지수용은 타인의 토지를 공공의 필요에 의하여 강제로 취득하는 것이므로 반드시 법률의 근거가 있어야 한다(헌법 23조 3항). 토지수용에 관한 일반적인 절차를 규정한 법률로 '공익사업을 위한 토지 등의 취득 및 보상에 관한 법률(토지보상법으로 약칭함)'이 있다.

2. 수용보상금의 지급 또는 공탁
① 사업시행자는 <u>수용개시일까지</u> 토지소유자에게 관할 토지수용위원회가 재결한 보상금을 지급하여야 하고, 사업시행자가 수용개시일까지 관할 토지수용위원회가 재결한 보상금을 지급하지 아니하면 당해 <u>재결은 그 효력을 상실한다</u>(토지보상법 40조 1항, 42조 1항).

② 다만 사업시행자는 토지보상법 제40조 제2항 각호의 하나에 해당하는 사유가 있을 때에는 보상금을 공탁할 수 있고, <u>수용개시일까지</u> 관할 토지수용위원회가 재결한 보상금을 <u>지급 또는 공탁</u>함으로써 토지를 <u>수용한 날</u>에 그 소유권을 취득한다.[302]

③ 사업시행자가 도시 및 주거환경정비법에 의하여 도시환경정비사업의 사업시행인가를 받고 이어 수용재결을 얻었으나 수용개시일 전에 사업시행인가의 <u>효력정지가처분결정이 있는 경우</u>에도 사업시행자는 수용재결에 따른 <u>공탁을 할 수 있다</u>.[303]

---

302) 대법원 1991. 5. 10. 선고 91다8654 판결.
303) 공탁선례 2-156.

제2절 수용보상금 공탁절차

1. 관할

(1) 토지 등의 소재지

사업시행자는 토지보상법 제40조 제2항 각 호의 1에 해당하는 사유가 있는 때에는 수용 또는 사용하고자 하는 토지 등의 소재지 공탁소에 보상금을 공탁할 수 있다(토지보상법 40조 2항).[2007, 2016 법무사]

(2) 채무이행지(토지 등 소유자의 현주소지)

수용보상금 공탁도 기본적으로는 변제공탁의 성질을 가지므로 민법 제488조 제1항 따라 채무이행지의 공탁소에 공탁할 수 있다. 보상금의 채무이행지는 원칙적으로 민법의 지참채무원칙에 따라 채권자(보상금 수령권자)의 현주소지가 된다.[2016 법무사]

(3) 시·군법원 공탁관의 직무범위에서 제외

수용보상금 공탁은 시·군법원 공탁관의 직무범위에서 제외된다(규칙 2조).
[2023 법무사]

(4) 관할공탁소 이외의 공탁사건처리지침의 배제

수용보상금 공탁에 관하여는 행정예규 제1167호(관할공탁소 이외의 공탁소에서의 공탁사건처리지침)가 적용되지 아니한다.[304][2011, 2014, 2015 법무사]

2. 공탁당사자

(1) 공탁자
수용보상금 공탁의 공탁자는 사업시행자이다.

(2) 피공탁자
보상금 공탁의 피공탁자는 원칙적으로 토지 등의 소유자가 된다. 사업시행자는 자기 책임 하에 보상금을 받을 자를 특정하여 피공탁자로 기재하여야 한다.[305]

---

304) 행정예규 1167호(3. 다).
305) 대법원 1997. 10. 16. 선고 96다11747 전원합의체판결.

1) 확지공탁

① 관계인의 포함 여부

관계인이라 함은 사업시행자가 취득 또는 사용할 토지에 관하여 토지소유권 이외의 권리를 가진 자 또는 그 토지에 있는 물건에 관하여 소유권 등의 권리를 가진 자를 말한다.

수용대상토지에 대하여 관계인의 지상권·전세권·저당권·가등기·압류·가압류등기가 경료되어 있더라도 피공탁자는 토지소유자로 하여야 한다.[306] 담보물권자, 압류채권자, 가압류채권자 등은 수용보상금채권에 대하여 별도로 압류 등의 조치를 하여야 하므로 공탁서의 피공탁자란에는 토지소유자만 기재하여야 하고, 토지등기사항증명서상의 담보물권자·압류·가압류채권자 등은 공탁서의 어느 난에도 기재하지 않는다.[2010, 2012, 2016, 2018, 2020 법무사]

② 수용개시일 이전까지 소유권이전등기를 경료하지 못한 경우

민법상 법률행위에 의한 물권변동의 효력은 등기하여야 효력이 생기므로 수용개시일 이전에 매매 등으로 소유권이전등기청구권을 취득하였다거나 소유권이전등기절차이행의 확정판결을 받았다 하더라도 수용개시일 이전까지 소유권이전등기를 경료하지 않았다면 피공탁자가 될 수 없고, 수용개시일 당시 등기사항증명서상의 토지소유자가 피공탁자가 된다.[2018, 2021 법무사]

④ 사업인정고시 후 소유권에 변동이 있는 경우

ㄱ. 甲 소유의 토지에 대한 수용재결이 있은 후 수용개시일 이전에 丙이 甲으로부터 위 토지의 소유권을 승계한 경우에는 수용 당시의 소유자인 丙이 토지수용에 의한 손실보상금이나 사업시행자가 공탁한 공탁금의 수령권자가 되며, 비록 丙이 소유권을 취득하기 전에 乙이 甲의 손실보상금 채권을 가압류하였다고 하더라도 위 가압류명령은 존재하지 않는 채권에 대한 것으로서 무효이므로 위 보상금을 공탁하는 경우의 피공탁자는 丙이 된다.[307][2012 승진, 2013, 2014, 2018 법무사]

ㄴ. 사업인정고시 후 재결 전에 소유권변동이 있었음에도 종전 소유자를 상대로 재결이 이루어진 경우에 손실보상금의 수령권자는 소유권을 승계한 '수용 당시'의 등기부상 소유자가 되므로 현 소유자를 피공탁자로 하여 공탁하여야 한다.[308][2012, 2018 법무사, 2014 승진]

---

306) 사업시행자가 보상금을 지급 또는 공탁하면 수용개시일에 소유권을 원시취득하게 되고, 그 토지에 관한 권리는 원칙적으로 모두 소멸되기 때문이다.
307) 공탁선례 1-22, 2-163.
308) 공탁선례 201103-2.

2) 상대적 불확지공탁309)

① 수용대상토지에 '소유권등기말소청구권'을 피보전권리로 하는 처분금지가처분등기가 경료된 경우에는 토지소유자의 소유권등기에 관하여 무효 여부가 다투어지고 있다고 볼 수 있으므로 피공탁자를 "토지소유자 또는 가처분채권자"로 하여 상대적 불확지공탁을 할 수 있다.310)[2012 법무사]

② 다만 '사해행위취소에 따른 소유권등기말소청구권'을 피보전권리로 하는 처분금지가처분등기가 경료된 경우에는 그 가처분채권자는 종전 소유자에 대한 채권자로서의 지위에 있을 뿐 직접 그 소유권이 가처분채권자 자신에게 속한다고 다투는 것은 아니므로 상대적 불확지공탁을 할 수 없다.311)
[2014, 2016, 2023 승진, 2018 법무사]

③ 수용대상토지에 대한 등기기록이 2개 개설되어 있고 그 소유명의인이 각각 다른 경우 피공탁자를 '소유명의인 甲 또는 乙'로 하여 상대적 불확지공탁을 할 수 있다.312)

④ 등기기록상 공유지분의 합계가 1을 초과하거나 미달되어 공유자들의 정당한 공유지분을 알 수 없는 경우 피공탁자를 '공시된 공유자 전부'로 하여 상대적 불확지 공탁을 할 수 있다.313)

⑤ 보상받을 사람이 사망하였으나 과실 없이 그 상속인들의 정당한 상속지분을 알 수 없는 경우에도 사업시행자는 피공탁자를 '상속인들 전부'로 하여 상대적 불확지 공탁을 할 수 있다.314)

3) 절대적 불확지공탁

① 수용대상토지가 미등기이고 대장상 소유자란이 공란으로 되어 있어 소유자를 확정할 수 없는 경우, 수용대상토지가 미등기이고 대장상 성명은 기재되어 있으나 주소기재가 없는 경우(동·리의 기재만 있고 번지의 기재가 없는 경우 포함), 수용대상토지가 미등기이고 토지대장상 주소는 기재되어 있으나 성명의 기재가 없는 경우, 수용대상토지가 등기는 되어 있으나 등기기록상 소유자를 특정할 수 없는 경우에는 피공탁자를 '소유자 불명'으로 하여 각각 절대적 불확지공탁을 할 수 있다.315)

---

309) 행정예규 1061호.
310) 공탁선례 1345호 5조 1호 본문.
311) 대법원 2009. 11. 12. 선고 2007다53785 판결 ; 행정예규 1345호 5조 1호 단서.
312) 공탁선례 1345호 5조 2호 ; 대법원 1992. 10. 13. 선고 92누3212 판결.
313) 행정예규 1345호 5조 3호.
314) 행정예규 1345호 5조 4호.
315) 행정예규 1345호 6조 1호.

② 상속인 '전부'를 알 수 없는 경우 보상금 전부에 대하여 절대적 불확지 공탁을 할 수 있다. 상속인 중 '일부'를 알 수 없는 경우에는 그 알 수 없는 상속인에 대한 보상금 부분에 대하여만 절대적 불확지 공탁을 할 수 있다.316)

3. 공탁물

(1) 금전

토지를 수용·사용함으로 인하여 토지소유자 또는 관계인이 입은 손실에 대한 보상은 다른 법률에 특별한 규정이 있는 경우를 제외하고는 현금으로 지급하여야 한다(토지보상법 63조 1항).

사업시행자가 토지보상법이 규정하고 있는 절차에 따라 공공용지를 수용 또는 취득하고 그에 따른 손실보상금을 피수용자에게 지급하는 것에 갈음하여 공탁하는 경우에 공탁물은 당해 법령에 규정되어 있는 대로 금전 또는 채권으로 할 수 있을 것이나, 그 경우에 있어서도 현금으로 보상금을 지급하도록 되어 있을 때에는 현금으로 지급하거나 공탁을 하여야 하고 현금 대신 채권으로 지급하거나 공탁을 할 수는 없다.317)[2023 법무사]

(2) 채권

① 수용보상금에 대한 압류가 있는 경우 현금으로 지급하여야 한다는 규정이 없으므로 토지소유자의 채권자가 손실보상이 현금으로 지급될 것을 예상하여 수용보상금에 대하여 압류를 한 경우에도 토지수용의 채권보상요건을 충족하고 공탁사유가 있으면 채권으로 공탁할 수 있다.318)[2014 승진, 2023 법무사]

② 전부명령이 확정되면 피전부채권이 지급에 갈음하여 압류채권자에게 이전되고 채무자가 채무를 변제한 것으로 간주되므로 전부명령의 대상은 금전채권으로 한정된다. 따라서 장래의 조건부채권에 대한 전부명령이 확정된 후에 사업시행자가 금전이 아닌 도시개발채권으로 공탁하였다면 민사집행법 제231조 단서규정319)에 의하여 그 부분에 대한 전부명령의 실체적 효력은 소급하여 실효된다.320)[2014 법무사]

---

316) 행정예규 제1345호 6조 3호.
317) 공탁선례 1-39, 2-1.
318) 공탁선례 1-42, 2-242.
319) 민사집행법 231조 단서 : 피전부채권이 존재하지 아니하면 전부명령은 실체법상 효력이 없다.
320) 대법원 2004. 8. 20. 선고 2004다24168 판결참조.

③ 사업시행자가 수용보상금을 채권으로 공탁한 경우 공탁물유가증권에 대한 출급청구권은 유체물인도를 목적으로 하는 채권의 일종이므로 그에 대한 강제집행은 '유체동산인도청구권'에 대한 강제집행절차에 따라야 한다. 따라서 공탁자를 상대로 한 전부금소송에서 공탁유가증권을 직접 출급할 수 있다는 조정결정을 받았다 하더라도 위 조정조서를 가지고 공탁된 수용보상금 채권을 전부채권자가 직접 출급할 수 없다.321)[2012, 2024 법무사]

④ 압류·가압류된 수용보상금을 사업시행자가 채권과 현금으로 지급하고자 할 경우 현금으로 지급하는 수용보상금 부분은 토지보상법 제40조 제2항 제4호 및 민사집행법 제248조 제1항에 의하여 집행공탁을 할 수 있다. 다만 채권으로 지급하는 수용보상금 부분은 집행공탁을 할 수 없고, 토지보상법 제40조 제2항 각호의 공탁사유가 있다면 유가증권공탁의 절차에 따라 공탁할 수 있다.322)[2023 법무사]

4. 공탁서작성 시 유의사항

(1) 공탁원인사실의 기재

① 채권자 불확지를 이유로 공탁하는 경우에는 그 사유를 공탁원인사실에 구체적으로 명시하여야 한다. 따라서 수용대상토지에 대한 등기부가 2개 개설되어 있고 그 소유명의인이 각각 달라 사업시행자가 과실 없이 진정한 토지소유자를 알 수 없는 때에는 공탁원인사실에 그러한 취지를 기재하고 피공탁자를 "甲 또는 乙"로 표시하여야 한다. 그런데도 피공탁자를 "甲과 乙" 2인으로 하고, 공탁원인사실을 '피공탁자들에게 손실보상금을 현실제공하였으나 수령을 거절하므로 공탁한다'라고 기재하였다면 이는 甲과 乙을 공동수령권자로 하여 공탁한 것에 불과하므로 적법한 공탁이라 할 수 없다.323)

② 수용대상토지에 대하여 담보물권·가압류·경매개시결정 등의 등기가 되어 있더라도 피공탁자 란에는 토지소유자만 기재하면 되고, 담보물권자·가압류채권자·경매신청인 등은 공탁서상의 어느 난에도 기재할 필요가 없다.324)

[2010, 2012, 2016, 2020 법무사]

---

321) 공탁선례 1-42, 2-242.
322) 공탁선례 2-6(201004-1).
323) 대법원 1992. 10. 13. 선고 92누3212 판결.
324) 행정예규 1061호.

(2) 공탁으로 인하여 소멸하는 저당권 등의 표시

민법 제487조 변제공탁의 경우에는 공탁으로 인하여 질권, 저당권, 전세권 등이 소멸하는 경우에는 그 질권, 저당권, 전세권을 표시하여야 하지만(규칙 20조 2항), 수용보상금 공탁의 경우에는 공탁으로 인하여 소멸하는 권리를 기재하는 경우는 없다. 수용보상금 공탁으로 인하여 수용대상토지에 설정된 저당권 등이 소멸된다 하더라도 이는 <u>수용의 효과로 소멸</u>하는 것이고 피담보채무의 변제로 소멸하는 것이 아니기 때문이다.

따라서 수용대상토지에 등기된 <u>지상권, 전세권, 저당권, 지역권, 임차권</u> 등은 '공탁으로 인하여 소멸하는 질권, 전세권, 저당권'란에 기재할 사항은 아니며, 그 권리자도 피공탁자란에 기재하여서는 아니된다.[325] [2017 승진, 2022 법무사]

(3) 반대급부의 기재

① 수용보상금의 지급과 수용으로 인한 소유권이전등기는 <u>동시이행관계에 있는 것이 아니므로</u> 수용보상금의 공탁서에 소유권이전등기서류의 교부를 반대급부로 기재한 공탁은 이를 수리할 수 없고,[326] 수용대상토지에 대하여 제한물권이나 처분제한의 등기가 있는 경우에 그러한 <u>등기의 말소</u>를 반대급부로 기재한 공탁도 이를 수리할 수 없다.[327] [2013 승진, 2012, 2022, 2024 법무사]

② 사업시행자가 피수용자에게 손실보상금을 지급함에 있어 납세증명서의 제출을 요구하거나 그 미제출을 이유로 손실보상금의 지급을 거절할 수는 없으므로 <u>납세증명서의 제출을 조건</u>으로 하는 손실보상금의 공탁은 효력이 인정되지 않는다.[328]

---

325) 행정예규 1061호.
326) 행정예규 1061호.
327) 행정예규 1061호.
328) 공탁선례 202410-1(2024. 10. 18).

제3절 수용보상금 공탁사유

1. 의의

사업시행자는 ① 보상금을 받을 자가 그 수령을 거부하거나 보상금을 수령할 수 없을 때 ② 사업시행자의 과실 없이 보상금을 받을 자를 알 수 없을 때 ③ 관할 토지수용위원회가 재결한 보상금에 대하여 사업시행자가 불복할 때 ④ 압류나 가압류에 의하여 보상금의 지급이 금지된 때에는 공탁할 수 있다(토지보상법 40조 2항).

2. 채권자의 수령거절 또는 수령불능(토지보상법 40조 2항 1호)

(1) 수령거절

보상금을 받을 자가 보상금의 수령을 거절할 것이 명백하다고 인정되는 경우에는 보상금을 현실제공하지 않고 바로 보상금을 공탁할 수 있다.[329]

(2) 수령불능

① 피보상자의 주민등록상 현주소를 알 수 없다면 피보상자의 수령불능을 이유로 공탁할 수 있으며, 이 경우 피공탁자의 주소란에는 등기기록상 주소를 기재하고, 피공탁자의 주소불명사유를 소명하는 서면을 첨부하여야 한다.[330]

② 토지소유자가 수용재결이 있기 전에 등기부상 주소를 실제 거주지로 변경등기를 하였음에도 불구하고 사업시행자가 토지소유자의 주소가 불명하다는 이유로 수용보상금을 공탁한 경우 그 공탁은 요건이 흠결된 것이어서 무효이고, 토지소유자의 변경등기 전 주소로 수용절차가 진행되어 왔다고 하더라도 마찬가지이다.[331]

3. 채권자 불확지공탁

(1) 의의

① 사업시행자의 과실 없이 보상금을 받을 자를 알 수 없는 때라 함은 객관적으로 채권자가 존재하나 변제자가 선량한 관리자의 주의를 다하여도 채권자가 누구인지 알 수 없는 경우를 말한다.[332]

---

329) 대법원 1998. 10. 20. 선고 98다30537 판결.
330) 공탁선례 1-26, 2-169.
331) 대법원 1996. 9. 20. 선고 95다17373 판결.

채권자 불확지의 원인은 사실상 이유(채권자가 사망하였는데 상속인을 알 수 없는 경우 등) 및 법률상 이유(채권양도의 효력에 관하여 양도인과 양수인이 다투고 있는 경우 등)를 모두 포함한다.

② 공탁자인 사업시행자가 과실 없이 여러 사람 중 누가 보상금을 수령할 진정한 권리자인지 알 수 없는 상대적 불확지공탁 이외에도 보상금을 수령할 자가 누구인지를 전혀 알 수 없는 절대적 불확지공탁도 예외적으로 인정된다(토지보상법 40조 2항 2호).333)

(2) 상대적 불확지공탁

수용보상금 공탁의 피공탁자는 수용 당시 수용대상토지의 소유자이지만, 그 토지의 소유권에 다툼이 있어서 누가 진정한 토지소유자인지 알 수 없는 경우에는 상대적 불확지공탁을 할 수 있다.

1) 상대적 불확지공탁이 인정되는 경우

① 수용대상토지에 소유권등기말소청구권을 피보전권리로 하는 가처분이 경료된 경우

ㄱ. 수용대상토지에 '소유권등기말소청구권'을 피보전권리로 하는 처분금지가처분등기가 경료된 경우에는 토지소유자의 소유권등기에 관하여 무효 여부가 다투어지고 있다고 볼 수 있으므로 피공탁자를 "토지소유자 또는 가처분채권자"로 하여 상대적 불확지공탁을 할 수 있다.[2010, 2012 법무사]

ㄴ. 그러나 '사해행위취소에 따른 소유권등기말소청구권'을 피보전권리로 하는 처분금지가처분등기가 경료된 경우에는 그 가처분채권자는 종전 소유자에 대한 채권자로서의 지위에 있을 뿐 직접 그 소유권이 가처분채권자 자신에게 속한다고 다투는 것은 아니므로 '토지소유자 또는 가처분채권자'를 피공탁자로 하여 한 상대적 불확지공탁은 부적법하여 무효이다.334) 이 경우에는 부동산소유자(가처분채무자)를 피공탁자로 하는 확지공탁을 하여야 한다.[2014, 2016 승진, 2018 법무사]

ㄷ. 가처분의 피보전권리가 소유권말소등기청구권인지 소유권이전등기청구권인지 공시되어 있지 않다면 일단 그 토지의 소유권 귀속에 관하여 다툼이 있는 것으로 보아 피공탁자의 상대적 불확지를 이유로 공탁할 수 있다.335)[2024 법무사]

---

332) 대법원 1996. 4. 26. 선고 96다2583 판결.
333) 행정예규 1061호(토지수용보상금의 공탁에 관한 공탁사무처리지침).
334) 대법원 2009. 11. 12. 선고 2007다53785 판결 ; 행정예규 1061호.
335) 공탁선례 2-51.

② 수용대상토지에 소유권이전등기청구권을 피보전권리로 하는 가처분이 경료된 경우

ㄱ. 수용대상토지에 '소유권이전등기청구권'을 피보전권리로 하는 처분금지가처분등기가 경료된 경우에는 토지소유자의 소유권을 인정하는 전제하에서 가처분채권자에게 소유권이전등기를 해 달라는 분쟁에 불과하므로 토지소유자를 피공탁자로 하는 확지공탁만 할 수 있고, 가처분채권자를 피공탁자에 포함하는 상대적 불확지공탁을 할 수는 없다.336)[2014 승진, 2022 법무사]

ㄴ. 그러나 수용대상토지에 '진정명의회복을 위한 소유권이전등기청구권'을 피보전권리로 하는 처분금지가처분등기가 경료된 경우에는 진정명의회복을 위한 소유권이전등기청구는 소유권말소청구와 실질적으로 그 목적이 동일하고 법적 근거와 성질이 동일하므로337) 상대적 불확지공탁을 할 수 있다.[2023 승진]

③ 수용대상토지에 소유자가 다른 중복등기가 경료된 경우

수용대상토지에 甲 명의로 소유권이전등기가 되어 있고, 또 다른 등기부에 위 토지와 지번, 지목이 같고 지적만이 다른 乙 명의의 소유권이전등기가 되어 있어 사업시행자가 과실 없이 진정한 토지소유자를 알 수 없는 때에는 공탁원인을 그와 같은 취지로 기재하고 공탁물을 수령할 자는 "甲 또는 乙"로 표시하여야 한다.338)[2009, 2010 법무사]

④ 등기기록상 공유지분의 합계가 1을 초과 또는 미달하는 경우

토지등기기록상 공동소유자들의 공유지분 합계가 1을 초과하거나 미달되어 사업시행자가 공동소유자들의 정당한 공유지분을 알 수 없어서 개인별 보상금액을 구체적으로 산정할 수 없는 경우에는 피보상자 불확지를 사유로 공탁할 수 있으며, 그 경우 피공탁자를 '공시된 공유자 전부'로 하여 상대적 불확지공탁을 할 수 있다.339)

⑤ 분할 전 및 분할 후의 대장소유자가 다른 경우

수용대상토지가 미등기토지로 분할 전 토지의 토지대장에는 甲이 사정받은 것으로 되어 있으나, 분할된 이후의 토지대장에는 乙 명의로 소유권이전등록이 되어 있다면 甲과 乙 중 누가 진정한 소유자인지 알 수 없으므로 '甲 또는 乙'을 피공탁자로 하여 상대적 불확지공탁을 할 수 있다.340)[2016 승진, 2018, 2022 법무사]

---

336) 대법원 1996. 3. 22. 선고 95누5509 판결 ; 2002. 10. 11. 선고 2002다35461 판결.
337) 대법원 2001. 9. 20. 선고 99다37894 판결 참조.
338) 대법원 1992. 10. 13. 선고 92누3212 판결.
339) 공탁선례 1-25, 2-165 ; 행정예규 1345호 5조 3호.

또한 사업시행자인 공탁자가 미등기건물의 수용보상금을 공탁할 때 그 소유권에 대한 다툼이 있어 과실 없이 누가 진정한 수용대상건물의 소유자인지 알지 못하는 경우에는 피공탁자를 '건축물대장상 소유자 또는 실제 소유자라고 주장하는 자'로 하여 상대적 불확지공탁을 할 수 있다.341)

⑥ 수용보상금채권에 대한 처분금지가처분이 있는 경우

수용보상금채권에 대한 처분금지가처분결정이 제3채무자인 사업시행자에게 송달된 경우, 가처분채권자가 수용보상금채권에 대하여 권리의 귀속을 다투는 경우에는 공탁근거법령을 토지보상법 제40조 제2항 제2호로 하고, 피공탁자는 '가처분채무자(토지소유자) 또는 가처분채권자'로 하는 상대적 불확지공탁을 할 수 있다.342)[2015 승진, 2016, 2020 법무사]

다만 가처분채권자가 수용보상금채권에 대하여 권리의 귀속을 다투는 것이 아닌 경우에는 공탁근거법령을 토지보상법 제40조 제2항 제1호로 하고, 피공탁자는 '가처분채무자(부동산 소유자)'로 하는 확지공탁을 하되, 위 가처분에 관한 사항을 공탁원인사실에 기재하여야 할 것이며, 이때 가처분의 효력은 가처분채무자의 공탁금 출급청구권에 대하여 존속한다.343)[2013 법무사]

⑦ 상속지분을 알 수 없는 경우

보상받을 사람이 사망하였으나 과실 없이 그 상속인들의 정당한 '상속지분'을 알 수 없는 경우에 사업시행자는 피공탁자를 '상속인들 전부'로 하여 상대적 불확지공탁을 할 수 있다.344)

2) 상대적 불확지공탁이 인정되지 않는 경우

수용대상토지가 일반채권자에 의하여 압류 또는 가압류되어 있거나 수용대상토지에 근저당권설정등기가 마쳐져 있더라도 그 토지의 수용에 따른 보상금청구권 자체가 압류 또는 가압류되어 있지 아니한 이상 보상금의 지급이 금지되는 것이 아니므로 이러한 사유만으로 토지보상법 제40조 제2항 제2호의 '사업시행자가 과실 없이 보상금을 지급받을 자를 알 수 없을 때'의 공탁사유에 해당되지 않는다.345)[2010, 2022 법무사, 2023 승진]

---

340) 공탁선례 2-174.
341) 공탁선례 2-175.
342) 공탁선례 201101-2.
343) 공탁선례 201101-2.
344) 행정예규 제1345호 5조 4호(2023. 7. 1. 추가).
345) 대법원 2000. 5. 26. 선고 98다22062 판결.

> ■ 토지수용 등의 보상금의 공탁에 관한 사무처리지침(행정예규 1345호)
> 제5조(상대적 불확지공탁)
> 사업시행자는 다음 각 호 어느 하나에 해당하는 경우 상대적 불확지공탁을 할 수 있다.
> 1. 수용대상토지에 대하여 <u>소유권등기말소청구권을 피보전권리로 하는 처분금지가처분등기</u>가 마쳐져 있는 경우(피공탁자: 소유자 또는 가처분채권자). 다만 <u>사해행위취소에 따른 소유권등기말소청구권</u>을 피보전권리로 하는 가처분등기가 마쳐진 경우는 제외
> 2. 수용대상토지에 대한 <u>등기기록이 2개 개설</u>되어 있고 그 소유명의인이 각각 다른 경우(피공탁자: 소유명의인 甲 또는 乙)
> 3. 등기기록상 공유지분의 합계가 1을 초과하거나 미달되어 공유자들의 정당한 공유지분을 알 수 없는 경우(피공탁자: 공시된 공유자 전부)
> 4. <u>보상받을 사람이 사망하였으나 과실 없이 그 상속인들의 정당한 '상속지분'을 알 수 없는 경우(피공탁자 : 상속인들 전부)</u>

(3) 절대적 불확지공탁

1) 의의

① 우리 공탁제도상 채권자가 특정되거나 적어도 채권자가 상대적으로나마 특정되는 <u>상대적</u> 불확지공탁만이 허용될 수 있는 것이고, 채권자가 누구인지 전혀 알 수 없는 <u>절대적</u> 불확지공탁은 허용되지 아니하는 것이 원칙이다. 다만 토지보상법 제40조 제2항 제2호는 토지수용의 주체인 사업시행자가 과실 없이 보상금을 받을 자를 알 수 없을 때에는 <u>절대적 불확지공탁이 허용됨</u>을 규정하여 사업시행자는 그 공탁에 의하여 <u>보상금 지급의무를 면하고</u> 그 토지에 대한 <u>소유권을 취득</u>하도록 하고 있다.346)[2015 승진, 2018 법무사]

② 절대적 불확지공탁을 예외적으로 허용하는 것은 공익을 위하여 신속한 수용이 불가피함에도 사업시행자가 당시로서는 과실 없이 채권자를 알 수 없다는 부득이한 사정으로 인한 임시적 조치로서 편의상 방편일 뿐이므로 사업시행자는 공탁으로 <u>수용보상금 지급의무는 면하지만</u>, 이로써 공탁제도상 요구되는 <u>채권자 지정의무를 다하였다거나 그 의무가 면제된 것은 아니다</u>.347)[2018 법무사]

---

346) 대법원 1997. 10. 16. 선고 96다11747 전원합의체 판결.
347) 대법원 1997. 10. 16. 선고 96다11747 전원합의체 판결.

2) 절대적 불확지공탁이 인정되는 경우

① 수용대상토지가 미등기이고 대장상 소유자란이 공란으로 되어 있는 경우
수용대상토지가 미등기이고 토지대장상 소유자란이 공란으로 되어 있어 소유자를 확정할 수 없는 경우에는 피보상자를 과실 없이 알 수 없는 경우에 해당하므로 절대적 불확지공탁을 할 수 있다.[348][2017 법무사]

② 대장상 성명은 기재되어 있으나 주소의 기재가 없는 경우
수용대상토지가 미등기이고 토지대장에 소유자 성명은 기재되어 있으나 주소의 기재가 없는 경우(동·리의 기재만 있고 번지의 기재가 없는 경우도 포함)에는 피보상자를 과실 없이 알 수 없는 경우에 해당하므로 절대적 불확지공탁을 할 수 있다.[349][2017, 2018, 2022 법무사]

③ 대장상 주소는 기재되어 있으나 성명의 기재가 없는 경우
수용대상토지가 미등기이고 토지대장상 주소는 기재되어 있으나 성명의 기재가 없는 경우에도 피보상자를 과실 없이 알 수 없는 경우에 해당하므로 절대적 불확지공탁을 할 수 있다.[350]

④ 등기는 되어 있으나 소유자를 특정할 수 없는 경우
수용대상토지가 등기는 되어 있으나 등기부상 소유자를 특정할 수 없는 경우에는 절대적 불확지공탁을 할 수 있다.[351][2017 법무사]

⑤ 등기부의 일부인 공동인명부와 대장상의 공유자연명부가 멸실된 경우
등기부의 일부인 공동인명부와 토지대장상의 공유자연명부가 멸실된 토지에 대하여 사업시행자가 토지소유자를 알 수 없어 협의할 수 없음을 이유로 관할 토지수용위원회에 재결을 신청하고 그에 따라 피수용자를 불확지로 하는 수용재결을 얻은 경우에는 절대적 불확지공탁을 할 수 있다.[352]

---

[348] 행정예규 제1345호 6조 1호.
[349] 행정예규 제1345호 6조 1호.
[350] 행정예규 제1345호 6조 1호.
[351] 행정예규 제1345호 6조 2호.
[352] 등기선례 3-758.

⑥ 피수용자가 사망하였으나 과실 없이 상속인을 알 수 없는 경우

상속인 '전부'를 알 수 없는 경우 보상금 전부에 대하여 절대적 불확지 공탁을 할 수 있다. 상속인 중 '일부'를 알 수 없는 경우에는 그 알 수 없는 상속인에 대한 보상금 부분에 대하여만 절대적 불확지 공탁을 할 수 있다.353)[2017 법무사]

⑦ 피수용자의 등기기록상 주소지가 미수복지구인 경우

피수용자의 등기사항증명서상 주소지가 미수복지구로 되어 있고, 그와 다른 주소지를 사업시행자가 별도로 알 수 없는 경우에는 절대적 불확지공탁을 할 수 있다. 이와 관련하여 판례는, 사업시행자가 피공탁자의 주소를 미수복지구로 기재하고 공탁근거법령을 토지보상법 제40조 제2항 제1호로 기재한 경우, 피공탁자의 주소표시가 제대로 되지 아니하고 공탁통지서도 송달할 수 없으므로 피공탁자가 특정되지 않아서 관계법령의 기재가 사실에 합치되지 아니하지만, 그렇다고 그 공탁이 바로 무효로 되는 것은 아니고, 그 공탁을 '사업시행자가 과실 없이 보상금을 받을 자를 알 수 없는 때'에 허용되는 절대적 불확지공탁으로 보아 유효하다고 해석하고 있다.354)[2020 승진]

⑧ 사업시행자가 영업손실보상금 수령자를 알 수 없는 경우

사업시행자는 토지에 대한 보상금이나 건축물 등에 대한 보상금 뿐만 아니라 광업권 등 권리에 대한 보상금과 영업의 손실에 대한 보상금도 절대적 불확지공탁을 할 수 있다.355) 따라서 사업시행자가 토지조서 및 물건조서의 작성을 위하여 영업시설에 출입하여 영업의 현황 및 영업주의 현황을 방문조사하였으나, 영업주나 종업원 등이 고의적으로 조사를 회피하는 등의 사정으로 과실 없이 영업주를 전혀 알 수 없는 경우에는 이러한 내용이 기재된 물건조서 또는 조사를 담당한 자의 진술서 등 소명자료를 첨부하여 영업손실보상금을 절대적 불확지공탁 할 수 있다.356)[2017 법무사]

---

353) 행정예규 제1345호 6조 3호(2023. 7. 1. 개정).
354) 대법원 1997. 10. 16. 선고 96다11747 전원합의체 판결.
355) 공탁선례 2-177.
356) 공탁선례 2-177.

> ♣ 토지수용 등의 보상금의 공탁에 관한 사무처리지침(행정예규 1345호)
> **제6조(절대적 불확지공탁)** 사업시행자는 다음 하나에 해당하는 경우 절대적 불확지공탁을 할 수 있다(피공탁자 : 소유자 불명).
> 1. 수용대상토지 등이 미등기이고 다음 각 목의 어느 하나에 해당하는 경우
>   가. 대장상 소유자란이 공란으로 되어 있는 경우
>   나. 대장상 성명은 기재되어 있으나 주소의 기재(동·리의 기재만 있고 번지의 기재가 없는 경우도 해당됨)가 없는 경우
>   다. 대장상 주소는 기재되어 있으나 성명의 기재가 없는 경우
> 2. 수용대상토지 등이 등기는 되어 있으나 등기기록상 소유자를 특정할 수 없는 경우
> 3. 보상받을 사람이 사망하였으나 과실 없이 그 상속인의 전부 또는 일부를 알 수 없는 경우
>   가. 상속인 '전부'를 알 수 없는 경우 보상금 전부
>   나. 상속인 중 '일부'를 알 수 없는 경우 그 알 수 없는 상속인에 대한 보상금 부분

4. 재결한 보상금에 대하여 사업시행자가 불복하는 경우

관할 토지수용위원회가 재결한 보상금에 대하여 사업시행자가 불복할 때에도 사업시행자는 공탁할 수 있다(토지보상법 40조 2항 3호). 이 경우 사업시행자는 보상금을 받을 자에게 자기가 산정한 보상금을 지급하고 그 금액과 토지수용위원회가 재결한 보상금과의 차액을 공탁하여야 하고, 보상금을 받을 자는 그 불복의 절차가 종결될 때까지 공탁된 보상금을 수령할 수 없다(토지보상법 40조 4항).[2012, 2024 법무사]

5. 압류나 가압류에 의하여 보상금의 지급이 금지된 경우

① 압류나 가압류에 의하여 보상금의 지급이 금지된 때에도 사업시행자는 공탁할 수 있다(토지보상법 40조 2항 4호). 일반채권자의 압류·가압류 외에 담보권자의 물상대위권 행사에 의한 압류로 보상금의 지급이 금지된 때에도 사업시행자는 공탁할 수 있다. 그러나 체납처분에 의한 압류로 보상금의 지급이 금지된 경우에는 공탁사유에 해당하지 아니하므로 공탁할 수 없다.[357]

② 근저당권등기가 되어 있는 토지에 대한 수용재결이 있은 후 제3자가 보상금채권을 압류하였으나 근저당권자가 물상대위권을 행사하지 아니한 경우 사업시행자는 압류에 의하여 보상금의 지급이 금지되었음을 이유로 보상금을 공탁하여야 하고, 압류하지 않은 근저당권자도 압류한 것으로 취급하여 공탁할 것이 아니다.[358][2024 법무사]

---

[357] 공탁선례 2-286.
[358] 공탁선례 1-30, 2-179.

③ 수용토지에 대하여 체납처분에 의한 압류가 집행되어 있어도 토지수용으로 사업시행자가 그 소유권을 원시취득함으로써 그 압류의 효력은 소멸되지만, 토지에 대한 압류가 그 수용보상금청구권에 당연히 이전되어 효력이 미치는 것은 아니다. 따라서 수용 전 토지에 대하여 체납처분에 의한 압류를 한 체납처분청이 다시 수용보상금에 대하여 체납처분에 의한 압류를 하였다고 하여 물상대위의 법리에 의하여 수용 전 토지에 대한 체납처분에 의한 우선권이 수용보상금채권에 대한 배당절차에서 종전 순위대로 유지된다고 볼 수도 없다.359)[2024 법무사]

6. 토지보상법 제84조 제2항에 의한 공탁

① 중앙토지수용위원회는 재결에 대한 이의신청을 받은 경우 그 재결이 위법하거나 부당하다고 인정할 때에는 그 재결의 전부 또는 일부를 취소하거나 보상액을 변경할 수 있다(토지보상법 84조 1항). 보상금이 증액된 경우 사업시행자는 재결의 취소 또는 변경의 재결서정본을 받은 날부터 30일 이내에 보상금을 받을 자에게 그 증액된 보상금을 지급하여야 한다(토지보상법 84조 2항 본문).

② 이의신청에 대한 재결절차는 수용재결에 대한 불복절차이면서 수용재결과는 확정의 효력 등을 달리하는 별개의 절차이므로 증액된 보상금의 지급 또는 공탁이 없는 경우 관할 토지수용위원회의 재결에 대한 보상금의 지급 또는 공탁이 없는 경우와는 달리 그 이의신청에 대한 재결이 당연히 실효되는 것은 아니다.360)[2012 법무사, 2023 승진]

7. 토지보상법 제85조 제1항에 의한 공탁

① 사업시행자, 토지소유자 또는 관계인은 재결에 불복할 때에는 재결서를 받은 날부터 90일 이내에, 이의신청을 거쳤을 때에는 이의신청에 대한 재결서를 받은 날부터 60일 이내에 각각 행정소송을 제기할 수 있다. 이 경우 사업시행자는 행정소송을 제기하기 전에 증액된 보상금을 공탁하여야 하며, 보상금을 받을 자는 소송이 종결될 때까지 공탁된 보상금을 수령할 수 없다(토지보상법 85조 1항). 이러한 공탁의무규정은 사업시행자가 행정소송을 제기한 경우에만 적용되는 규정이므로 토지소유자 또는 이해관계인만이 이의재결에 대하여 행정소송을 제기한 경우에는 이의유보의 의사표시를 하여 공탁된 보상금을 지급받을 수 있다.361)[2016, 2020 승진]

---

359) 대법원 2003. 7. 11. 선고 2001다83777 판결.
360) 대법원 1992. 3. 10. 선고 91누8081 판결.
361) 공탁선례 1-96, 2-239.

② 사업시행자가 행정소송을 제기하는 경우에는 원칙적으로 <u>행정소송 제기 전에</u> 증액된 보상금을 공탁하여야 하지만, 제소 당시 그와 같은 요건을 구비하지 못하였다 하여도 '<u>사실심 변론종결 당시까지</u>' 그 요건을 갖추었다면 그 흠결의 하자는 치유되었다고 본다.362)

8. 토지보상법 제39조 제1항에 의한 공탁

사업시행자의 재결신청을 받은 토지수용위원회는 그 재결을 기다려서는 재해를 방지하기 곤란하거나 그 밖에 공공의 이익에 현저한 지장을 줄 우려가 있다고 인정할 때에는 사업시행자의 신청에 의하여 담보로써 토지수용위원회가 상당하다고 인정하는 금전 또는 유가증권을 <u>공탁하게 하고 즉시 해당 토지의 사용을 허가</u>할 수 있다(토지보상법 39조 1항, 동법시행령 19조 1항). 이 경우의 공탁은 사업시행자의 보상금지급채무를 담보한다는 점에서 담보공탁의 성질을 갖는다.

따라서 사업시행자가 토지수용위원회의 재결에 의한 보상금 지급시기까지 이를 지급하지 아니하면 토지소유자 등은 관할 토지수용위원회의 확인을 받아 <u>담보의 전부 또는 일부를 취득</u>한다(토지보상법 41조 2항, 동법시행령 22조 1항).

Memo

---

362) 대법원 2008. 2. 15. 선고 2006두9832 판결.

제4절 수용보상금 공탁의 효과

1. 사업시행자의 소유권취득

① 사업시행자가 수용개시일까지 관할 토지수용위원회가 재결한 보상금을 공탁한 때에는 수용개시일에 토지나 물건의 소유권을 취득하며(토지보상법 45조 1항), 설령 그 이후에 중앙토지수용위원회의 이의재결에 의하여 손실보상금이 증액되었다 하더라도 마찬가지이다(토지보상법 88조).[363] 이 경우 사업시행자의 소유권 취득은 원시취득이다.[364]

② 사업시행자는 토지를 수용한 날(수용개시일)에 그 소유권을 취득하며 그 토지에 관한 다른 권리는 소멸하는 것인 바, 수용되는 토지에 대하여 가압류가 집행되어 있어도 토지수용으로 사업시행자가 그 소유권을 원시취득함으로써 가압류의 효력은 소멸되는 것이고, 토지에 대한 가압류가 그 수용보상금 청구권에 당연히 이전되어 그 효력이 미치게 된다고는 볼 수 없다.[365]

③ 토지수용재결서 정본이 피수용자에게 적법하게 송달되기 이전에 사업시행자가 한 보상금의 공탁도 그것이 수용개시일 이전에 이루어진 것이라면 그 효력이 있다.[366]

2. 공탁의 하자와 수용재결의 실효

(1) 수용보상금을 지급 또는 공탁하지 아니한 때

① 사업시행자가 수용 또는 사용개시일까지 관할 토지수용위원회가 재결한 보상금을 지급하거나 공탁하지 아니하였을 때에는 해당 토지수용위원회의 재결은 효력을 상실한다(토지보상법 42조 1항).

② 토지수용은 보상금의 지급을 조건으로 하고 있는 것이므로 재결된 보상금을 수용개시일까지 지급 또는 공탁하지 않았다면 재결은 물론이고 재결의 전제가 되는 재결신청도 그 효력을 상실한다. 따라서 토지보상법 제28조 소정의 사업인정의 고시가 있은 날로부터 1년 이내에 재결신청을 하지 않았다면 사업인정도 효력을 상실하여 결국 그 수용절차 일체가 백지상태로 환원된다.[367]

---

363) 토지보상법 88조(이의의 신청이나 행정소송의 제기는 사업의 진행 및 토지의 수용 또는 사용을 정지시키지 아니한다) ; 대법원 2017. 3. 30. 선고 2014두43387 판결 참조.
364) 대법원 1995. 12. 22. 선고 94다40765 판결.
365) 대법원 2000. 7. 4. 선고 98다62961 판결.
366) 대법원 1995. 6. 30. 선고 95다13159 판결.
367) 대법원 1987. 3. 10. 선고 84누158 판결.

(2) 수용보상금공탁이 무효인 경우

① 사업시행자가 수용재결에 따른 보상금을 공탁하였더라도 그 공탁이 무효라면 토지보상법 제42조 소정의 '사업시행자가 수용개시일까지 보상금을 지급 또는 공탁하지 아니하였을 때'에 해당하므로 그 수용재결은 효력을 상실하고,[368] 위와 같이 실효된 수용재결을 유효한 것으로 보고서 한 이의재결도 위법하여 당연무효가 된다.[369][2024 법무사]

② 토지보상법에 의한 수용재결에 따른 수용보상금의 공탁이 유효한 것인지 여부는 토지보상법 제40조 제2항 및 공탁법이 정한 요건을 갖추었는지 여부에 의하여 결정되는 것이고, 공탁의 전제가 되는 수용재결이 유효하다 하여 그에 따른 공탁도 당연히 유효한 것은 아니다.[370]

1) 공탁요건에 해당하지 않는 경우

① 수용보상금은 수용개시일까지 사업시행자가 피수용자에게 직접 지급하여야 함이 원칙이지만, 토지보상법 제40조 제2항이 정한 사유가 있는 경우에 한하여 공탁할 수 있다. 따라서 토지보상법 제40조 제2항 각 호 중 하나에 해당하지 아니하는 경우에 한 공탁은 보상금 지급으로서의 효력이 없다.[371]

② 지방자치단체가 수용대상토지를 압류하였더라도 수용에 따른 보상금청구권을 압류하지 아니한 이상 보상금을 받을 자는 여전히 토지소유자이다. 그런데 사업시행자가 수용대상토지가 지방자치단체에 의하여 압류되어 있어 보상금을 수령할 자를 알 수 없다는 이유로 공탁을 하였다면 이는 토지보상법 제40조 제2항 각호에 열거된 공탁요건에 해당하지 아니하므로 보상금지급의 효력이 발생하지 않는다.[372]

2) 일부공탁의 경우

① 수용의 효과를 발생시키는 보상금의 공탁은 특별한 사정[373]이 없는 한 보상금 전액을 공탁하여야 하므로 사업시행자가 피수용자의 전기요금을 대납하였다 하더라도 그만큼을 공제한 차액만을 공탁할 수 없다.[374][2006, 2015, 2017 법무사]

---

368) 대법원 1996. 9. 20. 선고 95다17373 판결.
369) 대법원 1986. 8. 19. 선고 85누280 판결 ; 1993. 8. 24. 선고 92누9548 판결.
370) 대법원 1996. 9. 20. 선고 95다17373 판결.
371) 대법원 1996. 9. 20. 선고 95다17373 판결.
372) 대법원 1993. 8. 24. 선고 92누9548 판결.
373) 관할 토지수용위원회가 재결한 보상금에 대하여 사업시행자가 불복하는 경우 사업시행자는 보상금을 받을 자에게 자기가 산정한 보상금을 지급하고 그 금액과 토지수용위원회가 재결한 보상금과의 차액을 공탁하여야 한다(토지보상법 40조 4항 전문).
374) 공탁선례 1-61, 2-182.

② 토지보상법에 따른 수용보상금의 공탁은 재결에서 정해진 보상금 전액의 공탁을 의미하므로 수용대상 토지에 대한 상속등기를 대위신청할 때 소요된 <u>취득세·등록면허세(지방교육세 포함)</u> 그 밖의 비용을 공제한 나머지 금액만을 공탁하면 유효한 공탁이 될 수 없다.[2010, 2017, 2022 법무사] 이 경우 사업시행자는 대신 지출한 상속등기비용은 별도로 수용보상금 채권자들에게 <u>구상하여야</u> 한다.[375]

③ 사업시행자가 토지소유자에게 지급할 보상금이 소득세법 제156조 또는 법인세법 제98조에 의하여 원천징수의 대상이 되는 경우에는 사업시행자는 토지소유자에게 지급할 보상금에서 그 <u>원천징수세액을 공제한 나머지 금액을 공탁할 수 있다.</u> 이 경우 공탁서상의 공탁원인사실란에 원천징수세액을 공제한 사실을 기재하여야 할 것이지만 원천징수세액의 <u>공제를 소명하는 자료는 제출할 필요가 없다</u>.[376][2019, 2023 법무사]

3) 조건부공탁의 경우

피수용자가 반대급부 또는 그 밖의 조건의 이행을 할 의무가 없음에도 불구하고 사업시행자가 이를 조건으로 공탁한 때에는 <u>피수용자가 이를 수락하지 않는 한</u> 그 공탁은 효력이 없다.[377]

다만 이행의무가 없는 반대조건을 붙여 무효가 된 공탁을 <u>수용개시일 이전에</u> 반대급부가 없는 것으로 정정하면 그 공탁이 유효하게 되지만, <u>수용개시일이 지난 후에는</u> 반대급부 없는 공탁으로 정정하였더라도 그 효력이 수용개시일로 소급하지 아니하므로 <u>재결의 효력이 상실된다</u>.[378][2016, 2019, 2020, 2021, 2023 법무사]

3. 공탁흠결의 치유

① 토지보상법상의 보상금채권에 관하여 이루어진 집행공탁이 요건을 갖추지 못한 경우라 하더라도 수용부동산의 소유자 또는 토지보상법 제2조 제5호 소정의 관계인 등 보상금채권에 관한 채권자가 <u>집행공탁의 하자를 추인</u>하며 그 집행공탁에 기초하여 진행된 배당절차에 참여하여 배당요구를 함에 따라 보상금채권에 관계된 채권자들에게 우선순위에 따라 배당이 이루어졌다면 <u>집행공탁의 하자는 치유되고 보상금채무 변제의 효력</u>이 발생한다.[379]

---

375) 공탁선례 1-62, 2-125.
376) 공탁선례 2-173.
377) 대법원 1979. 10. 30. 78누378.
378) 대법원 1986. 8. 19. 선고 85누280 판결.
379) 대법원 2008. 4. 10. 선고 2006다60557 판결.

② 수용대상 토지에 대한 압류를 이유로 한 보상금공탁은 위법하여 수용재결은 그 효력을 상실하였으므로 수용개시일이 지난 후에 사업시행자가 공탁서의 공탁원인사실과 피공탁자의 주소와 성명을 정정하고 토지소유자가 이의를 유보한 채 공탁보상금을 수령하더라도 이미 실효된 수용재결이 다시 효력이 생기는 것이 아니다.[380]

Memo

---

[380] 대법원 1993. 8. 24. 선고 92누9548 판결 .

제5절 수용보상금의 출급

1. 확지공탁

(1) 의의

피공탁자는 <u>공탁서의 기재</u>에 의하여 형식적으로 결정되므로 실체법상의 채권자라 하더라도 피공탁자로 지정되어 있지 않다면 공탁물 출급청구권을 직접 행사할 수 없다. 따라서 <u>피공탁자가 아닌 제3자</u>가 피공탁자를 상대로 공탁물 출급청구권 확인판결을 받았다 하더라도 그 확인판결을 받은 제3자가 직접 공탁물출급청구를 할 수는 없다.[381][2017, 2022 승진, 2012, 2013, 2016, 2019, 2020, 2021, 2022 법무사]

(2) 구체적 사례

① 수용대상물인 지장물건에 대하여 소유권 분쟁이 있어 그 수용보상금이 공탁된 경우 공탁서상 <u>피공탁자로 기재된 자</u>는 직접 <u>공탁관에 대하여</u> 공탁금 출급청구권을 행사하여 이를 수령하면 되는 것이고, 피공탁자가 아닌 위 소유권 분쟁 당사자를 상대로 공탁금 출급청구권이 자신에게 있다는 확인을 구할 필요는 없다.[382][2011, 2019 법무사]

② 사업시행자가 토지를 수용하고 공유자 전원을 피공탁자로 하여 보상금을 공탁한 경우 공유토지에 대한 보상공탁금을 가분채권으로 보아 공유자 각자가 자기의 <u>등기기록상 지분에 해당하는 공탁금을</u> 출급청구할 수 있으며, 비록 수용된 토지부분에 대한 공유자 내부의 <u>실질적인 지분비율</u>이 등기부상 지분비율과 다르다고 하더라도 이는 공유자 내부 간에 별도로 해결하여야 할 문제이다.[383]
[2024 승진, 2022, 2023 법무사]

③ 토지수용 시 사업시행자가 등기기록상 공유자들의 <u>공유지분 합계가 1을 초과 또는 미달</u>되어 각 공유자의 정당한 지분을 알 수 없어서 개인별 보상금액을 산정할 수 없다는 사유로 보상금을 공탁하였다면 이는 <u>상대적 불확지공탁</u>에 해당한다.[384][2022 법무사] 이러한 경우 공유자인 피공탁자 <u>전원이 합의</u>하였다면 그 합의에 의한 공탁금 출급청구가 가능하다. 공유자 전원의 합의가 이루어지지 않는다면 <u>재판에 의하여</u> 각 공유자의 지분을 확정한 후 출급하여야 하고, 공유자들 전원의 정당한 지분을 알 수 없어 공탁한 것이므로 공유자 중 일부가 자기 지분에서 <u>일정부분 차감함으로써 공유지분 합계를 1</u>로 하여 산정된 개인별 공탁금을 출급할 수는 없다.[385]

---

381) 대법원 1993. 12. 15. 93마1470 결정.
382) 대법원 2001. 6. 26. 선고 2001다19776 판결.
383) 공탁선례 1-103, 2-202.
384) 행정예규 1345호 5조 3호.

④ 조합재산을 토지보상법에 의하여 수용하고 그 보상금을 합유자 전체 명의로 공탁하면서 <u>합유자의 지분을 특정</u>한 경우라 하더라도 그 보상금은 합유자의 소유에 속한다 할 것이므로 위 공탁금을 출급함에 있어서는 <u>합유자 전원의 청구</u>에 의하여야 한다.386)[2009, 2011, 2013 법무사]

⑤ 합유로 등기되어 있는 토지를 수용하고 수용보상금을 공탁하면서 수용되기 전에 사망한 5명을 포함한 16명의 합유자를 피공탁자로 하여 공탁한 이후 합유자 중 2명이 공탁된 이후에 사망한 경우 특약이 없는 한 사망한 사람의 상속인들에게는 공탁금 출급청구권이 승계되지 않으므로 <u>잔존 합유자들</u>은 사망자에 대한 <u>사망사실을 입증하는 서면</u>을 제출하고 <u>잔존 합유자 전원의 청구</u>에 의하여 공탁금 출급청구를 할 수 있다.387)[2010, 2013 법무사]

⑥ 수용보상금을 공탁하면서 <u>피공탁자를 '甲과 乙'</u>로 하였는데 甲이 수용대상 토지가 甲의 단독소유임을 증명하는 서류를 첨부하더라도 단독으로 공탁물 출급청구를 할 수는 없다.388)[2024 승진, 2010, 2016, 2021 법무사]

⑦ 보상금을 받을 자가 주소불명으로 인하여 그 보상금을 수령할 수 없는 때에 해당함을 이유로 사업시행자가 보상금을 공탁한 경우 <u>정당한 공탁금수령권자</u>이면서도 공탁관으로부터 공탁금의 출급을 거부당한 자는 그 법률상 지위의 불안·위험을 제거하기 위하여 '<u>공탁자인 사업시행자</u>'를 상대방으로 하여 <u>공탁금출급권의 확인을 구하는 소송</u>을 제기할 이익이 있다.389)[2015 승진, 2015, 2021 법무사]

⑧ 등기관이 등기부를 이기하는 과정에서 등기기록상 종전 소유자 甲을 乙로 잘못 이기한 결과, 사업시행자가 피공탁자 성명을 乙로 기재하여 공탁한 경우, 위 甲의 상속인은 공탁자인 사업시행자에 피공탁자표시를 정정하는 <u>공탁서정정신청</u>을 해 줄 것을 촉구할 수 있다. 만일 사업시행자가 이를 이행하지 않을 경우 '<u>공탁자</u>'를 상대로 공탁금 출급청구권 확인판결을 받아 공탁금 출급청구를 할 수 있다.390)[2014 법무사]

(3) 보상금이 승계 전의 소유자에게 공탁된 경우

1) 의의

---

385) 공탁선례 1-28, 2-203.
386) 공탁선례 1-101, 2-205.
387) 공탁선례 2-206.
388) 대법원 1989. 12. 1. 89마821 결정.
389) 대법원 2007. 2. 9. 선고 2006다68650 판결.
390) 공탁선례 2-194.

사업인정고시가 있은 후 소유권 등의 변동이 있는 경우 그 소유권 등을 승계한 자는 사업시행자로부터 보상금을 지급받거나 공탁된 보상금을 수령할 수 있다(토지보상법 40조 3항). 이 경우 공탁금을 받을 권리를 승계한 사실을 증명하는 서면을 공탁관에게 제출하여야 한다(토지보상법 시행령 21조).

따라서 수용개시일 전에 수용토지의 소유자가 변경되었음에도 수용보상금이 승계 전의 소유자를 피공탁자로 하여 공탁된 경우 그 승계인은 피공탁자의 정정 없이도 소유권의 승계사실을 증명하는 서면(등기사항증명서 등)을 첨부하여 공탁금을 직접 출급청구할 수 있다.391)[2011, 2014 법무사, 2015, 2021, 2024 승진]

2) 구체적인 경우

① 판결

ㄱ. 매수인이 등기기록상 소유명의인인 매도인을 상대로 매매를 원인으로 한 토지 소유권이전등기 절차이행의 승소판결을 받았으나 그에 따른 소유권이전등기를 경료하지 않고 있던 중 사업시행자가 보상금을 매도인 앞으로 공탁함으로써 수용개시일에 수용의 효력이 발생하였다면, 그 이후 매수인이 자기 명의로 소유권이전등기를 경료하였다 하더라도 그 매수인은 피공탁자인 매도인으로부터 공탁금 출급청구권을 양도받지 않는 한 직접 공탁금의 출급청구를 할 수 없다.392)[2010, 2013, 2016, 2021 법무사]

ㄴ. 사업시행자가 미등기 토지를 수용하면서 토지대장에 등록된 사망한 소유자를 피공탁자로 지정하여 토지수용보상금을 공탁하였다면, 사망한 토지대장상의 소유자와 매매계약을 체결한 매수인이 토지대장에 등록된 소유자의 상속인들을 상대로 소유권이전등기절차이행의 소를 제기하여 승소확정판결을 받아 수용개시일 이후에 대위로 상속인들 명의로 소유권보존등기를 하고, 이어 매수인 앞으로의 소유권이전등기를 경료한 경우라 하더라도 그 수용토지는 이미 수용개시일에 사업시행자의 소유로 된 것이므로 매수인이 대위로 한 소유권보존등기와 소유권이전등기는 실체관계에 부합하지 않는 무효의 등기이다. 따라서 매수인은 그 판결에 기하여 자기 앞으로의 소유권이전등기를 경료하였다는 사실만으로는 위 공탁된 토지수용보상금을 출급청구할 수 없다.393)

---

391) 공탁선례 1-150, 2-193.
392) 공탁선례 1-152, 2-208.
393) 공탁선례 1-157, 2-212.

② 명의신탁

종중이 수용대상 토지에 대한 명의신탁을 해지하였다고 하더라도 수용개시일 이전에 소유권등기를 회복하지 못하였다면 수용보상금의 출급청구권은 수용 당시 소유자인 명의수탁자가 취득하는 것이고, 종중은 명의수탁자로부터 공탁금 출급청구권을 양도받지 않는 한 공탁금 출급청구권을 취득할 수 없다.

비록 종중이 명의수탁자를 피고로 하여 명의신탁해지를 이유로 공탁금 출급청구권 확인판결을 받았다고 하더라도 종중은 위 확인판결에 기하여 직접 공탁금 출급청구를 할 수는 없다.394)[2018, 2021 법무사]

③ 경매

경매절차의 매수인은 대금완납 시에 매각부동산의 소유권을 취득하므로 매각부동산이 대금납부 전에 수용완료 되었다면 매수인이 수용완료 후에 매각대금을 납부하였다고 하더라도 경매부동산의 소유권을 취득할 수 없다.

따라서 경매부동산에 대한 수용보상금인 공탁금에 대하여도 직접적인 권리행사는 할 수 없고, 수용완료 당시의 소유자를 피공탁자로 하여 수용보상금이 공탁된 이상 그 피공탁자 명의를 정정할 수는 없으므로 매각대금을 납부한 매수인은 매각의 하자에 따르는 청구권에 기하여 권리를 확보할 수밖에 없다.395)[2017 승진]

④ 사자(死者)의 상속인

ㄱ. 사업시행자의 과실로 토지소유자 등을 알지 못해 그들로 하여금 수용절차에 참가하게 하지 아니하고 수용재결을 하여 그 절차가 위법하더라도 그 사유만 가지고 당연무효라고 할 수 없으므로 수용재결의 상대방인 토지소유자가 사망자라는 이유만으로는 그 수용재결이 당연무효라고 할 수 없다.396)[2009 법무사]

ㄴ. 사업시행자가 사망한 등기기록상 소유자를 상대로 수용재결을 하고 그를 피공탁자로 하여 보상금을 공탁한 경우 피공탁자의 상속인들은 상속을 증명하는 서면을 첨부하여 상속인 전원이 출급청구하거나, 상속인 각자가 자기 지분에 해당하는 공탁금을 출급할 수 있다.397)[2021 승진, 2021 법무사]

---

394) 공탁선례 1-154, 2-214.
395) 공탁선례 1-149, 2-218.
396) 대법원 1971. 5. 24. 선고 70다1459 판결.
397) 공탁선례 2-222.

3) 피공탁자 아닌 자로서 출급청구권을 갖지 못하는 경우

① 실제 1인의 소유인 토지가 주택조합의 구성으로 조합원 50명의 소유명의로 등기가 경료되어 있어서, 사업시행자가 그 토지를 수용하면서 등기부상 소유명의인 50명을 공탁물 수령자로 지정하여 위 토지에 대한 손실보상금을 공탁하였다면 위 공탁물을 수령할 자는 공탁자가 지정한 등기부상 소유명의인 50명 각자가 되는 것이다.

따라서 위 토지의 전부에 대한 실제 소유자가 다른 피공탁자들을 상대로 하여 공탁금 출급청구권존재 확인판결을 받는다 하더라도 그 판결은 공탁규칙 제33조 제2호의 '공탁물 출급청구권을 증명하는 서면'으로 볼 수 없으므로 실제 소유자가 그러한 확인판결에 기하여 직접 공탁금 출급청구를 할 수 없다.[398]

② 소유권이전등기의무의 목적 부동산이 수용되어 그 소유권이전등기의무가 이행불능이 된 경우, 등기청구권자는 등기의무자에게 대상청구권의 행사로써 등기의무자가 지급받은 수용보상금의 반환을 구하거나 또는 등기의무자가 취득한 수용보상금청구권의 양도를 구할 수 있을 뿐 그 수용보상금청구권 자체가 등기청구권자에게 귀속되는 것은 아니다.[399][2014, 2018 법무사]

③ 손실보상이 채권으로 공탁된 경우의 공탁유가증권 출급청구권은 유체물 인도를 목적으로 하는 채권의 성질을 가지므로 그에 대한 강제집행은 유체동산 인도청구권에 대한 강제집행절차에 의하여야 하고, 유체물의 인도나 권리이전청구권에 대하여는 전부명령을 하지 못한다(민사집행법 242, 243, 245조).[2020 승진]

손실보상이 현금으로 지급될 것을 예상하여 토지소유자의 채권자가 채권압류 및 전부명령을 받았는데 이후 손실보상이 채권으로 공탁되었다면 전부명령은 무효이므로 전부채권자는 공탁된 채권에 대하여 출급청구를 할 수 없다.[400]

④ 사업시행자가 미등기토지에 대하여 피공탁자를 "망 甲의 상속인"으로 하여 수용보상금을 공탁한 경우 수용개시일 이후에 '부동산소유권이전등기 등에 관한 특별조치법'에 의하여 토지대장상 소유자로 이전등록을 마친 토지대장등본을 첨부하여 위 공탁금을 출급할 수 없고, 피공탁자인 망 甲의 상속인으로부터 공탁금 출급청구권을 양도받아야 공탁금을 출급청구할 수 있다.[401]

---

398) 공탁선례 1-104, 2-221.
399) 대법원 1996. 10. 29. 선고 95다56910 판결.
400) 공탁선례 2-242.
401) 공탁선례 2-226.

⑤ 사업시행자가 보상금을 공탁하고 수용개시일에 수용대상 토지에 관한 소유권을 원시취득하였다면 수용개시일 이후에 '부동산 소유권이전등기 등에 관한 특별조치법'에 의하여 소유권이전등기를 마친 甲은 공탁된 수용보상금을 직접 출급청구할 수 없다.402)[2024 승진, 2011, 2018 법무사]

2. 상대적 불확지공탁

① 피공탁자 전원이 공동으로 출급청구하는 경우에는 출급청구서의 기재에 의하여 상호 승낙이 있는 것으로 볼 수 있으므로 별도의 출급청구권 증명서면을 제출할 필요가 없다.[2020 법무사]

② 수용대상토지에 소유권등기말소청구권을 피보전권리로 한 처분금지가처분등기가 되어 있어 사업시행자가 피공탁자를 '가처분채권자 또는 토지소유자'로 하는 상대적불확지 공탁을 한 경우, 가처분채권자가 토지소유자를 상대로 제기한 소유권이전등기말소청구의 소에서 패소확정의 본안판결을 받았다면 토지소유자는 그 확정판결을 공탁금 출급청구권 증명서면으로 하여 공탁금 출급청구를 할 수 있다.403)[2024 법무사]

③ 사업시행자가 수용보상금에 대한 피공탁자를 "甲 또는 乙 또는 丙"으로 하여 상대적 불확지공탁을 한 경우 일방의 피공탁자 甲이 다른 피공탁자 "乙과 丙"을 상대로 하여 공탁금 출급청구권 확인판결이 아닌 소유권확인판결을 받았고, 그 판결에 의하여 수용 당시의 진정한 소유자임이 확인되는 경우에는 그 판결은 공탁금 출급청구권 증명서면으로 볼 수 있다.404)

④ 공탁자가 토지를 수용하면서 가처분권사가 있어서 그 토지의 합유자들과 위 가처분권자를 피공탁자로 한 상대적 불확지공탁을 한 경우 합유자들이 공탁금을 출급하기 위하여는 공탁 이후에 가처분권자의 가처분취하로 인한 "가처분취하증명원"은 공탁금 출급청구권이 있음을 증명하는 서면이 될 수 없고, 가처분권자의 승낙서(인감증명서 첨부) 등이 필요하다.405)[2013 승진, 2013, 2018, 2024 법무사]

⑤ 공탁금의 소유형태를 합유로 하여 공탁한 이후에 그 합유자 중에 1인이 사망하면 특약이 없는 한 사망한 사람의 상속인들에게 공탁금 출급청구권이 승계되지 않으므로 잔존 합유자들은 합유자 간의 특약 유무에 대한 소명 없이 공탁금 출급청구를 할 수 있다.406)[2013, 2014, 2016 법무사]

---

402) 공탁선례 2-229.
403) 공탁선례 1-132, 2-230.
404) 공탁선례 201103-1.
405) 공탁선례 2-231.
406) 공탁선례 2-231.

⑥ 상대적 불확지공탁의 경우 피공탁자 중의 1인이 공탁물을 출급청구하기 위해서는 '다른 피공탁자'의 승낙서 또는 "다른 피공탁자"를 상대로 받은 공탁물 출급청구권확인 승소확정판결이 있으면 되므로 피공탁자가 아닌 제3자를 상대로 공탁물출급청구권의 확인을 구하는 것은 확인의 이익이 없다.407) 따라서 '공탁자'를 상대로 한 판결이나 승낙서나 '국가'를 상대로 한 판결은 출급청구권이 있음을 증명하는 서면으로 볼 수 없다.[2011, 2013, 2014, 2022 법무사, 2015 승진]

3. 절대적 불확지공탁

(1) 출급청구권의 행사방법

① 절대적 불확지공탁을 한 경우 사업시행자인 공탁자가 나중에 피공탁자를 알게 된 때에는 그를 피공탁자로 지정하는 공탁서 정정을 하여 피공탁자가 직접 출급할 수 있다. 만일 사업시행자인 공탁자가 공탁서 정정절차를 취하지 않는 경우에는 사업시행자인 공탁자를 상대로 하여 공탁금에 대한 출급청구권이 자신에게 있다는 확인판결(조정조서, 화해조서 포함)을 첨부하여 직접 출급청구할 수 있다.408)[2012, 2022 승진, 2013, 2016, 2019, 2022 법무사]

② 사업시행자인 국가를 상대로 하여 공탁금 출급청구권 확인판결이 아닌 '토지소유권 확인판결'을 받은 경우에도 그 판결에 의하여 수용 당시의 소유자임이 확인되는 경우에는 그 판결을 공탁금 출급청구권을 증명하는 서면으로 볼 수 있다.409)[2013, 2014, 2015, 2018 법무사]

(2) 사망한 소유자를 피공탁자로 한 경우

① 등기부상 소유자가 사망하였음을 간과하고 사망자를 피수용자로 재결한 후 사망한 등기부상 소유명의인을 피공탁자로 하여 보상금이 공탁된 경우 그 공탁은 상속인에 대한 공탁으로 유효하므로 상속인은 상속을 증명하는 서면을 첨부하여 공탁금을 출급청구할 수 있다.410)[2012, 2021 승진, 2021 법무사]

② 공동상속인들이 상속토지를 공동상속인 중의 1인의 단독소유로 하기로 상속재산을 협의분할한 후 상속등기를 하기 전에 사업시행자가 그 상속토지를 수용하고 보상금을 '망 000의 상속인' 앞으로 공탁한 경우, 위 협의분할에 의하여 상속토지는 상속이 개시된 때에 소급하여 위 공동상속인 중의 1인의 단독소유로 되었다고 할 것이므로 위 공동상속인 중의 1인은 상속을 증명하는 서면과 협의분할을 증명하는 서면을 첨부하여 단독으로 공탁금 출급청구를 할 수 있다.411)

---
407) 대법원 2008. 10. 23. 선고 2007다35596 판결.
408) 공탁선례 2-198.
409) 공탁선례 1-123, 2-234.
410) 공탁선례 2-222.

③ 매수인이 매도인인 등기부상 소유명의인의 상속인들을 상대로 매매를 원인으로 한 소유권이전등기절차이행의 승소판결을 받아 그 판결이 확정되었으나 그에 따른 소유권이전등기를 경료하지 않고 있던 중 사업시행자가 위 토지를 수용하고 피공탁자를 "망 ○○○의 상속인"으로 하여 수용보상금을 공탁한 경우, 수용개시일 이전에 소유권이전등기를 경료하지 아니한 이상 공탁된 토지수용보상금의 출급청구권은 수용 당시의 등기기록상 소유자가 취득하는 것이므로 위 소유권이전등기 확정판결은 공탁금 출급청구권을 증명하는 서면이 될 수 없다.412)

4. 담보물권자의 물상대위권 행사

(1) 의의

담보물권의 목적물이 수용되거나 사용된 경우 그 담보물권은 그 목적물의 수용 또는 사용으로 인하여 채무자가 받을 보상금에 대하여 행사할 수 있고, 다만 채무자에게 지급되기 전에 압류하여야 한다(토지보상법 47조).

(2) 물상대위권의 행사방법

① 물상대위권의 행사방법은 민사집행법 제273조에 따라 담보권의 존재를 증명하는 서류를 제출하여 채권압류 및 전부명령을 신청하거나 민사집행법 제247조 제1항에 의하여 배당요구를 하는 것이다.413) 일반채권자로서 강제집행을 하는 것이 아니므로 집행권원을 필요로 하지 않는다.[2014, 2016, 2017 법무사]

② 물상대위권을 행사하기 위하여는 압류를 하여야 하는데, 압류는 반드시 저당권자 스스로 하여야 하는 것은 아니고, 이미 제3자가 압류하여 그 금전 또는 물건이 특정된 이상 저당권자는 스스로 이를 압류하지 않고서도 물상대위권을 행사할 수 있다.414)[2016, 2017 법무사]

③ 물상대위권 행사에 나아가지 아니한 채 단지 수용대상토지에 대하여 담보물권의 등기가 된 것만으로는 그 보상금으로부터 우선변제를 받을 수 없고, 저당권자가 물상대위권의 행사에 나아가지 아니하여 우선변제권을 상실한 이상 다른 채권자가 그 보상금 또는 이에 관한 변제공탁금으로부터 이득을 얻었다고 하더라도 저당권자는 이를 부당이득으로서 반환을 청구할 수 없다.415)[2014, 2017 법무사]

---

411) 공탁선례 1-143, 2-237.
412) 공탁선례 2-238.
413) 대법원 2002. 10. 11. 선고 2002다33137 판결.
414) 대법원 1996. 7. 12. 선고 96다21058 판결 ; 2010. 10. 28. 선고 2010다46756 판결.
415) 대법원 2002. 10. 11. 선고 2002다33137 판결 ; 2010. 10. 28. 선고 2010다46756 판결.

④ 저당권에 기한 물상대위권을 갖는 채권자가 동시에 집행권원을 가지고 있으면서 집행권원에 의한 강제집행의 방법을 선택하여 채권압류 및 전부명령을 얻은 경우에는 비록 그가 물상대위권을 갖는 실체법상의 우선권자라 하더라도 원래 일반 집행권원에 기한 강제집행절차와 담보권 실행절차는 그 개시요건이 다를 뿐만 아니라 다수의 이해관계인이 관여하는 집행절차의 안정과 평등배당을 기대한 다른 일반채권자의 신뢰를 보호할 필요가 있는 점에 비추어 압류가 경합된 상태에서 발령된 전부명령은 무효로 볼 수 밖에 없다.416)[2015, 2017 법무사]

⑤ 사업시행자가 수용보상금을 공탁한 경우 근저당권자가 물상대위권 행사를 위한 압류를 하지 아니하고 일반채권에 기하여 가압류만 하고 있던 중에 다른 채권자가 압류를 하게 되면 공탁관은 공탁금 출급청구권에 대한 압류와 가압류의 경합을 이유로 압류명령을 발령한 법원에 사유신고를 하게 되므로 그 이후에는 근저당권자는 물상대위권 행사를 위한 압류나 배당요구를 할 수 없으므로(배당가입차단효로 인하여) 근저당권자는 위 배당절차에서 근저당권자가 아닌 단순한 가압류채권자로서 다른 채권자들과 안분배당을 받을 수 있을 뿐이다.417)
[2015, 2016 법무사, 민집 2024 법무사]

(3) 물상대위권행사의 시기 및 종기

① 사업인정의 고시가 있으면 수용대상토지에 대한 손실보상금의 지급이 확실시되므로 토지수용의 재결 이전 단계에서도 물상대위권을 행사할 수 있다.418)

수용보상금이 공탁되기 전까지는 보상금지급청구권에 대하여 제3채무자를 사업시행자로, 공탁된 이후에는 공탁금 출급청구권에 대하여 제3채무자를 국가(소관 공탁관)로 하여 압류하여야 한다.[2014, 2017 법무사]

② 담보물권의 목적물이 수용된 경우 보상금에 대하여 담보물권을 행사하기 위한 요건으로서 보상금지급 전에 압류하여야 한다(토지보상법 47조).419)

사업시행자가 보상금을 변제공탁하였다고 하더라도 이 공탁금이 출급되기까지는 그 지급이 있었다고 할 수 없으므로420) 물상대위권에 의한 압류 전에 양도나 전부명령 등으로 보상금채권이 타인에게 이전된 경우라도 보상금이 직접 지급되거나 보상금지급청구권에 관한 강제집행절차에서 배당요구종기에 이르기 전에는 여전히 그 청구권에 대한 추급이 가능하다.421)[2014, 2015 법무사, 민집 2024 법무사]

---

416) 대법원 1990. 12. 26. 선고 90다카24816 판결.
417) 공탁선례 1-232, 2-158.
418) 대법원 1998. 9. 22. 선고 98다12812 판결.
419) 공탁선례 2-158.
420) 대법원 1992. 7. 10. 92마380, 381 결정.
421) 대법원 1998. 9. 22. 선고 98다12812 판결.

③ 수용보상금에 대하여 다른 일반채권자가 먼저 가압류 또는 압류집행을 하였다 하더라도 담보물권자는 물상대위권을 행사하여 <u>우선변제를 받을 수</u> 있으나, 일단 사업시행자가 공탁하고 <u>사유신고</u>를 한 때 또는 추심채권자가 추심하고 <u>추심신고</u>를 한 때에는 배당요구종기가 지난 후이므로 물상대위권을 행사할 수 없다.422)[2016 법무사, 민집 2024 법무사]

④ 사업시행자가 수용보상금을 <u>체납처분에 의한 압류만을</u> 이유로 집행공탁을 하고 공탁사유신고를 하였다고 하더라도 이는 <u>집행공탁의 요건을 갖추지 못한 경우</u>로 사유신고로 인하여 그 후의 배당요구를 차단하는 효력이 발생할 수 없으므로 담보물권자는 <u>물상대위권을 행사</u>할 수 있다.423)

토지보상법상의 보상금채권에 관하여 <u>요건을 흠결한 집행공탁</u>이 이루어지고 이에 기하여 배당절차가 진행되는 경우, 수용되는 부동산의 근저당권자가 사업시행자의 <u>공탁사유신고 이후 배당금이 지급되기 전에</u> 공탁금출급청구권에 관한 압류 및 추심명령을 받아 위 배당절차에서 배당요구를 하였다면 이는 <u>적법하게 물상대위권을 행사한 것</u>으로 볼 수 있다.424)[2014 법무사, 2023 승진]

⑤ 물상대위권은 늦어도 민사집행법 제247조 제1항 각호에서 정하고 있는 배당요구종기까지 행사하여야 하므로 저당권자는 제3채무자가 민사집행법 제248조 제4항 소정의 <u>공탁사유신고를 하기 전에</u> 스스로 담보권의 존재를 증명하는 서류를 제출하여 물상대위권의 목적채권을 압류하거나 법원에 배당요구를 하여야 하고, 그 이후에는 물상대위권자로서의 우선변제권을 행사할 수 없다. 따라서 제3채무자가 <u>공탁사유신고를 한 이후</u>에는 배당가입차단효로 인하여 더 이상 물상대위권행사를 할 수 없다.425)[2015, 2016 법무사]

5. 수용보상 공탁금 출급의 효과

① 피수용자가 사업시행자에게 아무런 <u>의의도 유보함이 없이</u> 보상금을 수령한 경우에는 그 후 비록 그 재결에 대하여 이의신청을 한 바 있더라도 관할 토지수용위원회가 행한 <u>재결에 대하여 승복</u>한 것이라고 보아야 하며, 이로써 사업시행자의 보상금 지급의무는 확정적으로 소멸한다.426)

---

422) 공탁선례 2-158.
423) 대법원 2008. 4. 10. 선고 2006다60557 판결.
424) 대법원 2008. 4. 10. 선고 2006다60557 판결.
425) 공탁선례 2-158.
426) 대법원 1983. 2. 22. 선고 81누311 판결.

② 토지소유자가 그 공탁에 대하여 아무런 이의를 유보하지 아니한 채 이를 수령한 때에는 종전의 수령거절의사를 철회하고 재결에 승복하여 공탁의 취지에 따라 보상금 전액을 수령한 것으로 볼 것이고, 공탁금 수령 당시 단순히 그 공탁의 취지에 반하는 소송이나 이의신청을 하고 있다는 사실만으로는 그 공탁물수령에 관한 이의를 유보한 것과 같이 볼 수 없다.427)[2010, 2023 법무사]

③ 당초 관할 토지수용위원회에서 재결한 보상금을 수령하면서 이의를 유보하였으나 그 후 이의재결에서 증액된 보상금을 수령하면서 그 재결에 불복한다는 뜻을 유보하지 않은 경우에도 재결에 승복한 것으로 보아야 하고, 추가보상금을 수령할 당시 이의재결을 다투는 행정소송이 계속 중이라는 사실만으로는 이의유보의 의사표시가 있는 것과 같이 볼 수 없다.428)

Memo

---

427) 대법원 1990. 10. 23. 선고 90누6125 판결.
428) 대법원 1993. 9. 14. 선고 92누18573 판결.

제6절 수용보상금의 회수

1. 민법 제489조 제1항에 의한 회수불가

① 수용보상금의 공탁은 토지보상법 제42조 제1항의 규정에 따라 간접적으로 강제되는 것으로서 자발적으로 이루어지는 것이 아니므로 민법 제489조의 규정에 의한 회수청구는 인정되지 않는다.429)[2022 승진, 2010, 2018, 2024 법무사]

② 사업시행자가 토지보상법의 규정에 따라 적법하게 보상금을 공탁하는 등의 수용절차를 마친 이상 수용목적물의 소유권을 원시적으로 적법하게 취득하므로 그 후에 부적법하게 공탁금이 회수된 사정만으로 종전 공탁의 효력이 무효로 되는 것은 아니다.430)[2023 승진, 2014 법무사]

2. 착오 또는 공탁원인의 소멸에 의한 회수

① 수용보상금을 공탁한 경우에는 민법 제489조에 의한 회수는 인정되지 아니하지만, 사업시행자가 착오로 공탁을 한 때 또는 재결이 당연무효이거나 취소된 경우와 같이 공탁원인이 소멸한 때에는 공탁법에 의한 공탁금 회수청구를 할 수 있다.431)[2010, 2014 법무사]

② 사업시행자가 중앙토지수용위원회가 재결한 손실보상금액의 전부를 공탁하면서 그 보상금에 관한 재결부분에 대하여 토지소유자와 함께 각각 이의신청을 제기하였는 바, 중앙토지수용위원회가 그 이의신청에 대한 재결을 하면서 손실보상금액을 처음 재결한 손실보상금액보다 삭액하는 재결을 하고 그 재결이 확정되었다면, 사업시행자는 이의신청에 대한 중앙토지수용위원회의 재결에서 확정된 손실보상금액보다 초과하여 공탁한 부분에 관하여는 착오를 이유로 하여 공탁법상의 회수절차에 따라 회수할 수 있다.432)

③ 공탁자가 착오로 공탁한 때 또는 공탁원인이 소멸한 때에는 공탁자가 공탁물을 회수할 수 있을 뿐 피공탁자의 공탁물 출급청구권은 존재하지 않으므로 이러한 경우 공탁자가 공탁물을 회수하기 전에 위 공탁물 출급청구권에 대한 전부명령을 받아 공탁물을 수령한 자는 법률상 원인 없이 공탁물을 수령한 것이 되어 공탁자에 대하여 부당이득반환의무를 부담한다.433)[2018, 2023 법무사]

---

429) 대법원 1988. 4. 8. 88마201 결정.
430) 대법원 1997. 9. 26. 선고 97다24290 판결.
431) 공탁선례 2-243.
432) 공탁선례 1-175, 2-244.
433) 대법원 2008. 9. 25. 선고 2008다34668 판결.

④ 수용보상금(공동운영 영업보상금 등) 수령권자가 3명임에도 불구하고 사업시행자가 착오로 그 중 1명만을 피수용자로 하여 재결을 받고 그 자를 피공탁자로 잘못 지정하여 공탁을 하였다면 공탁자는 공탁법 제9조 제2항 제2호에 따라 착오공탁을 이유로 공탁금 전부를 회수할 수 있다.[434]

⑤ 수용보상금 공탁이 부적법하여 토지수용재결의 효력이 상실되었다는 확정판결에 의하여 공탁자인 사업시행자가 공탁금의 회수를 청구하는 때에는 확정판결 외에 수용된 토지의 등기부상 사업시행자 명의의 소유권이전등기가 말소된 등기사항증명서를 첨부할 필요는 없다(재결의 실효를 원인으로 한 토지수용으로 인한 소유권이전등기의 말소신청은 등기의무자와 등기권리자가 공동으로 신청하여야 한다).[435] [2013, 2017, 2024 법무사]

⑥ 사업시행자가 토지보상법 제40조 제2항의 규정에 따라 수용개시일까지 보상금을 공탁하였다면 그 수용재결이 당연무효이거나 소송 등에 의하여 취소되지 아니하는 한 사업시행자는 수용한 날에 소유권을 취득함과 동시에 사업시행자의 공탁금 회수청구권은 소멸되는 것이므로 그 후 사업의 일부가 변경되어 해당 사업지구에서 제외된 토지가 있다 하더라도 그 사유로 인하여 그 제외된 토지에 대한 공탁금 회수청구권이 부활하는 것이 아니다.[436]

Memo

---

434) 공탁선례 2-246.
435) 공탁선례 1-177, 2-247.
436) 공탁선례 1-184, 2-251.

제6장 재판상 담보공탁

1. 의의
재판상 담보공탁은 가압류·가처분, 강제집행의 정지 등으로 인하여 상대방(담보권리자)이 받게 될 손해를 담보하기 위한 공탁을 말한다.

2. 공탁당사자

(1) 공탁자
① 재판상 담보공탁의 공탁자는 원칙적으로 법령상 담보제공의 의무를 지는 자이다. 다만 민사소송법과 민사집행법에는 당사자에 한하여 담보제공을 할 수 있다는 규정이나 제3자의 담보제공을 금지하는 규정이 없으므로 담보제공 의무자를 위하여 제3자가 자기 명의로 공탁할 수 있다. 따라서 당사자 본인에게 공탁명령이 나간 경우에도 제3자는 당사자를 대신하여 공탁할 수 있고, 이 경우 법원의 허가나 담보권리자의 동의는 필요 없으나 제3자가 당사자를 대신하여 공탁한다는 취지를 공탁서의 비고란에 기재하여야 한다.437)
[2014, 2018, 2019, 2021 법무사, 2023 승진]

② 제3자가 채무자를 대신하여 강제집행정지를 위한 재판상 담보공탁을 한 경우 그 공탁금 회수청구권은 채무자가 아닌 '제3자'에게 귀속된다.438)[2023, 2024 승진]

(2) 피공탁자
재판상 담보공탁은 피공탁자의 손해를 담보하기 위한 것으로서 공탁신청 당시에 담보권리자가 될 자가 특정되므로 공탁서에 담보권리자를 피공탁자로 기재한다. 재판상 담보공탁은 변제공탁이 아니므로 피공탁자에게 공탁통지서를 발송하지 않는다.[2008 법무사, 2024 승진]

3. 관할
재판상 담보공탁의 경우 공탁소에 관하여 특별한 제한이 없으므로 담보제공자가 임의로 정한 공탁소에 공탁하면 된다.439)

---

437) 공탁선례 2-16.
438) 대법원 2018. 9. 18. 2018카담10 결정.
439) 공탁선례 2-9.

4. 공탁목적물

재판상 담보공탁의 목적물은 금전 또는 법원이 인정하는 유가증권이다(민사소송법 122조).

5. 담보제공명령

재판상 담보공탁의 경우에는 법원의 담보제공을 명하는 재판에 의하여 비로소 담보를 제공할 의무가 구체화되므로 담보제공명령(담보액과 담보제공의 기간을 결정)이 있어야만 공탁을 할 수 있다.440)[2023 승진]

6. 담보권의 성질

가압류(가처분) 채권자가 가압류(가처분)로 인하여 채무자가 받게 될 손해를 담보하기 위하여 법원의 담보제공명령으로 일정한 금전을 공탁한 경우, 피공탁자로서 담보권리자인 가압류(가처분) 채무자는 담보공탁금에 대하여 질권자와 동일한 권리가 있다(민사집행법 19조 3항, 민사소송법 123조).[2021 법무사]

7. 담보권이 미치는 범위

(1) 보전명령을 위한 담보공탁

보전명령(가압류·가처분명령)을 위한 담보공탁은 상대방인 채무자에게 발생할 손해를 담보하기 위한 것인데, 공탁 이후 보전명령이 부집행·집행불능인 경우라도 그 명령의 존재만으로 피공탁자는 명예훼손 또는 신용저하, 불안 등 정신상의 손해를 입을 수 있으므로 이러한 '정신적 손해배상청구권'도 피담보채권의 범위에 포함된다고 할 것이며, 그 보전명령 자체를 다투는데 필요한 소송비용은 담보채권의 범위에 포함된다.441)[2014, 2023 법무사]

(2) 이자

담보공탁의 법정과실에 대하여는 피공탁자의 담보권이 미치지 않는다는 공탁법 제7조 단서의 규정이 공탁물이 금전인 경우에도 적용된다고 해석하면 담보공탁의 경우 공탁금의 이자는 "공탁자"에게 귀속된다.[2011, 2014 법무사]

---

440) 대법원 2010. 8. 24. 2010마459 결정.
441) 대법원 1967. 12. 29. 67마1009 결정.

(3) 집행정지를 위한 담보공탁

근저당권에 기한 경매절차의 정지를 위한 담보공탁은 그 경매절차의 정지 때문에 채권자에게 손해가 발생할 경우에 그 손해배상의 확보를 위하여 하는 것이므로 그 담보권의 효력이 미치는 범위는 위 손해배상청구권에 한하고, 근저당권의 피담보채권이나 근저당권설정등기 말소소송의 소송비용에까지 미치는 것은 아니다.442)[2021 승진, 2007, 2024 법무사]

(4) 부당한 보전처분의 경우

① 보전처분 집행 후에 집행채권자가 본안소송에서 패소확정되었다면 그 보전처분의 집행으로 인하여 채무자가 입은 손해에 대하여는 특별한 반증이 없는 한 집행채권자에게 고의 또는 과실이 있다고 추정되고, 따라서 부당한 집행으로 인한 손해에 대하여 이를 배상할 책임이 있다.443)[2012, 2017 법무사]

② 본안소송에서 패소확정된 보전처분 채권자에 대하여 손해배상을 청구하는 경우, 가압류채무자가 가압류 청구금액을 공탁하고 그 집행취소결정을 받았다면 가압류채무자는 적어도 그 가압류집행으로 인하여 가압류해방공탁금에 대한 민사 법정이율인 연 5푼 상당의 이자와 공탁금 이율 상당 이자의 차액 상당의 손해를 입었다고 보아야 한다.444)[2022 승진, 2024 법무사]

③ 가압류를 위하여 법원의 명령으로 제공된 공탁금은 부당한 가압류로 인하여 채무자가 입은 손해를 담보하는 것이므로 가압류취소에 관한 소송비용은 가압류를 위하여 제공된 공탁금이 담보하는 손해의 범위에 포함된다.445) 다만 채권자가 본안의 소를 제기함에 따라 그 응소를 위하여 채무자가 지출한 소송비용은 가압류를 위하여 제공된 공탁금이 담보하는 손해의 범위에 포함되지 않는다.446)
[2021, 2022, 2024 승진, 2023 법무사]

(5) 기본채권에 미치는지 여부

① 가집행선고부 판결에 대한 강제집행정지를 위하여 공탁한 담보는 강제집행정지로 인하여 채권자에게 생길 손해를 담보하기 위한 것이고 집행정지의 대상인 기본채권 자체를 담보하는 것은 아니므로 채권자는 그 "손해배상청구권"에 한해서만 질권자와 동일한 권리가 있을 뿐 기본채권에까지 담보적 효력이 미치는 것은 아니다.447)[2014, 2015, 2019, 2024 법무사, 2022 승진]

---

442) 대법원 1992. 10. 20. 92마728 결정.
443) 대법원 1999. 4. 13. 선고 98다52513 판결.
444) 대법원 1995. 12. 12. 선고 95다34095, 34101 판결.
445) 대법원 2013. 2. 7. 2012마2061 결정.
446) 대법원 2009. 10. 23. 2009마1105 결정 ; 2013. 5. 16. 2013마454 결정.
447) 대법원 2000. 1. 14. 선고 98다24914 판결 : 2017. 4. 28. 선고 2016다277798 판결.

② 건물명도 및 명도 시까지의 차임 상당액의 지급을 명한 가집행선고부 판결에 대한 강제집행정지를 위하여 담보공탁을 한 경우, 그 가집행이 지연됨으로 인한 손해에는 집행정지가 효력을 갖는 기간 내에 발생된 차임 상당의 손해가 포함되고, 차임 상당의 그 손해배상청구권은 기본채권 자체는 아니므로 명도집행정지를 위한 공탁금의 피담보채무가 된다.448)[2021 승진, 2014, 2019, 2021, 2024 법무사]

③ 금전 및 이에 대한 완제일까지의 지연손해금 지급을 명한 판결에 대한 강제집행정지를 위하여 담보공탁을 한 경우, 그 가집행이 지연됨으로 인한 손해에는 반대의 사정이 없는 한 집행정지효력이 있는 기간 내에 발생된 지연손해금상당의 손해가 포함되므로 이에 관한 지급을 명한 확정판결 부분은 강제집행정지를 위한 담보공탁의 피담보채권이 발생하였음을 입증하는 서면이 된다.449)

[2021 승진, 2014, 2019 2021 법무사]

(6) 제1심 및 제2심에서의 담보공탁

근저당권설정등기의 채무자로서 임의경매절차 진행 중 근저당권설정등기 말소청구소송을 제기하면서 담보공탁을 하고 제1심 판결선고 시까지 경매절차정지결정을 받았으나 패소한 후 항소하면서 다시 담보공탁을 하고 항소심 판결선고 시까지 경매절차정지결정을 받아 현재 항소심 계속 중인 경우, 2차에 걸친 공탁은 각기 당해 심급에 관한 채권자의 손해를 담보하는 것이다.

따라서 1심에서 제공한 담보에 관하여는 항소심에서 다시 담보가 제공되었다는 이유로 담보사유가 소멸되었다고 할 수 없으며, 담보를 제공한 당사자의 승소판결이 확정된 경우에만 담보사유가 소멸한다.450)[2022 승진, 2012, 2017, 2024 법무사]

(7) 담보권리자가 권리행사를 위하여 제기한 소송의 소송비용

강제집행정지를 위하여 법원의 명령으로 제공된 공탁금은 채권자가 강제집행정지 자체로 인하여 입은 손해배상채권을 담보한다. 따라서 담보제공자의 권리행사최고에 따라 담보권리자가 권리행사를 위하여 제기한 소송의 소송비용은 강제집행정지로 인하여 입은 통상손해에 해당한다고 할 것이므로 위 소송비용은 강제집행정지를 위하여 법원의 명령으로 제공된 담보공탁금의 피담보채권이 된다.451)[2019, 2023 법무사, 2021, 2024 승진]

---

448) 대법원 2000. 1. 14. 선고 98다24914 판결.
449) 행정예규 952호.
450) 공탁선례 1-205, 2-259.
451) 대법원 2004. 7. 5. 2004마177 결정.

(8) 특별사정으로 인한 가처분의 취소

특별사정으로 인한 가처분취소(민집 307조)의 경우, 가처분채무자가 제공하는 담보는 가처분채권자가 본안소송에서 승소하였음에도 가처분취소로 말미암아 가처분목적물이 존재하지 않게 됨으로써 입는 손해를 담보하기 위한 것이므로 가처분채권자는 가처분취소로 인하여 입은 <u>손해배상 청구소송의 승소판결</u>을 얻은 후에 그 담보에 대하여 <u>질권자와 동일한 권리</u>를 가지고 우선변제를 받을 수 있다.452)[2023 법무사]

8. 담보권리자의 담보권 실행

(1) 공탁금의 직접 출급청구453)

① 공탁관은 재판상 담보공탁의 피공탁자(담보권리자)가 공탁원인사실에 기재된 <u>피담보채권이 발생하였음을 증명하는 서면</u>을 제출하여 공탁금을 출급청구한 경우에는 공탁금을 피공탁자에게 교부하여야 한다. 그러나 '<u>담보취소결정정본 및 확정증명</u>'이 이미 제출된 경우에는 그러하지 아니한다.[2012, 2018, 2020 법무사]

피담보채권에 관한 <u>확정판결</u>(화해조서, 조정조서, 공정증서 포함) 또는 <u>공탁자의 동의서</u>(인감증명 첨부)는 피담보채권이 발생하였음을 증명하는 서면으로 본다. 위 확정판결은 부당한 보전처분이나 강제집행정지로 피공탁자에게 <u>손해가 발생하였음을 청구원인</u>으로 한 판결을 말한다.[2015, 2021, 2023 법무사, 2017, 2020 승진]

② 금전 및 이에 대한 지연손해금의 지급을 명한 판결이나 건물명도 및 그 명도 시까지의 차임 상당액의 지급을 명한 가집행선고부 판결에 대한 강제집행의 정지를 위하여 담보공탁을 한 경우, 그 가집행이 지연됨으로 인한 손해에는 반대의 사정이 없는 한 집행정지의 효력이 있는 기간 내에 발생된 <u>지연손해금이나 차임 상당의 손해가 포함</u>되므로 이에 관한 지급을 명한 확정판결 부분은 강제집행의 정지를 위한 담보공탁의 피담보채권이 발생하였음을 입증하는 서면이 된다.454)[2014, 2019, 2024 법무사]

③ 공탁관은 피공탁자가 제출한 서면이 담보공탁의 피담보채권이 발생하였음을 증명하는 서면에 해당하는지 여부를 신중히 판단하여야 하며, 피공탁자가 출급청구한 금액 중 <u>일부에 관하여</u> 피담보채권이 발생된 것으로 인정되는 경우에는 <u>그 범위 내에서</u> 출급청구를 수리하되, 피담보채권이 발생하였는지 여부가 명확하지 아니한 경우에는 출급청구를 수리하지 아니한다.[2018 법무사]

---

452) 대법원 1998. 5. 15. 선고 97다58316 판결.
453) 행정예규 952호 4항(가).
454) 대법원 2000. 1. 14. 선고 98다24914 판결.

(2) 질권실행을 위한 압류

공탁관은 담보공탁의 피공탁자가 피담보채권에 터잡아 민사집행법 제273조에서 정한 채권에 대한 강제집행절차에 따라 공탁자의 공탁금 회수청구권을 압류하고 추심명령이나 전부명령을 얻어 공탁금 출급청구한 경우에도 공탁물을 피공탁자에게 교부한다. 이 경우에는 따로 담보취소결정을 받을 필요가 없다.[455)]
[2013 승진, 2010, 2021 법무사]

(3) 담보취소에 기초한 공탁금회수청구[456)]

① 재판상 담보공탁에 있어 담보권리자(피공탁자)는 담보물에 대하여 질권자와 동일한 권리가 있다. 담보권리자가 공탁금 회수청구권을 압류하고 추심명령이나 확정된 전부명령을 받은 후 담보취소결정을 받아 공탁금 회수청구를 하는 경우에도 그 담보공탁금의 피담보채권을 집행채권으로 하는 것인 이상, 이는 담보권의 실행방법으로 인정되고, 따라서 이 경우에도 질권자와 동일한 권리가 있다고 할 것이므로 그에 선행하는 일반 채권자의 압류 및 추심명령이나 전부명령으로 담보권리자에게 대항할 수 없다.[457)][2015, 2018, 2020 법무사]

② 담보권리자는 피담보채권이 아닌 다른 일반채권(예컨대 물품대금채권에 대한 집행권원)을 가지고 있는 경우에도 공탁자의 공탁금 회수청구권에 대하여 강제집행할 수 있으나, 이 경우에는 다른 일반채권자보다 우선적 지위를 갖지 못한다.[2017 승진, 2018 법무사]

③ 재판상 담보공탁금의 회수청구권에 대하여 강제집행이 정지된 집행권원에 의한 채권압류 및 추심명령을 얻은 경우라도 공탁관은 이를 알 수 없으므로 담보공탁금의 회수청구권이 있음을 증명하는 서면(채권압류 및 추심명령정본과 그 송달증명원, 담보취소결정정본과 그 확정증명원)을 첨부하여 공탁금 회수청구를 할 경우 인가할 수밖에 없다. 강제집행이 정지된 집행권원에 의한 채권압류 및 추심명령의 집행을 정지하기 위하여는 집행정지결정정본을 집행법원에 제출하여야 한다.[458)]

---

455) 행정예규 952호(재판상 담보공탁금의 지급청구절차 등에 관한 예규) 4항(나).
456) 행정예규 952호(재판상 담보공탁금의 지급청구절차 등에 관한 예규) 5항.
457) 대법원 2004. 11. 26. 선고 2003다19183 판결.
458) 공탁선례 2-348.

(4) 압류의 경합 및 사유신고[459]

① 공탁자의 채권자가 공탁자의 공탁금 회수청구권에 대하여 일반 강제집행절차에 따라 압류·가압류하였거나, 공탁자의 공탁금 회수청구권이 제3자에게 양도된 경우에도 피공탁자가 담보권을 실행하면 피공탁자에게 공탁금을 지급한다. 다만 담보취소결정정본 및 확정증명이 이미 제출된 경우에는 그러하지 아니하다.[2010, 2017, 2020 법무사, 2018 승진]

② 피공탁자가 담보권을 실행함으로써 가지게 되는 공탁금 출급청구권에 대하여 피공탁자의 채권자가 압류·가압류한 때에는 피공탁자가 공탁금 출급청구를 하더라도 피공탁자에게 공탁금을 지급하지 아니한다.[2017 법무사]

(5) 가처분채권자가 담보공탁 후 파산선고를 받은 경우

① 가처분채권자가 가처분으로 인하여 가처분채무자가 받게 될 손해를 담보하기 위하여 법원의 담보제공명령으로 일정한 금전을 공탁한 경우에, 피공탁자로서 담보권리자인 가처분채무자는 담보공탁금에 대하여 질권자와 동일한 권리가 있다(민사집행법 제19조 제3항, 민사소송법 제123조).

② 가처분채권자가 파산선고를 받으면 가처분채권자가 제공한 담보공탁금에 대한 공탁금회수청구권에 관한 권리는 파산재단에 속하므로 가처분채무자가 공탁금회수청구권에 관하여 질권자로서 권리를 행사한다면 이는 별제권을 행사하는 것으로서 파산절차에 의하지 아니하고 담보권을 실행할 수 있다.[460][2021 법무사]

③ 가처분채무자로서는 가처분채권자의 파산관재인을 상대로 담보공탁금의 피담보채권인 손해배상청구권의 존부에 관한 확인의 소를 제기하여 확인판결을 받는 방법에 의하여 피담보채권이 발생하였음을 증명하는 서면을 확보한 후, 민사집행법 제273조에서 정한 담보권존재 증명서류로서 위 서면을 제출하여 채권에 대한 질권실행방법으로 공탁금회수청구권을 압류하고 추심명령이나 확정된 전부명령을 받아 담보공탁금 출급청구를 함으로써 담보권을 실행할 수 있고, 또한 피담보채권이 발생하였음을 증명하는 서면을 확보하여 담보공탁금에 대하여 직접 출급청구를 하는 방식으로 담보권을 실행할 수도 있다.[461]

9. 담보취소

(1) 의의

---

459) 행정예규 952호 6항.
460) 대법원 2015. 9. 10. 선고 2014다34126 판결.
461) 대법원 2015. 9. 10. 선고 2014다34126 판결.

담보취소란 담보사유가 소멸한 경우 담보제공자(공탁자)가 제공한 담보를 반환받는 절차를 말한다. 민사소송법은 '담보제공자가 담보사유가 소멸되었음을 증명한 때 또는 담보권리자의 동의가 있음을 증명한 때에는 법원은 신청에 의하여 담보취소결정을 하여야 한다.'라고 규정함으로써 반드시 법원의 결정을 거치도록 하고 있다(민소법 125조 1항, 2항).[2006 법무사]

(2) 신청인

① 담보취소신청을 할 수 있는 사람은 담보제공자(공탁자) 또는 승계인이다. 승계인에는 포괄승계인은 물론 담보제공자(공탁자)의 공탁물 회수청구권에 대한 양수인 및 추심채권자·전부채권자 등 특정승계인도 포함한다.[2006 법무사]

② 제3자가 채무자를 대신하여 강제집행정지를 위한 재판상 담보공탁을 한 경우 그 공탁금 회수청구권은 채무자가 아닌 '제3자'가 갖는다고 보아야 하므로 이 경우 채권자가 공탁금 회수청구권이 채무자에게 귀속됨을 전제로 강제집행정지의 대상이었던 기본채권에 관한 집행권원에 터잡아 채무자의 공탁금 회수청구권에 대하여 채권압류 및 추심명령을 받았더라도 그 채권자는 담보취소신청을 할 수 있는 담보제공자인 제3자의 승계인에 해당한다고 볼 수 없다.[462][2023, 2024 승진]

(3) 관할

담보취소신청사건은 담보제공을 명한 법원 또는 그 기록을 보관하고 있는 법원의 전속관할에 속한다(민사소송규칙 23조 1항).[2024 법무사]

(4) 담보취소의 요건

1) 담보사유의 소멸

담보제공의 필요성이 없게 된 경우로서 담보제공자(공탁자)가 본안의 승소확정판결을 받은 때 또는 이행권고결정이 확정된 때가 이에 해당한다.[463]

① 가집행의 정지를 위하여 제공된 담보

제1심에서 가집행의 정지를 위하여 제공된 담보는 항소심에서 가집행선고부 1심판결이 취소된 경우에도 항소심판결이 미확정인 상태에서는 가집행선고부 제1심판결에 대한 강제집행정지를 위하여 제공된 담보는 그 사유가 소멸되었다고 볼 수 없고, 위 항소심판결이 확정되어야만 담보사유가 소멸된다.[464]

---

462) 대법원 2018. 9. 18. 2018카담10 결정.
463) 대법원 2006. 6. 30. 2006마257 결정 참조.

이에 반하여, 가집행선고가 붙은 항소심판결이 상고심에서 파기되어 항소심에 환송된 경우에는 본안판결이 확정되지 않았더라도 항소심의 가집행선고부판결에 대한 강제집행정지를 위하여 제공된 담보는 그 담보사유가 소멸되었다고 할 것이다.465)[2014, 2015, 2021, 2024 법무사]

② **가압류·가처분을 위하여 제공된 담보**
ㄱ. 가압류·가처분을 위하여 제공된 담보는 본안소송이 계속 중인 한 담보사유가 소멸되지 아니하며,466) 채권자(담보제공자)가 본안의 승소확정판결을 받아 확정되어야 담보사유가 소멸한다.[2020 법무사]
ㄴ. 보전처분(가압류·가처분결정)의 존재만으로도 채무자에게 신용훼손이나 정신적 손해를 주었을 수 있고, 또한 담보공탁이 담보하는 손해배상의 범위에는 보전처분 자체를 다투는데 필요한 소송비용도 포함된다.467)[2014 법무사]
ㄷ. 병합청구의 본안소송에서 채권자가 일부승소하였다 하더라도 나머지 일부가 계속 중인 한 담보사유가 소멸되었다고 할 수 없다. 따라서 채권자가 담보를 제공하고 부동산처분금지 및 점유이전금지가처분결정을 받은 후 그 본안인 소유권이전등기말소청구에 대한 승소판결이 확정되었다 하더라도 인도를 구하는 부분에 대한 본안판결이 확정되지 아니한 이상 그 담보사유는 소멸되었다고 할 수 없다.468)

④ **가압류·가처분명령의 취소를 위하여 제공된 담보**
법원이 가처분채무자의 이의신청에 의하여 가처분을 취소하면서 담보제공을 명한 경우, 그 담보는 가처분취소 자체로 인하여 가처분채권자가 입을 손해를 담보하기 위한 것이고, 가처분을 취소하는 재판이 부당한 것으로 판명되는 경우에 한하여 가처분채권자가 입게 될 손해만을 담보하는 것은 아니므로 가처분취소재판이 확정되었다는 이유만으로 담보사유가 소멸된 것으로 보아 담보취소의 결정을 할 수는 없다.469)[2004, 2024 법무사]

---

464) 대법원 1999. 12. 3. 99마2078 전원합의체 결정 ; 대법원 1983. 9. 28. 83마435 결정.
465) 대법원 1984. 4. 26. 84마171 결정.
466) 대법원 1959. 7. 5. 4291민재항213 결정.
467) 대법원 1967. 12. 29. 67마1009 결정 ; 1981. 12. 22. 81마290 결정.
468) 대법원 1967. 1. 19. 66마1035 결정.
469) 대법원 1992. 12. 22. 92마782 결정(원심파기).

2) 담보권리자의 동의

담보제공자는 담보취소에 관한 <u>담보권리자의 동의</u>를 얻은 것을 증명하여 담보취소신청을 할 수 있다(민소법 125조 2항).[2024 법무사]

담보권리자의 동의는 공탁물에 대한 권리의 포기이므로 동의가 있는 이상 법원은 <u>본안사건 종료 전이라도</u> 담보취소결정을 할 수 있다.

3) 권리행사 최고기간의 만료

소송이 완결된 뒤 담보제공자가 신청하면 법원은 담보권리자에게 일정한 기간 이내에 그 권리를 행사하도록 최고하고, 담보권리자가 그 행사를 하지 아니하는 때에는 <u>담보취소에 대하여 동의</u>한 것으로 본다(민소법 125조 3항).[2015 법무사]

① 소송의 완결

가압류·가처분사건의 경우 <u>본안의 소가 제기</u>된 때에는 그 <u>본안소송도 완결되어야</u> 하므로 가압류의 본안사건이 계속 중이라면 가압류사건이 완결되었다 하더라도 담보권리자에게 그 권리행사를 최고할 수 있는 소송완결이 있다고 할 수 없다.[470][2015 법무사]

즉 보전처분에 관한 본안소송이 이미 제기되어 계속 중인 경우에는 비록 보전처분이 그에 대한 이의신청 등을 통하여 취소·확정되고 그 집행이 해제되었다고 하더라도 그것만으로 민사소송법 제125조에서 말하는 '소송이 완결된 뒤'라고 볼 수 없고, 계속 중인 <u>본안사건까지 확정되어야만</u> 소송의 완결로 인정할 수 있다.[471][2015 법무사]

② 권리행사의 최고

강제집행의 정지를 위하여 법원의 명령으로 제공된 공탁금은 강제집행절차의 정지 때문에 발생한 <u>손해의 배상에 한정</u>하여 담보하는 효력을 가질 뿐이므로 담보권리자(채권자)가 권리행사를 위하여 제기한 소송에서 주장한 손해배상청구의 내용 중 위와 같은 <u>배상청구권의 범주에 속하지 않는 것</u>은 담보취소를 저지하는 권리행사로서의 효력이 없다(즉 담보취소를 하여야 한다).[472]

---

470) 대법원 1969. 12. 22. 69마967 결정.
471) 대법원 2010. 5. 20. 2009마1073 전원합의체 결정.
472) 대법원 1979. 11. 23. 79마74 결정.

③ 담보권리자의 권리 불행사

ㄱ. 담보권리자의 권리행사는 피담보채권 자체에 대한 재판상 청구이어야 한다. 권리행사기간 안에 또는 담보취소결정이 확정되기 전에 담보권리자에 의한 소제기 등의 권리행사가 있었으나 그 후 그 소가 취하되거나 취하간주되는 등의 이유로 권리행사가 처음부터 없었던 것으로 보는 때에는 권리행사기간이 경과함으로써 담보취소에 관하여 담보권리자의 동의가 있는 것으로 간주한다.473)

ㄴ. 권리행사기간 내에 권리를 행사하지 않았더라도 담보취소결정 전에 담보권리자가 권리행사를 한 사실을 증명하면 담보취소결정을 할 수 없다.474) 또한 담보취소결정이 있었더라도 그 결정이 확정되기 전에 권리행사가 있으면 담보취소결정은 유지될 수 없다(담보취소결정을 취소하여야 함).475)[2021 승진, 2024 법무사]

(5) 담보취소 신청에 대한 재판

① 법원은 신청이 적법하고 담보취소의 요건이 구비되었다고 인정하면 담보취소결정을 한다(민사소송법 125조).

② 민사소송법 제125조 제4항에 의하여 즉시항고의 대상으로 되는 재판은 담보취소결정에 한하는 것이고, 권리행사최고 및 담보취소신청을 기각하는 결정에 대하여는 즉시항고를 하여야 한다는 규정이 없으므로 민사소송법 제439조에 의하여 통상항고로 불복할 수 있다.476)

(6) 공탁금의 회수

① 담보취소결정이 확정되면 담보제공자(공탁자)는 담보취소결정정본 및 확정증명원을 '공탁원인의 소멸을 증명하는 서면'으로 제출하여 공탁금을 회수할 수 있다.

② 2인이 공동명의로 강제집행정지신청을 하고 담보제공명령을 받아 담보공탁을 하면서 각자의 공탁금액을 나누어 기재하지 않고 공동으로 하나의 공탁금액을 기재한 경우, 공탁의 내용은 공탁서의 기재에 의하여 형식적으로 결정되므로 공탁자들은 균등한 비율로 공탁한 것으로 보아야 한다.

따라서 담보취소결정 등으로 공탁원인이 소멸한 경우 공탁자 중 1인은 공탁금 중 1/2의 회수를 청구할 수 있고, 공탁자들 내부의 실질적인 분담금액이 다르다고 하더라도 이는 공탁자들 내부 사이에 별도로 해결할 문제이다.

---

473) 대법원 2008. 3. 17. 2008마60 결정.
474) 대법원 2000. 7. 18. 2000마2407 결정.
475) 대법원 2018. 10. 2. 2017마6092 결정.
476) 대법원 2011. 2. 21. 2010그220 결정.

한편 제3자가 위와 같은 2인의 공동공탁자 중 어느 1인의 공탁금회수청구권에 대하여 압류 및 추심명령을 한 경우에는 그 공탁자가 실제로 담보공탁금을 출연하였는지 여부와 관계없이 그 압류 및 추심명령은 <u>공탁금 중 1/2의 한도 내에서 효력</u>이 있다.

공동공탁자들 중 실제로 담보공탁금을 전액 출연한 공탁자가 있다 하더라도 이는 공동공탁자들 사이의 내부관계에서만 주장할 수 있는 사유에 불과하므로 담보공탁금을 전액 출연한 공탁자는 압류채권자에 대하여 자금 부담의 실질관계를 이유로 대항할 수 없다.[477][2012, 2015, 2017, 2021 법무사, 2023 승진]

③ <u>보전처분 결정 '전에'</u> 그 신청을 취하하였거나 신청이 각하된 경우에는 <u>담보취소절차 없이</u> 취하증명서 또는 각하결정정본을 '공탁원인의 소멸을 증명하는 서면'으로 제출하여 공탁물을 회수할 수 있다.[2016 승진]

Memo

---

477) 대법원 2015. 9. 10. 선고 2014다29971 판결 ; 공탁선례 201510-1(이 선례에 의하여 공탁선례 2-261호는 폐지됨).

제7장 집행공탁

제1절 총설

1. 의의
집행공탁은 채무자나 제3채무자 등이 이행의 강제를 면하기 위하여 또는 손해를 피하기 위하여 집행의 목적물이나 이를 갈음하는 금전을 공탁하는 것이다.

2. 집행공탁의 당사자

(1) 공탁자
집행공탁의 공탁자는 집행채무자 또는 제3채무자 등이다. 민사집행법 제248조의 압류를 원인으로 하는 공탁의 공탁자는 제3채무자이고, 민사집행법 제282조의 가압류해방공탁의 공탁자는 가압류채무자이다.

집행절차에 부수하여 행해지는 집행공탁의 성질상 제3자는 공탁자에 갈음하여 공탁할 수 없다.

(2) 피공탁자
① 민사집행법 제248조에 의한 집행공탁의 피공탁자는 원칙적으로 해당 집행절차의 집행채권자이지만, 집행채권자는 배당절차에서 배당이 확정되어야 피공탁자로 확정되고 공탁 당시에는 관념적으로만 존재하므로 공탁신청시에는 피공탁자를 기재하지 않는다. 집행공탁 당시에 피공탁자를 기재하였더라도 피공탁자의 기재는 법원을 구속하는 효력이 없다.[478] [2020 법무사]

② 다만 민사집행법 제248조 제1항에 의하여 금전채권의 일부에 대한 압류를 원인으로 하여 제3채무자가 압류에 관련된 금전채권 전액을 공탁하는 경우에는 피공탁자란에 압류명령의 채무자를 기재하고 공탁통지서도 발송하여야 한다[479]
[2015, 2016 법무사]

③ 민사집행법 제291조 및 제248조 제1항에 의하여 금전채권 전부 또는 일부에 대한 가압류를 원인으로 하여 제3채무자가 공탁하는 경우에는 피공탁자란에 가압류채무자를 기재하고 공탁통지서도 발송하여야 한다.[480] [2013 법무사, 2017 승진]

---

[478] 대법원 1999. 5. 14. 선고 98다62688 판결.
[479] 행정예규 1018호.

④ 민사집행법 제282조에 의한 해방공탁을 하는 경우에는 피공탁자가 원시적으로 있을 수 없으므로 피공탁자를 기재하여서는 아니된다.[2023 법무사]

3. 관할공탁소

민사집행법 제19조 제1항의 '이 법 규정에 의한 공탁은 채권자나 채무자의 보통재판적이 있는 곳의 지방법원 또는 집행법원에 할 수 있다'라는 규정은 집행공탁의 토지관할을 정한 것은 아니고, 공탁 후 공탁서를 제출할 법원을 정한 것으로 해석되므로 집행공탁은 어느 공탁소에 공탁하여도 무방하다.[481]

4. 집행공탁의 목적물

① 집행공탁에 있어서 공탁물은 금전에 한한다. 다만 경매절차에서 매각허가결정에 대한 항고보증공탁은 금전 또는 법원이 인정하는 유가증권으로 공탁할 수 있다(민사집행법 130조 3항).

② 집행공탁의 목적물은 금전에 한하므로 유가증권인도청구권이 가압류된 경우에는 제3채무자가 가압류를 이유로 집행공탁을 할 수는 없으며, 제3채무자로서는 민법 제487조에 의하여 채무자를 피공탁자로 하는 변제공탁을 함으로써 이중변제의 위험에서 벗어나고 이행지체의 책임도 면할 수 있다.[482]

③ 압류·가압류된 수용보상금을 사업시행자가 채권과 현금으로 지급하고자 할 경우 현금으로 지급하는 수용보상금 부분은 토지보상법 제40조 제2항 제4호 및 민사집행법 제248조 제1항에 의한 집행공탁을 할 수 있다. 다만 채권으로 지급하는 수용보상금 부분은 집행공탁으로 할 수 없고, 토지보상법 제40조 제2항 각호의 공탁사유가 있다면 유가증권공탁의 절차에 따라 공탁할 수 있다.[483][2023 법무사]

④ 매도인에게 매수인을 채무자로 하는 중도금반환채권을 피압류채권으로 하는 3건의 가압류명령과 소유권이전등기청구권 가압류명령이 각 송달된 상태에서 중도금 반환채무를 집행공탁하려는 경우, 매매대금 반환청구권을 목적으로 하는 채권가압류와 소유권이전등기청구권을 목적으로 하는 가압류는 그 피압류채권을 달리하고 소유권이전등기청구권 가압류명령은 매도인의 토지매매계약 해제로 인하여 보전집행목적이 존재하지 않게 되었다 할 것이므로 매도인은 매수인의 중도금 반환채권을 피압류채권으로 한 3건의 채권가압류명령만을 공탁원인사실로 기재할 수 있다.[484]

---

480) 행정예규 1018호.
481) 공탁선례 2-11.
482) 대법원 1994. 12. 13. 선고 93다951 전원합의체판결 ; 공탁선례 201211-1.
483) 공탁선례 2-6.
484) 공탁선례 1-53, 2-284.

⑤ 가압류해방공탁에 있어서 가압류해방금액은 채무자가 입을 수 있는 손해를 담보하는 취지의 이른바 소송상의 담보와는 달리 가압류의 목적물에 갈음하는 것으로서 금전에 의한 공탁만이 허용되고, 유가증권에 의한 공탁은 그 유가증권이 실질적 통용가치가 있는 것이라고 하더라도 허용되지 않는다.[485]
 [2017, 2021, 2023 법무사]

Memo

---

485) 대법원 1996. 10. 1. 96마162 전원합의체 결정.

제2절 민사집행법 제248조에 의한 공탁

1. 권리공탁

(1) 의의

민사집행법 제248조 제1항은 '제3채무자는 압류에 관련된 금전채권의 전액을 공탁할 수 있다'라고 규정하고 있다.

(2) 권리공탁이 가능한 경우

하나 또는 복수의 가압류만이 있는 경우, 하나의 압류만이 있는 경우, 복수의 압류가 있는 경우(압류의 경합 불문)에 제3채무자는 공탁할 수 있다.

(3) 공탁하여야 할 금액

1) 채권 전부가 압류된 경우

甲의 乙에 대한 1,000만원의 임차보증금채권에 대하여 丙이 甲에 대한 700만원의 대여금채권을 가지고 압류의 범위를 제한하지 않은 채 전액을 압류한 경우에는 乙은 압류된 채권 전액인 1,000만원을 공탁하여야 한다.[2017 법무사]

2) 채권 일부만 압류된 경우

① 甲의 乙에 대한 1,000만원의 임차보증금채권에 대하여 丙이 700만원만 특정하여 압류하였다면[486] 제3채무자인 乙은 압류에 관련된 채권 전액(1,000만원)을 공탁할 수도 있고, 압류금액(700만원)만 공탁할 수도 있다.[2018 승진]

② 금전채권의 일부만이 압류되었음에도 압류에 관련된 채권 전액을 공탁한 경우에는 그 공탁금 중 압류의 효력이 미치는 금전채권액은 성질상 집행공탁으로 보아야 하지만, 압류금액을 초과하는 부분은 압류의 효력이 미치지 아니하므로 변제공탁으로 보아야 한다.[487] 금전채권의 일부만이 압류되었음에도 압류에 관련된 금전채권 전액을 공탁할 경우 압류된 금액이 아닌 부분에 대하여 수령거부 등 별도의 변제공탁사유가 있어야 하는 것은 아니다.
[2018, 2023 승진, 2017, 2019, 2024 법무사]

---

486) 실무상으로는 청구금액을 700만원으로 하고, 피압류채권을 '甲이 乙에 대하여 가지는 1,000만원의 보증금반환채권 중 위 청구금액'이라는 방법으로 압류의 범위를 제한하는 형태를 취하고 있는 것이 통상적이다.
487) 대법원 2007. 5. 15. 선고 2006다74693 판결.

(4) 금전채권에 단일 압류 등이 있는 경우의 공탁

집행채권자는 목적채권의 일부에 대하여만 압류할 수 있으며, 이 경우에는 그 범위를 압류명령신청서에 적어야 한다(민사집행규칙 159조 1항 3호).

1) 금전채권의 일부가 압류되었는데 압류된 금액만을 공탁한 경우 : 집행공탁

① 금전채권의 일부만 압류되었는데 제3채무자가 압류된 채권액만 공탁을 하면 '집행공탁'이므로 제3채무자는 공탁 후 집행법원에 사유신고를 하여야 하고, 사유신고 시가 배당요구의 종기가 되어 다른 채권자는 더 이상 배당요구를 할 수 없다(민집 248조 4항, 247조 1항 1호). 이 경우 공탁근거법령은 '민사집행법 제248조 제1항'으로 기재하고, 공탁 시 압류결정사본을 첨부하여야 한다. 집행공탁 시에는 피공탁자가 있을 수 없으므로 공탁서의 피공탁자란은 기재하지 아니하고, 공탁통지서를 첨부할 필요도 없다.[2017, 2019, 2020 법무사]

② 집행공탁 후에 압류명령이 실효되더라도 배당절차가 속행되므로 압류채무자는 집행법원의 지급위탁에 의하여 자격증명서를 교부받아 공탁금을 출급할 수 있을 뿐이고, 집행법원의 위탁에 의하지 아니한 채 공탁자(제3채무자)가 공탁원인소멸을 이유로 회수청구권을 행사할 수도 없으며, 압류채무자가 압류명령의 실효를 이유로 직접 공탁금을 출급할 수도 없다.[488)[2014, 2015, 2020 법무사]

2) 금전채권의 일부가 압류되었는데 채권 전액을 공탁한 경우

① 집행공탁 + 변제공탁

금전채권의 일부만이 압류되었음에도 압류에 관련된 채권 전액을 공탁한 경우에는 공탁금 중 압류의 효력이 미치는 부분은 집행공탁으로 보아야 하지만, 압류된 금액을 초과하는 부분은 변제공탁으로 보아야 한다.[489) 압류된 금액을 초과하는 부분(압류의 효력이 미치지 않는 부분)에 대하여 수령거부 등 별도의 변제공탁사유가 없더라도 민사집행법 제248조 제1항에 의하여 1건으로 공탁할 수 있다.[2017, 2019 법무사, 2018, 2023 승진]

② 압류의 효력이 미치는 부분

압류된 부분은 집행공탁이므로 제3채무자는 공탁 후 집행법원에 사유신고를 하여야 하며, 사유신고를 한 때가 배당요구의 종기가 된다(민사집행법 248조 4항, 247조 1항 1호).[2021 법무사, 2023 승진]

---

488) 행정예규 1018호 5호.
489) 대법원 2007. 5. 15. 선고 2006다74693 판결.

③ 압류의 효력이 미치지 않는 부분

압류된 금액을 초과하는 부분(압류의 효력이 미치지 않는 부분)은 변제공탁으로 보아야 하므로 제3채무자는 공탁서상의 피공탁자란에 압류채무자를 기재하고, 피공탁자의 수만큼 공탁통지서를 첨부하여야 한다(규칙 23조 1항).

[2019, 2020, 2024 법무사, 2023 승진]

압류의 효력이 미치지 않는 부분에 대하여 피공탁자인 압류채무자는 변제공탁의 예에 따라 '공탁통지서'를 첨부하여 출급청구할 수 있고, 공탁자는 공탁서 대신 집행법원으로부터 '공탁서를 보관하고 있다는 사실을 증명하는 서면'을 교부받아 회수청구할 수 있다.[2021, 2023 승진, 2021, 2023 법무사]

(5) 금전채권에 대한 압류경합이 있는 경우의 공탁

압류가 경합된 경우 각 압류의 효력은 그 채권 전액에 확장되므로(민사집행법 235조) 금전채권 중 일부만을 공탁할 수는 없다. 압류경합을 이유로 한 공탁이 유효하려면 채무 전액을 공탁하여야 하지만, 압류 및 추심명령의 제3채무자가 채무 전액을 공탁하지 않아 집행공탁의 효력이 인정되지 않는다고 하여도 그 공탁이 수리된 후 공탁된 금원에 대하여 배당이 실시되어 배당절차가 종결되었다면 그 공탁되어 배당된 금원에 대하여는 변제의 효력이 있다.[490][2023 법무사]

2. 의무공탁

(1) 의의

① 금전채권에 관하여 배당요구서를 송달받은 제3채무자는 배당에 참가한 채권자의 청구가 있으면 압류된 부분에 해당하는 금액을 공탁하여야 한다(민사집행법 248조 2항). 금전채권 중 압류되지 아니한 부분을 초과하여 거듭 압류명령 또는 가압류명령이 내려진 경우에 그 명령을 송달받은 제3채무자는 압류 또는 가압류채권자의 청구가 있으면 그 채권의 전액에 해당하는 금액을 공탁하여야 한다(민사집행법 248조 3항).[2015, 2020, 2021, 2024 법무사]

② 제3채무자가 채무액을 공탁한 때에는 그 사유를 법원에 신고하여야 한다. 다만 상당한 기간 이내에 신고가 없는 때에는 압류채권자, 가압류채권자, 배당에 참가한 채권자, 채무자, 그 밖의 이해관계인이 그 사유를 법원에 신고할 수 있다(민사집행법 248조 4항).

---

490) 대법원 2014. 7. 24. 선고 2012다91385 판결.

(2) 공탁의무의 성격

① 민사집행법 제248조 제3항의 "공탁하여야 한다"라는 것은 공탁의 방법에 의하지 않고서는 면책받을 수 없다는 의미이므로 공탁의무가 있는 제3채무자가 추심채권자 중 한 사람에게 변제한 경우에는 제3채무자는 이로써 공탁청구한 채권자에게 채무소멸을 주장할 수 없고 이중지급의 위험을 부담한다. 이 경우 제3채무자는 공탁청구한 채권자 '외의' 다른 채권자에게는 여전히 채무의 소멸을 주장할 수 있다.[491][2020 법무사]

② 배당요구채권자의 공탁청구에도 불구하고 제3채무자가 공탁의무를 이행하지 않는 경우에는 소로써 공탁을 명하는 추심의 소를 제기할 수 있고,[492] 추심의 소는 추심명령을 받은 자에 한하여 원고적격이 있다.[493][2020 법무사]

(3) 공탁하여야 할 금액

① 민사집행법 제248조 제2항에 따른 배당요구의 경우에는 배당요구 자체에 압류경합의 경우와 달리 압류의 확장효가 없으므로 공탁의무의 대상이 되는 것은 당초 압류된 부분에 해당하는 금액이다. 예컨대 甲의 乙에 대한 1,000만원의 대여금채권에 대하여 甲의 채권자 丙이 600만원의 채권으로 압류의 범위를 제한하여 압류한 후에, 甲의 다른 채권자 丁이 500만원의 채권을 가지고 배당요구한 다음 제3채무자 乙에게 공탁청구를 하였다면 乙은 당초 압류된 금액인 600만원만 공탁하면 된다.[2024 법무사]

다만 丙이 600만원의 채권을 가지고 압류의 효력범위를 집행채권액으로 제한하지 않은 채 압류하였다면 압류의 효력이 목적채권 전부에 미치고,[494] 민사집행법 248조 2항의 '압류에 해당하는 금액'은 집행채권액이 아닌 피압류채권액을 의미하므로 제3채무자인 乙은 1,000만원 전액을 공탁하여야 한다.[2024 법무사]

② 민사집행법 제248조 제3항에 따른 압류경합의 경우에는 압류의 효력이 피압류채권 전액으로 확장되므로(민사집행법 235조) 공탁청구가 있으면 채권 전액을 공탁하여야 한다.[2024 법무사]

---

491) 대법원 2012. 2. 9. 선고 2009다88129 판결.
492) 공탁을 구하는 추심의 소의 판결주문은 '피고는 원고에게 1,000만원을 공탁의 방법으로 지급하라'는 형식이 된다(이 판결은 추심금의 지급을 명하는 이행판결로서 집행권원이 된다).
493) 대법원 1979. 7. 24. 선고 79다1023 판결.
494) 대법원 1973. 1. 24. 72마1548 결정.

3. 민사집행법 제248조에 의한 공탁의 효과

(1) 채무변제의 효과

제3채무자가 민사집행법 제248조에 따라 공탁을 하면 채무를 면하게 된다. 민사집행법 제248조가 정하는 제3채무자의 공탁은 채무자의 제3채무자에 대한 금전채권의 전부 또는 일부가 압류된 경우에 허용되므로 그러한 공탁에 따른 변제의 효과도 압류의 대상에 포함된 채권에 대해서만 발생한다.[495]

(2) 압류명령의 취하·취소 불가

① 제3채무자가 민사집행법 제248조에 따라 공탁을 하면 압류명령은 공탁에 의하여 목적을 달성하고 소멸한다. 따라서 집행공탁 이후에는 압류채권자의 지위가 배당받을 채권자의 지위로 전환되므로 사유신고 전이라도 압류명령신청의 취하는 허용되지 않는다. 압류채권자가 취하서를 제출하더라도 취하의 효력이 발생하지 않고 배당금 교부청구권의 포기일 뿐이라고 보아야 하며, 집행법원에서는 배당절차를 진행하게 되는데, 위 취하서를 제출한 압류채권자는 배당에서 제외된다.[2018 법무사]

② 따라서 금전채권에 대한 압류를 이유로 제3채무자가 민사집행법 제248조 제1항에 의하여 공탁한 후에 압류명령이 취소되거나 신청의 취하 등으로 인하여 압류가 실효된 경우, 채무자는 압류된 채권액에 대하여 집행법원의 지급위탁에 의하여 공탁금의 출급을 청구할 수 있다(압류가 실효되었음을 증명하는 서면을 첨부하여 공탁관에게 직접 출급청구할 수 없음).[496][2015, 2021 법무사, 2023 승진]

(3) 배당가입 차단효의 발생

배당가입의 차단효란 다른 채권자가 배당절차에 가입하는 것을 차단하는 효력을 말한다. 금전채권의 일부만 압류되었음에도 제3채무자가 민사집행법 제248조 제1항에 의하여 채권 전액을 공탁하고 사유신고를 한 경우에 공탁금 중 압류의 효력이 미치는 금전채권액은 집행공탁으로 보아야 하지만, 압류금액을 초과하는 부분은 변제공탁으로 보아야 하므로 이러한 변제공탁 부분에 대하여는 배당가입 차단효가 발생할 여지가 없다.[497][2014, 2017, 2021 법무사]

---

495) 대법원 2018. 5. 30. 선고 2015다51968 판결(예금채권에 대한 압류명령이 있었는데 퇴직연금채권까지 공탁한 사안).
496) 행정예규 1018호 5항.
497) 대법원 2008. 5. 15. 선고 2006다74693 판결.

제3절 채권가압류를 원인으로 한 공탁

1. 의의 및 법적 성질

① 채권가압류의 제3채무자는 민사집행법 제291조 및 제248조 제1항을 근거로 공탁할 수 있으며, 그 가압류의 효력은 채무자의 출급청구권에 대하여 존속한다(민사집행법 297조).[2024 법무사]

② 채권가압류를 원인으로 공탁을 하더라도 그 공탁금으로부터 배당받을 수 있는 채권자의 범위를 확정하는 배당가입 차단효도 없고, 배당절차를 개시하는 사유도 되지 아니하며, 공탁금에 대한 채무자의 출급청구권에 대하여 압류 및 공탁사유신고가 있을 때 비로소 배당절차를 실시할 수 있다.[498)][2021 법무사]

2. 공탁신청 및 지급절차

(1) 공탁절차

① 금전채권의 일부 또는 전부에 관하여 가압류가 있는 경우 제3채무자는 가압류된 채권액 또는 가압류와 관련된 채권 전액을 공탁할 수 있고, 공탁근거법령은 민사집행법 제291조 및 제248조 제1항이다.[2019, 2024 법무사]

제3채무자가 가압류를 원인으로 공탁한 경우 그 가압류의 효력은 그 청구채권액에 해당하는 공탁금에 대한 채무자의 출급청구권에 대하여 존속한다(민사집행법 297조).[2024 법무사]

② 가압류된 금액만을 공탁하는 경우이든 가압류와 관련된 채권 전액을 공탁하는 경우이든 공탁 시에 피공탁자가 존재한다. 따라서 공탁서의 피공탁자란에는 가압류채무자를 기재하고, 가압류결정사본과 공탁통지서를 첨부하여야 하며, 공탁통지서 발송 및 공탁사실통지에 필요한 우편료를 납입하여야 한다.
[2023, 2024 법무사]

③ 채권가압류를 원인으로 제3채무자가 채무액을 공탁한 경우 공탁을 수리한 공탁관은 공탁금 출급청구권에 대한 가압류가 있는 경우에 준하여 처리하여야 하며, 피공탁자(가압류채무자)에게 공탁통지서를 발송하고, 가압류채권자에게는 공탁사실을 통지하여야 한다.[2019, 2024 법무사]

---

498) 대법원 2006. 3. 10. 선고 2005다15765 판결.

④ 가압류를 원인으로 제3채무자가 채무액을 공탁한 때에는 공탁서를 첨부하여 그 사유를 서면으로 가압류발령법원에 신고하여야 한다(민사집행법 248조 4항, 291조, 민사집행규칙 172조, 행정예규 1018호). 여기에서의 사유신고는 채권압류로 인한 공탁 후에 하는 사유신고와는 달리 배당받을 채권자의 범위를 확정하는 배당가입 차단효도 없고, 배당절차도 개시되지 아니하므로 단순히 가압류발령법원에 공탁사실을 알려주는 의미밖에 없다.499)[2015 승진, 2019, 2021, 2024 법무사]

(2) 공탁금의 지급절차

1) 공탁금출급청구권에 대한 압류가 있는 경우
① 채권가압류로 인한 공탁 후 가압류채무자가 가지는 공탁금 출급청구권에 대하여 다른 채권자가 압류를 하여 압류의 경합이 생기면 공탁관은 먼저 송달된 압류명령의 발령법원에 사유신고를 하여야 한다.500)[2021 승진, 2023 법무사]
② 채권가압류로 인한 공탁 후 그 가압류채권자가 가압류에서 본압류로 이전하는 채권압류 및 추심명령이나 전부명령을 받은 경우에도 공탁관은 집행법원에 사유신고를 하여야 한다.501)[2019, 2021, 2023 법무사]

2) 일부만 가압류되었는데 제3채무자가 가압류된 금액만 공탁한 경우
피공탁자(가압류채무자)는 가압류가 실효되지 않는 한 공탁금을 출급할 수 없고, 가압류채권자가 가압류를 본압류로 이전하는 압류명령이 송달되면 공탁관은 즉시 압류명령의 발령법원에 그 사유를 신고하여야 하며, 집행법원의 지급위탁에 의하여 공탁금의 출급이 이루어진다.[2019 법무사]

3) 일부만 가압류되었는데 제3채무자가 채권 전액을 공탁한 경우
① 공탁금 중에서 가압류의 효력이 미치는 부분에 대하여는 가압류를 본압류로 이전하는 압류명령이 송달되면 공탁관은 그 사유를 신고하여야 하고(행정예규 1225호), 집행법원의 지급위탁에 의하여 출급이 이루어진다.[2024 법무사]
② 공탁금 중에서 가압류의 효력이 미치지 않는 부분에 대하여 피공탁자(가압류채무자)는 변제공탁의 예에 따라 공탁통지서를 첨부하여 출급청구할 수 있고, 공탁자는 공탁서 대신 가압류발령법원으로부터 '공탁서를 보관하고 있다는 증명서'를 교부받아 회수청구할 수 있다.[2021, 2022, 2024 법무사]

---

499) 대법원 2006. 3. 10. 선고 2005다15765 판결 ; 공탁선례 2-280.
500) 행정예규 1018호.
501) 행정예규 1018호.

4) 가압류가 실효된 경우

① 채권가압류를 원인으로 제3채무자가 민사집행법 제291조, 제248조 제1항에 따라 집행공탁을 한 후 가압류명령이 취소되거나 신청취하 등으로 가압류가 실효된 경우, 가압류채무자(피공탁자)는 공탁통지서와 가압류가 실효되었음을 증명하는 서면을 첨부하여 출급청구할 수 있다.502)[2024 승진, 2015, 2021, 2024 법무사]

② 채권가압류를 원인으로 제3채무자가 민사집행법 제291조, 제248조 제1항에 따라 집행공탁을 한 후 가압류채무자가 가압류이의신청을 하여 가압류취소결정을 받았다면 가압류채무자는 공탁통지서와 가압류취소결정정본 및 그 송달증명을 첨부하여 공탁금의 출급을 청구할 수 있으며, 이 때 가압류취소결정의 확정증명을 별도로 첨부할 필요는 없다(보전처분을 취소하는 결정은 고지되면 그 효력이 생긴다).503)[2005 법무사, 2021 승진]

③ 금전채권에 대하여 2개 이상의 가압류가 경합되었음을 이유로 제3채무자가 민사집행법 제291조 및 제248조 제1항에 의하여 권리공탁을 한 후, 가압류채무자가 그 중 1개의 가압류에 대하여 해방공탁을 하여 그 가압류집행이 취소되었다면, 가압류채무자는 집행공탁금 중 집행취소되지 않은 나머지 가압류사건의 가압류청구금액을 초과하는 공탁금에 대하여 공탁통지서, 가압류집행취소결정정본, 송달증명서를 첨부하여 출급청구할 수 있다.504)[2009 법무사]

Memo

---

502) 행정예규 1018호.
503) 공탁선례 2-281.
504) 공탁선례 2-282.

제4절 민사집행법 제248조와 관련된 공탁

1. 압류 및 전부명령이 있는 경우

(1) 전부명령이 확정된 경우

전부명령이 확정되면 피전부채권은 권면액으로 전부채권자에게 이전하는 것이므로 제3채무자로서는 채권양도의 경우와 동일하게 전부채권자에게 직접 지급하여야 한다. 전부명령의 확정에 의하여 전부채권에 대한 집행절차는 당연히 종료되고 압류의 효력도 그 목적을 이루어 소멸하므로 민사집행법 제248조 제1항에 의한 집행공탁도 인정되지 않는다.[2014, 2017, 2020 법무사]

(2) 전부명령이 확정되기 전인 경우

전부명령이 발령되어도 확정되기 전이라면 제3채무자는 민사집행법 제248조 제1항에 따라 권리공탁을 할 수 있다.

(3) 전부명령과 다른 압류명령 등이 경합하는 경우

1) 압류·가압류명령 송달 후에 전부명령이 송달된 경우

① 전부명령이 제3채무자에게 송달될 때까지 그 금전채권에 대하여 다른 채권자에 의한 압류·가압류 또는 배당요구가 있는 경우에는 전부명령의 효력은 생기지 않는다(민사집행법 229조 5항). 이 경우에는 선행하는 압류·가압류명령과 전부명령의 전제가 되는 압류만이 경합하는 것이므로 제3채무자는 민사집행법 제248조 제1항 내지 제3항을 근거로 공탁을 할 수 있다.

② 동일한 채권에 대하여 중복하여 압류 등이 있다고 하더라도 그 압류 등의 효력이 미치는 범위가 채권의 각 일부에 국한되고 이를 합산하더라도 총 채권액에 미치지 않을 때에는 '압류의 경합'이라고 할 수 없고, 이 경우에는 채권의 일부에 대하여 발령된 전부명령은 유효하다.505)

---

505) 대법원 2002. 7. 26. 선고 2001다68839 판결.

2) 전부명령과 전부명령이 경합하는 경우

동일한 채권에 대하여 두 개 이상의 채권압류 및 전부명령이 발령되어 제3채무자에게 동시에 송달된 경우, 당해 전부명령이 채권압류가 경합된 상태에서 발령된 것으로서 무효인지 여부는 그 각 채권압류명령의 압류액을 합한 금액이 피압류채권액을 초과하는지를 기준으로 판단하여야 한다.

따라서 전자가 후자를 초과하는 경우에는 당해 전부명령은 모두 채권의 압류가 경합된 상태에서 발령된 것으로서 무효로 될 것이지만, 그렇지 않은 경우에는 채권의 압류가 경합된 경우에 해당하지 아니하여 당해 전부명령은 모두 유효하게 된다.506)[2018 법무사]

3) 압류명령 등과 담보권실행에 의한 전부명령이 경합하는 경우 등

① 저당권이 설정된 전세권의 존속기간이 만료된 경우 전세권부 저당권자가 전세금반환채권에 대하여 채권압류 및 전부명령을 얻은 경우에는 전세권부 채권가압류결정이 위 전부명령에 앞서 제3채무자에게 송달되어 형식상 압류가 경합되었다 하더라도 그 전부명령은 우선권 있는 전세권부 저당권에 기한 것으로 형식상 압류의 경합이 발생하였는지와 무관하게 유효하다.507)

② 공탁된 수용보상금에 대하여 물상대위에 의한 수 개의 채권압류 및 추심명령이 공탁관에게 송달된 경우 공탁관은 그 압류 및 추심채권자들 사이의 우열에 관한 판단이 곤란하므로 사유신고를 할 수 있다.508)[2012, 2022 법무사, 2023 승진]

2. 체납처분에 의한 압류가 있는 경우

(1) 단일 또는 복수의 체납처분압류가 있는 경우

① 제3채무자는 하나 또는 여럿의 체납처분에 의한 압류가 있다는 사유만으로는 체납자를 피공탁자로 한 변제공탁이나 민사집행법 제248조 제1항에 의한 집행공탁을 할 수 없다.509) 이 경우 제3채무자는 체납처분 압류채권자에게만 이행할 수 있을 뿐이다.510)[2016 법무사]

---

506) 대법원 2002. 7. 26. 선고 2001다68839 판결.
507) 대법원 2008. 12. 24. 선고 2008다65396 판결.
508) 공탁선례 2-353.
509) 행정예규 1060호.
510) 대법원 1999. 5. 14. 선고 99다3686 판결.

② 체납처분에 의한 압류는 비록 그 자체만을 이유로 집행공탁을 할 수 있는 민사집행법 제248조 제1항의 '압류'에는 포함되지 않지만, 제3채무자에게 채무자에 대한 지급을 금지하고 채무자에게 채권의 처분과 영수를 금지하는 효력을 가지는 것으로서 민사집행절차에서 압류명령을 받은 채권자의 전속적인 만족을 배제하고 배당절차를 거쳐야만 하게 하는 민사집행법 제229조 제5항의 '다른 채권자의 압류'나 민사집행법 제236조 제2항의 '다른 압류'에는 해당한다.511)

[2019, 2021 법무사]

민사집행법
*248조 1항 : 제3채무자는 '압류'에 관련된 금전채권의 전액을 공탁할 수 있다.
*229조 5항 : 전부명령이 제3채무자에게 송달될 때까지 그 금전채권에 관하여 다른 채권자가 '압류'·가압류 또는 배당요구를 한 경우에는 전부명령은 효력을 가지지 아니한다.
*236조 2항 : 채권자가 추심한 채권액을 법원에 신고하기 전에 다른 '압류'·가압류 또는 배당요구가 있었을 때에는 채권자는 추심한 금액을 바로 공탁하고 그 사유를 신고하여야 한다.

---

(2) 체납처분 압류와 강제집행에 의한 압류가 경합하는 경우(선후 불문)512)

[2018, 2021, 2022 승진, 2015, 2016, 2018, 2019, 2021, 2022, 2023 법무사]

1) 의의

① 제3채무자는 금전채권에 대하여 민사집행법에 따른 압류와 체납처분에 의한 압류가 있다는 사유(선후 불문)만으로 체납자(압류채무자)를 피공탁자로 하여 민법 제487조에 의한 변제공탁을 할 수는 없으나, 집행공탁은 가능하다.

② 민사집행법상 압류와 체납처분에 의한 압류가 경합하는 경우(선후 불문) 제3채무자는 민사집행법 제248조 제1항에 근거하여 압류와 관련된 금전채권액 전액을 집행공탁할 수 있고, 공탁 후 즉시 공탁서를 첨부하여 그 내용을 서면으로 압류명령을 발령한 집행법원에 사유신고하여야 한다.

③ 제3채무자는 공탁신청 시 압류결정문 사본(민사집행법에 따른 압류) 및 채권압류통지서 사본(체납처분에 의한 압류)을 첨부하여야 하고, 공탁서의 공탁원인사실란에 민사집행법에 따른 압류사실 및 체납처분에 의한 압류사실을 모두 기재하여야 한다.

---

511) 대법원 2015. 8. 27. 선고 2013다203833 판결.
512) 행정예규 1060호(금전채권에 대하여 민사집행법상의 압류와 체납처분에 의한 압류가 있는 경우의 공탁절차 등에 관한 업무처리지침).

2) 민사집행법에 따른 압류와 체납처분에 의한 압류금액의 총액이 피압류채권액을 '초과하는 경우'

① 공탁서의 피공탁자란은 기재하지 아니한다.
② 민사집행법에 따른 압류채권자 및 체납처분에 의한 압류채권자는 집행법원의 지급위탁에 의하여 공탁금의 출급을 청구할 수 있다.

3) 민사집행법에 따른 압류와 체납처분에 의한 압류금액의 총액이 피압류채권액을 '초과하지 않는 경우'

① 공탁절차 및 공탁관의 처리
공탁서의 피공탁자란에는 압류명령의 채무자를 기재한다.
제3채무자는 공탁신청시 공탁규칙 제23조 제1항에서 정한 공탁통지서를 첨부하여야 하고, 위 공탁통지서의 발송과 공탁사실통지를 위한 우편료를 납입하여야 한다. 공탁을 수리한 공탁관은 피공탁자(압류채무자)에게 공탁통지서 및 안내문을 발송하고, 체납처분에 의한 압류채권자에게는 공탁사실을 통지하여야 한다.

② 공탁금 지급절차
공탁금 중에서 민사집행법에 따른 압류의 효력이 미치는 부분은 집행법원의 지급위탁에 의하여 공탁금의 출급을 청구할 수 있다.
공탁금 중에서 민사집행법에 따른 압류의 효력은 미치지 않지만 체납처분에 의한 압류의 효력이 미치는 부분은 체납처분에 의한 압류채권자가 공탁관에게 공탁금의 출급을 청구할 수 있다.
공탁금 중에서 민사집행법에 따른 압류의 효력 및 체납처분에 의한 압류의 효력이 미치지 않는 부분에 대하여 변제공탁의 예에 따라 피공탁자(압류채무자)는 '공탁통지서'를 첨부하여 출급청구할 수 있고, 공탁자는 공탁서 대신 집행법원으로부터 '공탁서를 보관하고 있다는 사실을 증명하는 서면'을 교부받아 이를 회수청구서에 첨부하여야 한다.

4) 공탁관이 제3채무자인 경우
공탁금 지급청구권에 대하여 민사집행법에 따른 압류와 체납처분에 의한 압류가 있고(선후 불문), 그 압류금액의 총액이 피압류채권액을 초과하는 경우에는 공탁관은 집행법원에 사유신고를 하여야 한다.

5) 민사집행법에 따른 압류채권자의 공탁 및 사유신고 의무

금전채권에 대하여 민사집행법에 따른 압류와 체납처분에 의한 압류가 있고(선후 불문), 그 압류금액의 총액이 피압류채권액을 초과하는 경우에 민사집행절차에서 압류 및 추심명령을 받은 채권자가 제3채무자로부터 압류채권을 추심하면 민사집행법 제236조 제2항에 따라 추심한 금액을 바로 공탁하고 그 사유를 신고하여야 한다.

(4) 체납처분에 의한 압류와 가압류가 경합하는 경우[513]

① 가압류와 체납처분압류가 경합하는 경우에도 그 선후를 불문하고 제3채무자는 민사집행법 제291조, 제248조 제1항의 공탁(가압류집행공탁)을 함으로써 강제집행(징수)과 이중지급의 위험으로부터 벗어날 수 있다.[2023 승진, 2024 법무사]

② 제3채무자는 가압류와 체납처분압류를 원인으로 공탁을 신청할 때, 공탁서의 피공탁자란에 가압류채무자를 기재하고, 공탁원인사실란에는 가압류 및 체납처분압류사실을 모두 기재하여야 하며, 공탁규칙 제23조 제1항에서 정한 공탁통지서를 첨부하여야 하고, 위 공탁통지서의 발송과 가압류채권자 및 체납처분권자에 대한 공탁사실통지를 위한 우편료를 납입하여야 한다.[2023 승진]

③ 공탁신청을 수리한 공탁관은 피공탁자(가압류채무자)에게 공탁통지서를 발송하고, 가압류채권자 및 체납처분권자에게는 공탁사실을 통지하여야 한다. [2024 승진, 2024 법무사]

④ 또한 공탁금출급청구권에 대한 압류가 이루어져 (가)압류금액 및 체납처분압류금액의 총액이 공탁금을 초과하거나 가압류를 본압류로 이전하는 압류명령이 국가(공탁관)에 송달된 경우 공탁관은 집행법원에 사유신고를 하여야 한다.

⑤ 제3채무자가 가압류와 체납처분압류의 경합을 원인으로 공탁하는 경우 제3채무자는 가압류채권자뿐만 아니라 체납처분권자에 대하여도 면책되고 가압류의 효력이 공탁금출급청구권에 존속하는 것과 마찬가지로 체납처분압류의 효력도 공탁금출급청구권에 대하여 존속한다고 보아야 한다. 따라서 체납처분권자는 배당절차가 개시되기 전에는 공탁관에게 체납처분압류의 효력이 미치는 부분에 대한 공탁금의 출급을 청구할 수 있다.[2023 승진]

---

513) 공탁선례 제202311호(2023. 11. 29. 제정, 시행).

3. 민사집행법 제248조와 공탁사유신고

(1) 의의

① 민사집행법 제248조에 의한 공탁에는 권리공탁과 의무공탁이 있는데, 제3채무자는 어느 공탁을 하든지 그 사유를 집행법원에 신고하여야 한다(민사집행법 248조 4항). 제3채무자의 공탁사유신고가 있을 때 비로소 배당요구의 종기에 이르게 된다(민사집행법 247조 1항 1호).

② 가압류를 원인으로 제3채무자가 민사집행법 제291조 및 제248조 제1항에 의하여 공탁한 후에 공탁금 출급청구권에 대한 압류가 이루어져 압류의 경합이 성립하거나, 공탁사유인 가압류를 본압류로 이전하는 압류명령이 있는 경우 공탁관은 사유신고를 하여야 한다.514)[2014, 2016, 2018 법무사, 2023, 2024 승진]

(2) 사유신고의 방식, 내용 및 제출법원

1) 사유신고의 방식 및 내용

① 제3채무자가 채무액을 공탁한 때에는 그 사유를 법원에 신고하여야 하며(민사집행법 248조 4항 본문), 압류된 채권에 관하여 다시 압류명령 또는 가압류명령이 송달된 경우에는 먼저 송달된 압류명령을 발령한 법원에 하여야 한다(민사집행규칙 172조 3항).

② 제3채무자가 상당한 기간 이내에 신고가 없는 때에는 압류채권자, 가압류채권자, 배당에 참가한 채권자, 채무자, 그 밖의 이해관계인이 그 사유를 법원에 신고할 수 있다(민사집행법 248조 4항 단서).[2012 법무사]

2) 사유신고서 제출법원

① 압류된 채권에 관하여 다시 압류명령 또는 가압류명령이 송달된 경우에는 먼저 송달된 압류명령을 발령한 법원에 하여야 하고(민사집행규칙 172조 3항), 압류명령과 가압류명령이 경합된 경우에는 압류명령을 발령한 법원에 사유신고를 하여야 한다.[2014 법무사]

② 가압류명령만을 송달받은 제3채무자는 가압류명령을 발령한 법원에 사유신고를 하여야 하고, 둘 이상의 가압류가 있는 경우에는 먼저 송달된 가압류명령 발령법원에 사유신고를 하여야 한다.[2014 법무사]

---

514) 행정예규 1225호.

(3) 사유신고 이후의 절차

① 제3채무자가 공탁사유신고를 한 이후에는 그 사유신고를 철회 또는 취하할 수 없음이 원칙이지만, 집행법원이 배당을 실시하기 전에 공탁자가 공탁원인이 없음에도 착오로 집행공탁을 한 후 이를 이유로 공탁사유신고를 철회한 경우 그 공탁이 원인이 없는 것으로서 무효임이 명백하다면 집행법원은 공탁사유신고 불수리결정을 할 수 있고, 공탁자는 불수리결정문(착오를 증명하는 서면)을 첨부하여 공탁법 제9조 제2항 제2호에 따라 공탁금을 회수할 수 있다.515)[2014, 2016 법무사]

② 공탁사유신고에 대한 불수리결정이 있는 경우에는 그 사유신고로 인하여 새로운 채권자의 배당가입을 차단하는 이른바 배당가입 차단효가 발생하지 않는다.516)

(4) 공탁금 지급청구권에 대한 압류·가압류가 있는 경우

① 공탁금 출급·회수청구권에 대하여 압류 또는 가압류가 되었으나 압류의 경합이 성립하지 않는 경우, 공탁관은 민사집행법 제248조 제1항에 의한 공탁 및 사유신고를 하지 아니한다.517)[2022 법무사, 2023 승진]

그러나 공탁금 출급·회수청구권에 대하여 압류경합이 있는 경우에는 공탁관의 자의적인 처분을 지양하고 그 대신 배당법원의 배당절차를 통한 채권자들 간의 공정한 배분이 필요하므로 공탁관은 먼저 송달된 압류명령 발령법원에 사유신고를 하여야 한다.518)[2018 법무사]

② 가압류를 원인으로 제3채무자가 민사집행법 291조 및 248조 1항에 의하여 공탁한 후에, 피공탁자(가압류채무자)의 공탁금 출급청구권에 대한 압류가 이루어져 압류의 경합이 성립하거나, 가압류를 본압류로 이전하는 압류명령이 있는 경우에는 공탁관은 사유신고를 하여야 한다.519)[2015, 2021 법무사, 2023 승진]

Memo

---

515) 대법원 1999. 1. 8. 98마363 결정.
516) 대법원 2005. 5. 13. 선고 2005다1766 판결 ; 공탁선례 1-179, 2-279.
517) 행정예규 1018호 6.가(제3채무자의 권리공탁에 관한 업무처리절차).
518) 행정예규 1225호(공탁관의 사유신고에 관한 업무처리지침).
519) 행정예규 1225호(공탁관의 사유신고에 관한 업무처리지침).

제5절 가압류해방공탁

1. 의의

법원은 가압류명령을 발령할 때에는 해방금액을 기재하여야 하고, 채무자가 그 전액을 공탁하였을 때에는 반드시 집행한 가압류를 취소하여야 한다(민사집행법 299조). 해방공탁금에 관한 민사집행법 제282조는 가처분에는 준용되지 않는다.520)

2. 해방공탁금의 법적 성질

① 해방공탁금은 집행정지나 취소로 인한 채권자의 손해를 담보하는 것이 아니고 가압류의 목적재산에 갈음하는 것이므로 소송비용의 담보에 관한 규정이 준용되지 않는다. 즉 가압류채권자는 가압류해방공탁금에 대하여 우선변제권이 없다.[2015, 2021, 2024 법무사]

따라서 가압류집행의 목적물에 갈음하여 가압류해방금이 공탁된 경우 그 가압류의 효력은 공탁금 자체가 아니라 공탁자인 채무자의 공탁금 회수청구권에 대하여 미치는 것이므로 채무자의 다른 채권자가 가압류해방공탁금의 회수청구권에 대하여 압류명령을 받은 경우에는 가압류채권자의 가압류와 다른 채권자의 압류는 그 집행대상이 같아 서로 경합하게 된다.521)[2020, 2021 법무사]

② 가압류해방금액을 공탁하는 목적은 가압류의 집행과 마찬가지로 피보전채권의 강제집행을 보전하는 데 있고, 가압류해방공탁은 채무변제를 위한 공탁이 아니므로 가압류채무자는 해방공탁에 의하여 채무의 소멸을 주장할 수는 없다.522)[2014, 2015, 2017 법무사]

3. 공탁신청절차

(1) 공탁당사자

1) 공탁자

① 가압류해방공탁을 할 수 있는 자는 가압류채무자이다.

---

520) 대법원 2002. 9. 25. 2000마282 결정.
521) 대법원 1996. 11. 11. 95마252 결정.
522) 공탁선례 2-288.

② 제3자에 의한 해방공탁은 인정되지 않는다. 제3자에게 해방공탁을 인정하면 해방공탁금의 회수청구권을 제3자가 가지게 되어 나중에 채권자가 채무자에 대한 집행권원을 가지고도 제3자의 공탁금 회수청구권에 대하여 집행을 할 수 없게 되기 때문이다.523)[2015 승진, 2018, 2019, 2022, 2023 법무사]

가압류된 부동산의 소유권을 취득한 제3취득자도 해방공탁을 할 수 없다. 이 경우 제3취득자는 가압류목적물에 대한 이해관계인으로서 채무자를 대위하여 그 피보전채권을 변제할 수는 있을 것이고, 이에 따른 권리구제절차를 취할 수 밖에 없다.524)[2014, 2019 법무사, 2023 승진]

2) 피공탁자

가압류해방공탁에서는 피공탁자가 원시적으로 있을 수 없으므로 공탁서에 피공탁자를 기재하여서는 아니된다.525)[2016 승진, 2018, 2023 법무사]

(2) 공탁의 목적물

① 가압류해방금액은 가압류의 목적물에 갈음하는 것으로서 금전에 의한 공탁만 허용되며 유가증권에 의한 공탁은 그 유가증권이 실질적 통용가치가 있는 것이라고 하더라도 허용되지 않는다.526)[2017, 2021, 2023 법무사, 2023 승진]

② 가압류채무자가 가압류의 집행취소신청을 하기 위하여는 가압류명령에서 정한 금액 전부를 공탁하여야 하며, 가압류명령에서 정한 금액의 일부만을 공탁하고 가압류집행의 일부취소를 구하는 것은 허용되지 않는다.[2015, 2017 법무사]

따라서 가압류결정에서 가압류채무자 乙, 丙 및 丁을 공동채무자로 하여 청구금액 1억원을 공탁하고 가압류의 집행취소를 신청할 수 있도록 정하였다면 丙 및 丁은 상속 채무액만큼만 공탁하여 자신들이 공유하는 부동산에 대한 가압류의 집행취소를 구할 수는 없다.527)[2021 승진]

③ 집행한 가압류를 취소시키기 위한 해방공탁을 하였으나 공탁금액이 가압류명령에 정한 해방금액 전부가 아니라 그 일부에 불과하였다면, 그 공탁은 가압류의 집행을 취소시킬 수 있는 해방공탁으로서의 효력이 없어 착오로 공탁을 한 경우에 해당한다.528)[2020 법무사]

---

523) 공탁선례 2-17, 1-215.
524) 공탁선례 2-17, 1-215.
525) 행정예규 1235호(공탁사무 문서양식에 관한 예규).
526) 대법원 1996. 10. 1. 96마162 전원합의체 결정.
527) 공탁선례 1-216, 2-291.
528) 대법원 2013. 9. 13. 2013마949 결정.

(3) 가압류 집행취소결정

① 해방금액을 공탁한 채무자는 공탁서를 첨부하여 가압류집행법원에 가압류집행의 취소를 신청할 수 있고, 집행취소신청이 있으면 법원은 집행한 가압류를 취소하여야 한다(민집 299조 1항). 이 결정에 대하여는 즉시항고할 수 있으나, 취소결정은 확정되지 아니하여도 고지되면 효력이 생긴다(민사집행법 299조 3항, 4항).

② 해방공탁으로 인한 가압류집행취소가 이루어져도 가압류명령 자체의 효력이 소멸되는 것이 아니라, 공탁자인 가압류채무자의 공탁금 회수청구권에 대하여 미치게 된다.[2015, 2023 승진, 2015, 2021, 2022 법무사]

③ 가압류집행이 있은 후 그 가압류가 강제경매개시결정으로 인하여 본압류로 이행된 경우 가압류집행이 본집행에 포섭됨으로써 당초부터 본집행이 있었던 것과 같은 효력이 있고,529) 본집행의 효력이 유효하게 존속하는 한 상대방은 가압류의 효력을 다툴 수는 없으며,530) 오로지 본집행의 효력에 대하여만 다투어야 하므로 본집행이 취소·실효되지 않는 한 가압류집행이 취소되었다 하더라도 이미 그 효력을 발생한 본집행에는 아무런 영향이 없다.531)

따라서 가압류등기 후 제3자 앞으로 소유권이전등기가 마쳐진 부동산에 대하여 가압류채권자의 신청에 의한 강제경매절차가 진행 중 가압류해방공탁으로 가압류집행이 취소되어 가압류등기가 말소된 경우 이를 이유로 강제경매개시결정을 취소할 수 없다.532)[2011, 2014, 2019 법무사, 2021 승진]

④ 가압류등기 후 제3자 앞으로 소유권이전등기가 마쳐진 부동산에 대하여 가압류권자의 신청에 의한 강제경매절차가 진행되자, 가압류채무자(부동산의 전소유자)의 해방공탁 및 가압류집행취소로 위 부동산에 대한 가압류등기를 말소한 후, 가압류채무자가 가압류등기말소를 이유로 강제경매개시결정의 취소신청을 하였으나 위 신청이 기각된 경우, 가압류채무자는 말소된 가압류등기의 회복 없이 착오에 의한 공탁을 이유로 해방공탁금을 회수할 수는 없다.533)[2011 법무사]

4. 해방공탁금의 지급

가압류해방공탁금에 대하여는 가압류채권자의 공탁금 출급청구권은 없고, 가압류채무자의 공탁금 회수청구권만 있다.[2014 법무사, 2015 승진]

---

529) 대법원 2010. 10. 14. 선고 2010다48455 판결.
530) 대법원 2004. 12. 10. 선고 2004다54725 판결.
531) 대법원 2002. 3. 15. 2001마6620 결정.
532) 대법원 2002. 3. 15. 2001마6620 결정.
533) 공탁선례 2-302.

(1) 가압류채권자의 권리행사

① 채무자가 민사집행법 제282조에 의한 해방공탁을 하면 그 가압류의 효력은 공탁금 자체가 아닌 공탁자인 가압류채무자의 공탁금 회수청구권에 대하여 미치는 것이므로 집행권원에 기하여 바로 회수청구할 수 없다. 가압류채권자가 해방공탁금을 지급받기 위하여는 승소확정판결 등을 집행권원으로 하여 공탁금 회수청구권에 대하여 별도로 현금화명령(추심명령 또는 전부명령)을 받아야 한다.534)

즉 가압류채권자가 해방공탁금을 지급받기 위해서는 본안 승소확정판결 등을 집행권원으로 하여 공탁금 회수청구권에 대하여 가압류를 본압류로 이전하는 압류 및 추심명령이나 전부명령을 받아 공탁소에 대하여 회수청구를 할 수 있으며, 이 경우의 집행권원으로는 확정판결뿐만 아니라 가집행선고부 종국판결도 포함된다.535)[2013, 2015, 2017, 2021, 2024 법무사, 2021, 2023, 2024 승진]

이 경우 채권압류가 가압류를 본압류로 이전하는 채권압류가 아닌 한 가압류의 피보전권리와 압류의 집행채권의 동일성을 소명하여야 하며, 그 소명방법으로는 가압류신청서와 소장, 본안판결문 등을 제출하면 공탁관이 동일성 여부를 판단하게 된다.536)[2013, 2024 법무사]

② 해방공탁금에 대하여 가압류채권자가 가압류채권의 피보전권리와 압류된 집행채권이 동일함에도 불구하고 가압류에서 본압류로 이전하지 않고 채권압류 및 추심명령이나 전부명령을 얻은 경우, 이를 송달받은 공탁관은 압류경합을 이유로 사유신고를 하게 되므로537) 가압류채권자는 공탁관이 사유신고를 하기 전까지만 가압류채권의 피보전권리와 집행채권이 동일함을 소명하여 공탁금을 지급받을 수 있다.[2013 법무사, 2021 승진]

③ 채무자의 해방공탁금에 대하여 가압류채권자의 채권자들이 "가압류채권자의 채무자에 대한 본안판결확정 후 제3채무자인 국가에 대하여 출급청구할 공탁금채권"에 대하여 압류 및 전부명령을 순차적으로 받은 경우, 가압류채권자는 공탁금 '회수청구권'에 대하여 가압류를 본압류로 이전하는 압류 및 현금화명령을 얻어 채권의 만족을 얻을 수 있을 뿐이고, 채무자의 가압류해방공탁으로 인하여 가압류채권자에게 공탁금 '출급청구권'이 생기는 것은 아니므로 위의 압류 및 전부명령들은 그 대상채권이 존재하지 않아 무효라고 할 것이다. 따라서 공탁관은 압류경합을 이유로 사유신고하거나 형식상 전부명령이 확정된 채권자에게 공탁금을 지급할 수는 없다.538)[2022 법무사]

---

534) 대법원 1996. 11. 11. 95마252 결정 ; 공탁선례 1-225, 2-295.
535) 공탁선례 1-223, 2-293.
536) 공탁선례 1-219, 2-294.
537) 행정예규 950호.
538) 공탁선례 2-297.

④ 전부명령이 제3채무자에게 송달될 때까지 압류된 금전채권에 관하여 다른 채권자가 압류·가압류 또는 배당요구를 한 경우에는 전부명령은 효력을 가지지 아니한다(민사집행법 229조 5항). 따라서 가압류집행의 목적물에 갈음하여 가압류해방금이 공탁된 경우에는 그 가압류의 효력은 공탁금 자체가 아니라, 공탁자인 채무자의 공탁금 회수청구권에 대하여 미치는 것이므로 채무자의 다른 채권자가 가압류해방공탁금 회수청구권에 대하여 압류 및 전부명령을 받은 경우에는 전부명령은 효력이 없고, 가압류채권자의 가압류와 압류가 경합하게 되므로 공탁관의 사유신고로 개시되는 집행법원의 배당절차에서 배당금수령채권자로서 그 지급받을 자격을 증명하는 증명서를 교부받아 공탁금 회수청구를 할 수 있다.[539)]

[2022, 2023 승진]

⑤ 가압류채권자는 해방공탁금에 대하여 우선변제권이 없으므로 가압류채무자의 다른 채권자가 해방공탁금 회수청구권에 대하여 압류명령을 받은 경우에는 그 집행대상이 같아서 서로 경합하게 된다.[540)] 이 경우 공탁관은 지체 없이 집행법원에 그 사유를 신고하여야 하고, 압류 및 추심명령을 받은 채권자 등에게 공탁금을 지급하여서는 아니된다.[541)][2015, 2022 법무사]

⑥ 가압류채무자에게 해방공탁금의 용도로 대여하여 가압류집행을 취소할 수 있도록 한 자는 특별한 사정이 없는 한 가압류채권자에 대한 관계에서 가압류해방공탁금 회수청구권에 대하여 위 대여금채권에 기한 압류 또는 가압류의 효력을 주장할 수 없다.[542)][2013 법무사]

(2) 가압류채무자의 회수

① 해방공탁금을 가압류채무자인 공탁자가 회수하기 위하여는 채무자가 해방공탁금 위에 미치고 있는 가압류의 효력을 이의신청 또는 사정변경에 의한 가압류결정취소신청 등으로 깨뜨리거나 가압류채권자와 합의를 보아 해방공탁금에 대한 가압류를 풀어야 하며, 회수청구를 하는 경우의 첨부서면은 일반적인 첨부서면 이외에 공탁원인 소멸을 증명하는 서면(가압류취소결정정본 및 송달증명 또는 가압류신청취하증명, 가압류해제증명 등)을 첨부하여야 한다.[543)]

[2011, 2024 법무사]

---

539) 공탁선례 2-344.
540) 대법원 1996. 11. 11. 95마252 결정.
541) 대법원 2002. 8. 27. 선고 2001다73107 판결.
542) 대법원 1998. 6. 26. 선고 97다30820 판결.
543) 공탁선례 1-218, 2-298.

② 가압류채권자의 채권자가 "가압류채권자의 가압류채무자에 대한 본안판결 확정 후 제3채무자인 국가에 대하여 회수청구할 공탁금채권"을 피압류채권으로 채권가압류를 받았다 하더라도 가압류의 효력이 소멸되었을 경우에 공탁자(가압류채무자)가 가지는 공탁금 회수청구권의 행사에 아무 영향도 줄 수 없으므로 공탁자인 가압류채무자가 일반적인 첨부서면 이외에 가압류해방공탁의 원인이 된 그 가압류의 효력이 소멸되었음을 증명하는 서면을 첨부하여 공탁금 회수청구를 하는 경우 공탁관은 그 회수청구를 인가하여야 한다.544)[2011, 2017, 2022 법무사]

③ 가압류채권자가 법원이 정한 제소기간 내에 제소증명서 등을 제출하지 않아 가압류채무자가 제소기간 도과에 의한 가압류결정취소결정을 받은 경우 가압류채무자는 일반적인 첨부서면 이외에 공탁원인 소멸을 증명하는 서면으로 가압류취소결정정본 및 송달증명을 첨부하여 가압류해방공탁금을 회수할 수 있으며, 가압류취소결정의 확정증명을 요하지 않는다.545)[2011 법무사]

④ 가집행선고부 판결에 의하여 집행이 완결된 사건에 있어서는 그 본안판결이 항소심에서 취소 또는 변경되더라도 이를 이유로 이미 완결된 강제집행을 취소할 수는 없으므로 가압류채권자인 甲이 가집행선고부판결을 받아 해방공탁금 회수청구권을 압류 및 전부받은 후라면 비록 전부채권자인 甲이 해방공탁금을 회수하기 전에 가압류채무자인 乙이 항소심에서 전부 승소판결(甲의 청구기각판결)을 받아 사정변경에 의한 가압류결정취소결정을 받았다 하더라도 乙은 이미 집행완료된 해방공탁금을 곧바로 회수할 수는 없다.

이 경우 乙은 甲으로부터 이미 전부된 회수청구권을 다시 양도(부당이득의 원상회복)받거나 甲을 상대로 손해배상 또는 부당이득금 반환청구를 하여 별도의 집행권원을 얻어 집행하여야 한다.546)[2013, 2014, 2022 법무사]

(3) 이자의 귀속문제

① 공탁금 지급청구권에 대하여 압류 및 추심명령이 발령된 경우 그 명령에 공탁금의 이자채권에 대하여 언급이 없을 때에는 추심채권자는 압류 전의 이자에 대한 추심권이 없고, 그 이자채권에 대하여 추심권을 행사하려면 별도의 압류 및 추심명령을 받아야 한다.547)[2014, 2016, 2020 법무사]

---

544) 공탁선례 1-225, 2-295.
545) 공탁선례 1-224, 2-299.
546) 공탁선례 1-220, 2-300.
547) 공탁선례 1-231, 2-99.

② 가압류해방공탁금의 회수청구권에 대하여 가압류로부터 본압류로 이전하는 압류 및 전부명령이 확정된 때에는 그 명령이 제3채무자인 국가에 송달된 때에 공탁금 회수청구권은 전부채권자에게 이전되는 것이므로 공탁일로부터 위 명령이 제3채무자인 국가에 송달되기 전일까지의 공탁금에 대한 이자는 공탁자(채무자)에게 지급되어야 하고, 그 이후의 공탁금에 대한 이자는 전부채권자에게 지급되어야 한다.548)[2016 승진, 2019 법무사]

가압류해방공탁금의 회수청구권에 대하여 가압류로부터 본압류로 이전하는 압류·전부명령과 함께 지연손해금채권으로 추가로 위 가압류해방공탁금의 회수청구권에 대하여 압류·전부명령을 한 경우라도 그 명령에 공탁금의 이자채권에 대하여 언급이 없으면 공탁일로부터 압류·전부명령이 제3채무자인 국가에 송달되기 전일까지의 공탁금에 대한 이자를 전부채권자에게 지급할 수 없다.549)

[2015 승진 2019 법무사]

Memo

---

548) 공탁선례 1-221, 2-98.
549) 공탁선례 2-301.

제6절 부동산경매절차에서 배당금 공탁

1. 민사집행법 제160조 제1항에 의한 공탁

(1) 정지조건 또는 불확정기한이 붙어 있는 때

채권에 정지조건 또는 불확정기한이 붙어 있는 때에는 그 채권자에 대한 배당액을 공탁하여야 한다(민사집행법 160조 1항 1호).

(2) 가압류채권자의 채권

① 가압류채권자의 채권에 대한 배당액은 공탁하여야 한다(민사집행법 160조 1항 2호).

② 부동산경매절차에서 가압류채권자의 채권에 대하여 배당액이 공탁된 후 그 채권에 관하여 채권자 승소의 본안판결이 확정된 경우, 본안의 확정판결에서 지급을 명한 가압류채권자의 채권은 공탁된 배당액으로 충당되는 범위에서 본안판결 확정 시에 소멸한다. 본안판결확정 이후에 채무자에 대하여 파산이 선고되었다 하더라도 마찬가지이므로 본안판결 확정시에 이미 발생한 채권소멸의 효력은 그대로 유지된다. 이러한 경우에 가압류채권자가 공탁된 배당금을 채무자의 파산선고 후에 수령하더라도 이는 본안판결 확정시에 이미 가압류채권의 소멸에 충당된 공탁금에 관하여 단지 수령만이 본안판결 확정 이후의 별도의 시점에 이루어지는 것에 지나지 않는다. 그러므로 가압류채권자가 위와 같이 수령한 공탁금은 파산관재인과의 관계에서 민법상의 부당이득에 해당하지 않는다.550)

(3) 집행정지서면이 제출되어 있는 때

민사집행법 제49조 제2호(강제집행의 일시정지를 명한 취지를 적은 재판정본) 또는 제266조 제1항 제5호(담보권실행을 일시정지하도록 명한 재판정본)의 집행정지서면이 제출되어 있는 때에는 그 채권자에 대한 배당액을 공탁하여야 한다(민사집행법 160조 1항 3호).

(4) 저당권설정의 가등기가 마쳐져 있는 때

저당권설정의 가등기가 마쳐져 있는 때에는 그 채권자에 대한 배당액을 공탁하여야 한다(민사집행법 160조 1항 4호).

---

550) 대법원 2018. 7. 24. 선고 2016다227014 판결.

(5) 배당이의의 소가 제기된 때

① 배당표에 대한 이의가 있는 채권에 대하여 적법한 배당이의의 소가 제기된 때에는 그 배당액을 공탁하여야 한다(민사집행법 160조 1항 5호).

② 배당표에 대한 이의가 있는 채권에 관하여 배당이의의 소가 제기되어 배당액이 공탁되었다가 배당표가 확정됨에 따라 공탁된 배당금이 지급된 경우 배당액에 대한 이의가 있었던 채권은 공탁된 배당액으로 충당되는 범위에서 배당표 확정 시에 소멸한다. 다만 배당표확정 전에 채권자가 공탁된 배당금을 수령한 경우에는 공탁금수령 시에 변제의 효력이 발생한다.551)

③ 채무자 소유 부동산에 관해 경매절차가 진행되어 부동산이 매각되었으나 배당기일에 작성된 배당표에 대한 이의가 제기되어 파산채권자들 사이에서 배당이의소송이 계속되는 중에 채무자에 대해 파산이 선고되었다면 배당이의소송의 목적물인 배당금은 배당이의소송의 결과와 상관없이 파산선고가 있은 때에 즉시 파산재단에 속하고, 그에 대한 관리·처분권 또한 파산관재인에게 속한다(채무자 회생 및 파산에 관한 법률 384조). 따라서 법원사무관등은 배당이의의 소의 결과를 기다릴 필요 없이 위 배당금을 파산관재인에게 지급하면 된다.552)

(6) 저당권자가 저당권의 목적 부동산이 아닌 다른 부동산에 관한 배당절차에서 배당을 받는데 다른 채권자가 그 배당금의 공탁청구를 한 때

저당부동산만으로도 변제가 충분함에도 저당권자가 집행권원을 가진 일반채권자로서 다른 부동산으로부터 미리 배당을 받는 경우 다른 채권자는 저당권자에게 배당된 금액의 공탁을 요구할 수 있고(민법 340조 2항 단서), 이러한 공탁청구가 있으면 법원사무관등은 저당권자의 배당금을 공탁하여야 한다(민사집행법 160조 1항 6호).

2. 민사집행법 제160조 제2항에 의한 공탁

① 배당받을 채권자가 배당기일에 출석하지 아니한 때에는 그 배당액을 지급할 수 없으므로 이를 공탁하여야 한다(민사집행법 160조 2호). 다만 배당기일에 출석하지 아니한 채권자가 배당액을 입금할 예금계좌를 신고한 경우에는 위 공탁에 갈음하여 배당액을 그 예금계좌에 입금할 수 있다(민사집행규칙 82조 2항).

② 배당기일에 불출석한 채권자의 배당액의 공탁은 배당기일부터 10일 이내에 하도록 예규에서 규정하고 있으나, 훈시규정에 불과하므로 10일이 지난 뒤에 공탁하였더라도 그 효력에는 영향이 없다.553)

---

551) 대법원 2018. 3. 27. 선고 2015다70822 판결.
552) 대법원 2019. 3. 6. 2017마5292 결정.

3. 그 밖의 사유로 인한 공탁

(1) 저당권부 채권이 압류 또는 가압류된 경우

저당권이 있는 채권에 대한 압류(또는 가압류)의 효력은 저당권자의 '배당금청구권'에도 미친다고 해석되므로 압류가 존속하는 한 저당권자를 피공탁자로 하여 공탁하여야 하고, 다만 그 저당권의 피담보채권이 존재하지 않는다면 그 압류명령은 무효이다.554)[2014 승진, 2019 법무사]

(2) 배당금에 대한 처분금지가처분이 있는 경우

집행공탁은 공탁 이후 행해질 배당절차의 진행을 전제로 한 것인데 처분금지가처분은 그것이 설령 금전채권을 목적으로 하더라도 이러한 배당절차와는 관계가 없으므로 제3채무자로서는 이를 이유로 집행공탁을 할 수는 없고, 다만 채권자불확지에 의한 변제공탁을 할 수 있다.555)[2013, 2017, 2020, 2024 법무사]

(3) 기타

① 민법 제348조가 "저당권으로 담보한 채권을 질권의 목적으로 한 때에는 그 저당권등기에 질권의 부기등기를 하여야 그 효력이 저당권에 미친다"라고 규정한 취지는 질권의 효력이 저당권에 미치기 위한 요건을 정한 것에 불과하고, 위와 같은 부기등기를 마쳤다고 하여 곧바로 민법 제349조 제1항의 지명채권에 대한 질권의 대항요건을 갖추었다고 볼 수는 없다.556) 따라서 근저당권 일부이전의 부기등기를 마쳤다 하더라도 피담보채권의 양도인이 채무자에게 채권양도사실을 확정일자 있는 증서로 통지하기 이전에 그 피담보채권에 관하여 가압류집행이 이루어졌다면 가압류가 저당권부채권의 양수인보다 우선한다.557)

② 근저당권자의 배당금에 대한 처분금지가처분결정이 있어 경매법원이 그 배당금을 공탁한 후에 그 근저당권설정계약이 사해행위로 취소된 경우, 그 공탁금은 그 경매절차에서 적법하게 배당요구하였던 다른 채권자들에게 추가배당하여야 하고, 그 공탁금지급청구권에 관한 채권압류 및 추심명령은 추가배당절차에서 배당되고 남은 잉여금에 한하여 효력이 있을 뿐이다. 따라서 취소채권자가 배당금지급청구권에 대한 압류 및 추심명령에 기하여 배당금을 우선 수령하는 것은 다른 채권자들과의 관계에서 부당이득이 성립한다.558)

---

553) 재판예규 제1260호(재민 92-2),
554) 대법원 2004. 5. 28. 선고 2003다70041 판결.
555) 대법원 2008. 5. 15. 선고 2006다74693 판결.
556) 대법원 2014. 9. 25. 선고 2014다216126 판결.
557) 대법원 2013. 8. 23. 선고 2012다65270 판결.

4. 배당 등에 따른 지급

배당이나 그 밖에 관공서 결정에 따라 공탁물을 지급하는 경우 해당 관공서는 공탁관에게 지급위탁서를 보내고 지급을 받을 자에게는 그 자격에 관한 증명서를 주어야 한다(규칙 43조 1항). 이 경우에 공탁물의 지급을 받고자 하는 채권자는 자격에 관한 증명서를 첨부하여 출급·회수청구를 하여야 한다(규칙 43조 2항).

Memo

---

558) 대법원 2009. 5. 14. 선고 2007다64310 판결.

제7절 매각허가결정에 대한 항고보증공탁

1. 의의

① 부동산경매절차에서 매각허가결정에 대한 항고를 하고자 하는 사람은 보증으로 매각대금의 1/10에 해당하는 "금전 또는 법원이 인정하는 유가증권"을 공탁하여야 한다(민사집행법 130조 3항). 지급보증위탁계약 체결문서의 제출에 의한 보증제공은 허용되지 않는다.559)[2020 법무사]

② 민사집행법 제130조 제3항의 규정은 매각허가결정에 대한 항고 시에 적용되는 것이므로 매각불허가결정에 대한 항고 시에는 보증을 제공할 필요가 없다.

③ 항고인이 2인 이상인 경우에는 이해관계의 기초가 되는 권리관계를 공유하는 등의 특별한 사정이 없는 한, 항고인별로 "각각" 매각대금의 10분의 1에 해당하는 금전 또는 유가증권을 공탁하여야 한다.560)[2017, 2018 법무사]

2. 공탁물의 지급절차

(1) 항고가 기각·각하 또는 취하된 경우

1) 배당재단에 편입

① 매각허가결정에 대한 항고가 기각되어 확정된 경우 보증금의 처리에 관하여, 채무자 및 소유자가 한 항고가 기각된 때에는 항고인은 보증으로 제공한 금전이나 유가증권을 돌려 줄 것을 요구하지 못하므로(민사집행법 130조 6항) 그 전액이 배당할 금액에 편입된다.[2020 법무사]

② 채무자 및 소유자 이외의 사람이 한 항고가 기각된 때에는 항고인은 보증으로 제공한 금전이나 유가증권을 현금화한 금액 가운데 항고를 한 날부터 항고기각결정이 확정된 날까지의 매각대금에 대한 연 100분의 12의 이율에 의한 금액(보증으로 제공한 금전이나 유가증권을 현금화한 금액을 한도로 한다)에 대하여는 돌려 줄 것을 요구할 수 없으므로 그 지연손해금만을 배당할 금액에 포함시키고 나머지는 보증제공자에게 반환하여야 한다(민사집행법 130조 7항).

③ 항고기각으로 인하여 반환받지 못한 보증금은 나중에 배당할 금액으로 산입되지만, 항고가 기각되었다 하더라도 경매신청이 취하되거나 매각절차가 취소된 때에는 항고인이 보증금을 반환받을 수 있다.[2020 법무사]

---

559) 재민 2003-5(지급보증위탁계약 체결문서의 제출에 의한 담보제공과 관련한 사무처리요령).
560) 대법원 2006. 11. 23. 2006마513 결정.

④ 매각허가결정에 대한 항고가 기각되기 전에 항고인의 공탁금 회수청구권에 대하여 압류 및 전부명령이 있었다고 하여도 이는 집행채권자에게 그 회수청구권을 이전하게 하는 효과를 발생할 뿐 공탁금 출급청구권에는 아무런 영향을 미칠 수는 없는 것이므로 위 공탁금의 출급청구를 받은 공탁관으로서는 공탁금 회수청구권에 대한 압류 및 전부명령이 있었다는 이유로 그 출급청구를 거부할 수 없다.561)[2018 법무사]

2) 항고인이 항고를 취하한 경우

항고인이 항고를 취하한 경우에도 항고가 기각된 경우와 동일하게 취급하므로 민사집행법 제130조 제6항, 제7항의 규정이 그대로 준용된다(민사집행법 130조 8항).[2020 법무사]

3) 배당절차에서 잉여금이 생긴 경우

① 배당절차에서 채권자들에게 배당하고 남은 금액이 있으면 채무자 또는 소유자에게 지급하는 바, 남은 금액이 있다 하더라도 채무자와 소유자 이외의 항고인이 제공한 항고보증금이 배당할 금액에 편입된 경우에 채권자들에게 배당하고 남은 금액이 있으면 배당할 금액에 편입된 금액의 범위 안에서 이를 제공한 사람에게 돌려 주어야 한다(민사집행법 147조 2항).

② 채권자에게 배당하고 남은 금액으로 돌려주기 부족한 경우로서 그 보증을 제공한 사람이 여럿인 때에는 배당할 금액에 편입된 각 보증의 비율에 따라 나누어 준다(민사집행법 147조 3항).

(2) 항고가 인용된 경우

① 항고가 인용된 경우에는 보증금을 회수할 수 있으며, 공탁의 성질이 담보공탁이 아닌 집행공탁이므로 담보취소절차를 밟을 필요가 없다.[2020 법무사]

② 항고인이 공탁물을 회수할 때에는 ㉠ 공탁서와 ㉡ 항고인용의 재판이 확정되었음을 증명하는 서면 "또는" 해당 보증금이 배당할 금액에 포함될 필요가 없게 되었음을 증명하는 서면(집행법원의 법원사무관등이 작성한 것에 한함)을 첨부하여 공탁물 회수청구를 할 수 있다.562)[2020 법무사]

---

561) 대법원 1991. 11. 18. 91마501 결정.
562) 행정예규 980호.

제8절 그 밖의 집행공탁

1. 민사집행법 제198조 제4항에 의한 공탁(긴급매각)

유체동산에 대한 집행에서 민사집행법 제49조 제2호(강제집행의 일시정지를 명한 재판정본) 또는 제4호(변제증서 및 변제유예증서)의 문서가 제출된 경우에 압류물을 즉시 매각하지 아니하면 값이 크게 내릴 염려가 있거나, 보관에 지나치게 많은 비용이 드는 때에는 집행관은 그 물건을 매각할 수 있다(민사집행법 148조 3항). 집행관이 긴급매각한 경우 압류물의 매각대금은 공탁하여야 한다(민사집행법 198조 4항).

2. 민사집행법 제222조 제1항에 의한 공탁(매각대금 공탁)

유체동산에 대한 집행에서 매각대금으로 배당에 참가한 모든 채권자를 만족하게 할 수 없고, 매각허가된 날부터 2주 이내에 채권자 사이에 배당협의가 이루어지지 아니한 때에는 매각대금을 공탁하여야 한다(민사집행법 222조 1항).

[2009 법무사]

3. 민사집행법 제236조 제2항에 의한 공탁

(1) 추심채권자의 추심신고의무

추심채권자가 채권을 추심한 때에는 추심한 채권액을 법원에 신고하여야 한다(민사집행법 236조 1항).

(2) 추심채권자의 공탁 및 사유신고의무

① 추심채권자가 추심신고를 하기 전에 다른 압류·가압류 또는 배당요구가 있었을 때에는 채권자는 추심한 금액을 바로 공탁하고 그 사유를 신고하여야 한다(민사집행법 236조 2항).[2015 법무사]

② 압류 등의 경합이 있는 경우에 추심채권자가 추심을 마쳤음에도 지체 없이 공탁 및 사유신고를 하지 아니한 경우에는 그로 인한 손해배상으로서 제3채무자로부터 추심금을 지급받은 후 공탁 및 사유신고에 필요한 상당한 기간을 경과한 때부터 실제 추심금을 공탁할 때까지의 기간 동안 금전채무의 이행을 지체한 경우에 관한 법정지연손해금 상당의 금원도 공탁하여야 할 의무가 있다.563)

[2009, 2017 법무사]

---

563) 대법원 2005. 7. 28. 선고 2004다8753 판결.

4. 민사집행법 제258조 제6항에 의한 공탁(규칙 142조 3항에 의한 공탁)

① 강제집행의 목적물이 아닌 동산은 <u>집행관이 제거하여 채무자에게 인도하여야 한다</u>(민사집행법 258조 3항). 채무자가 그 동산의 수취를 게을리 한 때에는 집행관은 <u>집행법원의 허가</u>를 받아 동산에 대한 강제집행의 매각절차에 관한 규정에 따라 그 동산을 매각하고 비용을 뺀 뒤에 나머지 대금을 공탁하여야 한다(민사집행법 258조 6항).

② 강제집행 목적물에서 목적물이 아닌 동산을 제거하여 <u>집행관이 보관하는 경우</u>는 물론 그 동산을 제거하여 보관하는 것이 불가능하거나 현저히 곤란하여 강제집행 목적물에 <u>그대로 남아있는 경우</u>에도 채무자가 그 동산의 수취를 게을리하면 <u>집행법원의 허가</u>를 받아 그 동산을 매각할 수 있다.[564]

Memo

---

[564] 대법원 2018. 10. 15. 2018그612 결정.

제8장 혼합공탁

제1절 총설

1. 의의

혼합공탁이란 공탁원인사실 및 공탁근거법령이 다른 실질상 두 개 이상의 공탁을 공탁자의 이익을 위하여 하나의 공탁절차에 의하여 하는 공탁을 말한다.

2. 혼합공탁의 요건

① 혼합공탁은 주로 변제공탁과 집행공탁 사이에 발생하는데, 변제공탁과 집행공탁을 원인으로 혼합공탁을 하려면 채권자 불확지 공탁사유와 집행공탁사유가 함께 존재하여야 한다. 채권자불확지란 객관적으로는 채권자가 존재하나 변제자가 선량한 관리자의 주의의무를 다하여도 채권자가 누구인지 알 수 없는 경우를 말한다.[565]

현행 민사집행법은 단일의 압류, 압류경합이 없는 복수의 압류, 단일 또는 복수의 가압류가 있는 경우에도 집행공탁을 인정하고 있으므로(민사집행법 248조, 291조) 혼합공탁을 하기 위한 요건으로 집행공탁사유는 반드시 압류경합이 있어야 하는 것은 아니다.[2015, 2016 법무사]

② 확정일자 있는 채권양도통지를 받은 후 양도인을 가압류채무자로 하는 채권가압류(3건)가 있는데 선행 채권양도에 대한 다툼이 없어서 채권자 불확지공탁을 할 만한 사정이 없는데도 제3채무자가 피공탁자를 '양도인 또는 양수인'으로 지정하고, 공탁근거법령으로 민법 제487조, 민사집행법 제291조 및 제248조 제1항에 의한 혼합공탁을 한 경우, 이는 혼합공탁의 요건을 갖추지 못하여 유효한 공탁으로 볼 수 없으므로 공탁자(제3채무자)는 착오로 인한 공탁금 회수청구를 할 수 있다.[566][2016, 2020, 2022 법무사]

---

565) 대법원 1996. 4. 26. 선고 96다2583 판결.
566) 공탁선례 2-307.

3. 혼합공탁의 효력

① 혼합공탁은 변제공탁의 공탁근거법령과 집행공탁의 공탁근거법령 양자를 공탁근거법령으로 한 공탁이며, 변제공탁과 집행공탁의 성질을 함께 갖는 공탁이다. 따라서 혼합공탁은 변제공탁에 관련된 채권양수인에 대하여는 변제공탁으로서의 효력이 있고, 집행공탁에 관련된 압류채권자 등에 대하여는 집행공탁으로서의 효력이 있다.567)[2010, 2014, 2015, 2016, 2021, 2022 법무사]

② 공탁은 공탁자가 자기의 책임과 판단 하에 하는 것으로서 채권양도 등과 압류가 경합된 경우에 공탁자는 나름대로 누구에게 변제를 하여야 할 것인지를 판단하여 그에 따라 변제공탁이나 집행공탁 또는 혼합공탁을 선택하여 할 수 있다.568)[2016, 2021, 2024 법무사]

제3채무자가 채권양도 등과 압류경합 등을 이유로 공탁한 경우에 제3채무자가 변제공탁을 한 것인지, 집행공탁을 한 것인지, 아니면 혼합공탁을 한 것인지는 피공탁자의 지정 여부, 공탁의 근거조문, 공탁사유, 공탁사유신고 등을 종합적·합리적으로 고려하여 판단하는 수밖에 없다.569)[2014, 2021, 2024 법무사]

만일 제3채무자가 채권양도 및 압류경합을 공탁사유로 공탁을 하면서 피공탁자 내지 채권자 불확지의 취지를 기재하지 않고 공탁근거조문으로 민사집행법 제248조 제1항만을 기재한 경우, 위 공탁은 변제공탁으로서의 효과는 없다.570)

[2022 법무사]

③ 혼합공탁이란 공탁원인사실 및 공탁근거법령이 다른 실질상 두 개 이상의 공탁을 하나의 공탁절차에 의하여 하는 공탁을 의미하므로 다수의 압류가 경합된 상황에서 그 중 선행하는 채권압류 및 전부명령이 유효한지 여부를 알지 못함을 이유로 제3채무자가 민사집행법 제248조 제1항에 따른 공탁을 한 것은 혼합공탁에 해당하지 않는다.

위 공탁에서 집행법원이 선행하는 채권압류 및 전부명령이 이미 확정되어 있음을 이유로 공탁사유신고를 불수리하였다면 이는 착오로 공탁을 한 경우에 해당하므로 공탁자는 공탁법 제9조 제2항 제2호에 따라 공탁사유신고 불수리결정을 첨부하여 공탁금 회수청구를 할 수 있다.571)[2018 법무사]

---

567) 대법원 1996. 4. 26. 선고 96다2583 판결 ; 2008. 1. 17. 선고 2006다56015 판결.
568) 대법원 2005. 5. 26. 선고 2003다12311 판결.
569) 대법원 2005. 5. 26. 선고 2003다12311 판결.
570) 대법원 2005. 5. 26. 선고 2003다12311 판결.
571) 공탁선례 201608-1.

제2절 혼합공탁의 신청절차

1. 공탁서의 기재
① 채권양도와 채권가압류의 경합을 원인으로 한 혼합공탁의 공탁근거법령 조항란에는 "민법 제487조 후단 및 민사집행법 제291조, 제248조 1항"을 기재하고, 채권양도와 채권압류의 경합을 원인으로 한 혼합공탁의 공탁근거법령 조항란에는 "민법 제487조 후단 및 민사집행법 제248조 제1항"을 기재한다.[2020 법무사]
② 혼합공탁서상의 피공탁자란에는 "양도인(집행채무자) 또는 양수인"을 피공탁자로 기재하며, 집행채권자들(가압류 또는 압류채권자)은 공탁서에 피공탁자로 기재하지 않는다.[2013, 2015 법무사]

2. 공탁통지
피공탁자들(양도인과 양수인)에게 대하여는 변제공탁인 점에서 공탁통지를 하여야 한다. 따라서 공탁할 때에 피공탁자 수만큼의 공탁통지서와 배달증명으로 할 수 있는 우편료를 납입하여야 한다.[2008 법무사]

3. 관할
집행공탁은 원칙적으로 관할에 관한 규정이 없고, 변제공탁은 채무이행지 주소지 소재 공탁소에 공탁하여야 하므로 혼합공탁은 피공탁자 어느 1인의 주소지 공탁소 중 한 곳이 관할공탁소가 된다.572)[2013, 2022 법무사]

4. 집행법원에 대한 사유신고
① 혼합공탁도 집행공탁의 일면을 가지므로 채권양도와 압류를 원인으로 하는 혼합공탁의 경우 공탁자는 공탁 후 즉시 집행법원에 사유신고를 하여야 한다. 혼합공탁을 전제로 하는 사유신고를 받은 집행법원은 채권양도의 유효, 무효가 확정되지 않는 이상 그 이후의 절차를 진행할 수 없으므로 그 유·무효가 확정될 때까지 사실상 배당절차를 정지하여야 한다.573)[2013 법무사]
② 집행공탁과 변제공탁이 혼합되어 공탁된 혼합공탁의 경우에도 어떤 사유로 배당이 실시되었다면 공탁금에서 지급 또는 변제받을 권리가 있음에도 불구하고 지급 또는 변제를 받지 못하였음을 주장하는 자는 배당표에 배당을 받는 것으로 기재된 다른 채권자들을 상대로 배당이의의 소를 제기할 수 있다.574)[2021 법무사]

---
572) 공탁선례 2-12.
573) 대법원 2001. 2. 9. 2000다10079 판결참조.

③ 배당가입차단효는 배당을 전제로 한 집행공탁에 대하여만 발생하므로 집행공탁과 변제공탁이 혼합된 혼합공탁의 경우 변제공탁에 해당하는 부분에 대하여는 제3채무자의 공탁사유신고에 의한 배당가입 차단효가 발생할 여지가 없다.

따라서 혼합공탁한 제3채무자의 공탁사유신고 후 채무자의 공탁금출급청구권에 대하여 압류 및 추심명령을 받은 채권자는 집행공탁에 해당하는 부분으로부터 배당받은 사람에 대하여는 배당이의의 소를 제기할 원고적격이 없고, 변제공탁에 해당하는 부분으로부터 배당받은 사람에 대하여는 배당이의의 소를 제기할 원고적격이 있다.575)[2019, 2021, 2024 법무사]

Memo

---

574) 대법원 2006. 1. 26. 선고 2003다29456 판결 ; 2006. 2. 9. 선고 2005다28747 판결.
575) 대법원 2008. 5. 15. 선고 2006다74693 판결.

제3절 유형별 혼합공탁의 처리

1. 채권 전부에 대하여 채권양도가 선행하는 경우

(1) 채권양도 후에 압류가 있는 경우

1) 공탁절차
① 채권이 양도되었으나 채권양도의 효력 유무에 관하여 의문이 있고 양도 이후에 압류가 있는 경우에는 전형적인 혼합공탁에 해당한다.
② 혼합공탁을 하는 경우 공탁서상의 피공탁자는 양도인 또는 양수인이 되고, 공탁근거 법령조항은 민법 제487조 후단, 민사집행법 제248조 제1항이 된다.
[2015, 2023 법무사]
③ 채권양도와 압류를 원인으로 하는 혼합공탁의 경우 공탁자는 공탁 후 즉시 압류명령을 발령한 법원에 사유신고를 하여야 한다. 다만 혼합공탁을 전제로 하는 사유신고를 받은 집행법원은 채권양도의 유효, 무효가 확정되지 않는 이상 그 이후의 절차를 진행할 수 없으므로 그 유·무효가 확정될 때까지 사실상 배당절차를 정지하여야 한다.576)[2024 승진, 2013 법무사]

2) 집행채권자가 출급받는 방법
① 집행법원의 배당절차를 통하여 집행채권자가 공탁금에서 배당받기 위하여는 압류의 대상이 된 채권이 집행채무자에게 귀속하는 것을 증명하는 문서를 제출하여야 한다(이를 혼합해소문서라 한다). 예컨대 집행채무자에게 공탁금 출급청구권이 있다는 것을 증명하는 확인판결정본 및 그 확정증명 또는 화해조서·조정조서, 양수인의 동의서 등을 들 수 있다.[2015, 2023 법무사, 2021 승진]
② 집행채권자가 혼합공탁된 공탁금으로부터 전부금채권 상당액을 배당받기 위하여는 공탁금이 채무자에게 귀속하는 것을 증명하는 문서를 집행법원에 제출하여야 하는데, 집행채권자가 압류전부명령에 기한 전부금채권을 가지고 있다는 것의 확인을 구하는 것은 그 확인판결의 제출로 집행법원이 공탁금의 배당절차를 개시할 수 없으므로 분쟁을 근본적으로 해결하는 가장 유효, 적절한 수단이라고 볼 수 없어 확인의 이익이 없다.577)[2014, 2016 법무사]

---

576) 대법원 2001. 2. 9. 선고 2000다10079 판결.
577) 대법원 2008. 1. 17. 선고 2006다56015 판결.

3) 채권양수인이 출급받는 방법

혼합공탁에 있어서 피공탁자(양수인)가 출급청구함에 있어서 다른 피공탁자(채무자)에 대한 관계에서만 공탁물출급청구권이 있음을 증명하는 서면을 갖추는 것으로는 부족하고, 집행채권자에 대한 관계에서도 공탁물출급청구권이 있음을 증명하는 서면을 구비·제출하여야 한다.578)[2016, 2019, 2021, 2022, 2023 법무사, 2021, 2022 승진]

(2) 채권양도 후에 가압류가 있는 경우

1) 공탁절차

① 채권양도의 통지가 이루어진 이후에 양도인을 채무자로 하는 가압류명령이 송달되었으나 채권양도의 효력에 대하여 다툼이 있는 경우에는 제3채무자는 채권자 불확지공탁과 집행공탁을 합한 혼합공탁을 할 수 있다.

② 공탁서상의 피공탁자는 '양도인(가압류채무자) 또는 양수인'으로 기재하고, 공탁근거 법령조항은 "민법 제487조 후단, 민사집행법 제291조, 제248조 제1항"으로 기재한다.[2017, 2020, 2024 법무사]

③ 장래 발생할 채권까지 포함된 물품대금채권에 대하여 양도 및 확정일자부 통지가 이루어진 이후 다시 물품대금채권에 대하여 양도인을 채무자로 하는 4건의 가압류가 이루어져 채권양도의 효력 및 채권양도와 가압류 간의 우열에 대해 의문이 있을 수 있는 경우, 채무자는 민법 제487조, 민사집행법 제291조 및 제248조 제1항을 근거로 양도인 또는 양수인을 피공탁자로 하는 혼합공탁을 할 수 있다.579)

④ 제3채무자는 공탁신청시 가압류결정사본과 공탁통지서를 첨부하여야 하며, 공탁통지서 및 가압류채권자에 대한 공탁사실통지서 발송에 필요한 우편료를 납입하여야 한다. 공탁한 때에는 공탁서를 첨부하여 그 내용을 서면으로 가압류발령법원에 신고하여야 한다.[2008, 2024 법무사]

2) 가압류채권자가 출급받는 방법

공탁 이후에 채권양도가 무효로 판명되면 양도인에 대한 채권가압류명령이 유효하기 때문에 채권가압류를 본압류로 이전하는 압류명령이 송달되면 공탁관은 사유신고를 하여야 하고, 집행법원의 지급위탁에 따라 공탁금이 지급이 이루어진다.[2017, 2020 법무사, 2018 승진]

---

578) 대법원 2012. 1. 12. 선고 2011다84076 판결.
579) 공탁선례 2-316.

3) 채권양수인이 공탁금을 출급받는 방법

채권양도가 유효로 판명되면 양도인에 대한 가압류명령은 무효로 되고 <u>양수인이 진정한 채권자</u>로 된다. 이 경우에 피공탁자인 양수인은 ① 다른 피공탁자인 "<u>양도인</u>"의 승낙서(인감증명서 첨부)나 양도인에 대한 공탁금 출급청구권확인 승소확정판결 <u>이외에</u> ② "<u>가압류채권자</u>"의 승낙서(인감증명서 첨부) 또는 그들에 대한 공탁금 출급청구권확인 승소확정판결을 출급청구권을 갖는 것을 증명하는 서면으로 첨부하여야만 공탁금을 출급청구할 수 있다.580)

[2015, 2016, 2017, 2019, 2020, 2024 법무사]

2. 채권 전부에 대하여 가압류·압류가 선행하는 경우

(1) 가압류 이후 채권양도가 있는 경우

① 제3채무자가 채권가압류명령을 송달받은 이후에 채권양도통지를 송달받은 경우에는 그 이후에 <u>가압류가 취하 또는 취소</u>될 수도 있으므로 제3채무자는 채권자불확지공탁과 채권가압류를 이유로 한 집행공탁을 합한 혼합공탁을 할 수 있다.[2015, 2018 승진]

이러한 혼합공탁에 있어서는 <u>가압류의 효력 여하</u>에 따라 채권양도의 효력 유무가 결정되므로 <u>채권양도 그 자체의 효력 유무</u>는 혼합공탁의 요건이 되지 않는다.[2013, 2022 승진, 2013 법무사]

② 혼합공탁신청서의 피공탁자는 '<u>양도인 또는 양수인</u>'으로 기재하여야 하고, 가압류채권자는 피공탁자로 기재하지 않는다. 공탁근거 법령조항은 '<u>민법 제487조 후단, 민사집행법 제291조, 제248조 제1항</u>'을 기재하며, 공탁원인사실란에는 가압류명령을 송달받은 이후에 채권양도의 통지가 송달되었다는 것을 <u>구체적</u>으로 기재하여야 한다.[2011 승진]

위와 같은 혼합공탁을 한 이후에 가압류채권자가 집행권원을 얻어 채권가압류를 <u>본압류로 이전</u>하게 되면 나중에 이루어진 채권양도는 무효가 되고, 공탁관은 <u>사유신고</u>를 하여야 하므로 집행법원의 <u>지급위탁</u>에 따라 공탁금을 출급청구할 수 있다.581)[2013, 2015, 2018, 2022 승진, 2024 법무사]

③ 제3채무자에게 채권가압류결정이 송달된 이후 채권양도통지가 있었는데 제3채무자가 채권양도사실을 간과한 채 채권가압류를 이유로 민사집행법 제248조 제1항 및 제291조에 의하여 집행공탁을 한 경우 <u>착오를 증명하는 서면</u>을 첨부하여 공탁금 회수청구를 할 수 있다.582)[2015, 2020 법무사]

---

580) 대법원 2012. 1. 12. 선고 2011다84076 판결 ; 공탁선례 2-316.
581) 대법원 2002. 4. 26. 선고 2001다59033 판결.

(2) 압류 이후 채권양도가 있는 경우

동일채권에 대하여 압류집행을 한 자와 채권양수인 사이의 우열은 압류명령의 송달과 확정일자 있는 채권양도통지의 선후에 의하여 결정된다.583) 따라서 확정일자 있는 채권양도통지의 도달 이전에 압류명령을 송달받은 경우에는 압류채권자만이 우선하여 배타적인 집행채권자로서의 지위에 서게 되므로 이후 제3채무자는 추심명령 또는 전부명령을 얻은 압류채권자에게만 변제의무를 부담하므로 혼합공탁은 문제되지 않는다.[2015, 2016 법무사, 2021 승진]

3. 그 밖에 문제되는 경우

(1) 압류·가압류명령과 확정일자 있는 양도통지가 동시에 송달된 경우

① 동일채권에 대한 확정일자 있는 채권양도통지와 압류 또는 가압류명령이 제3채무자에게 동시에 도달된 경우에는 그들 상호 간에 우열이 없어 채권양수인이나 압류·가압류채권자는 모두 제3채무자에게 완전한 대항력을 갖추고 있으므로 그 전액에 대하여 채권양수금, 압류전부금 또는 추심금의 청구를 할 수 있고, 제3채무자로서는 그들 중 누구에게라도 그 채무 전액을 변제하면 다른 채권자에 대한 관계에서 유효하게 면책된다.584)

② 채권가압류명령과 채권양도통지가 동시에 제3채무자에게 송달된 경우 제3채무자는 송달의 선후가 불명한 경우에 준하여 채권자를 알 수 없다는 이유로 변제공탁을 할 수 있고,585) 민사집행법 제291조, 제248조 1항에 의하여 가압류에 관련된 금전채권에 대한 집행공탁을 할 수도 있으며, 위와 같은 사유를 들어 채권자불확지공탁과 집행공탁을 합한 혼합공탁을 할 수도 있다.586)[2016, 2024 법무사]

공탁자는 자기의 책임과 판단하에 변제공탁, 집행공탁, 혼합공탁을 선택하여 할 수 있으므로 제3채무자가 그 중 어느 공탁을 한 것인지는 피공탁자의 지정 여부, 공탁의 근거조문, 공탁사유, 공탁사유신고 등을 종합적·합리적으로 고려하여 판단하여야 한다.587)[2014, 2021, 2024 법무사]

③ 동일채권에 대하여 가압류명령과 확정일자 있는 채권양도통지가 동시에 제3채무자에게 도달된 경우 채권양수인은 그 후에 압류나 가압류를 한 자에 대하여는 이미 채권이 전부 양도되었음을 주장하여 대항할 수 있으므로 그러한 후행 압류권자 등은 더 이상 그 채권에 대한 집행절차에 참가할 수 없다.588)

---

582) 공탁선례 2-309.
583) 대법원 1994. 4. 26. 선고 93다24223 전원합의체판결.
584) 대법원 1994. 4. 26. 선고 93다24223 전원합의체판결.
585) 대법원 1994. 4. 26. 선고 93다24223 전원합의체판결.
586) 대법원 2005. 5. 26. 선고 2003다12311 판결.
587) 대법원 2005. 5. 26. 선고 2003다12311 판결.

(2) 근저당권부 채권에 대하여 압류가 경합된 경우 제3취득자의 공탁

근저당권부 채권에 대하여 압류 등이 경합된 부동산의 제3취득자는 근저당권을 소멸시키기 위하여 변제공탁과 집행공탁이 결합된 혼합공탁을 하여야 하고, 공탁서에 피공탁자를 채무자(근저당권자)로 기재하여야 한다. 이 경우 공탁근거법령으로는 제3취득자가 근저당권을 소멸시키기 위한 변제공탁과 근저당권부 채권에 대한 압류경합으로 인한 제3채무자를 대위한 집행공탁이 결합된 혼합공탁으로 "민법 제364, 제487조 및 민사집행법 제248조 제1항"을 기재하여야 한다.589)
[2014, 2024 법무사]

(3) 혼합공탁 후 양수인이 제3채무자의 책임재산으로 채권만족을 얻은 경우

제3채무자가 채권양도통지를 받은 후 채권가압류결정을 송달받았고, 그 후 채권양도의 효력에 다툼이 있어 제3채무자는 민법 제487조 후단 및 민사집행법 제291조, 제248조 제1항에 의하여 혼합공탁을 한 후, 양수인이 제3채무자를 상대로 양수금청구소송에서 얻은 집행권원으로 제3채무자의 다른 책임재산에 대한 강제집행으로 채권만족을 얻은 경우 제3채무자는 공탁원인 소멸을 원인으로 하는 공탁금회수청구를 할 수 있다.590)[2024 법무사]

(4) 수용대상토지에 처분금지가처분등기가 되어 있어 혼합공탁을 한 경우

수용대상토지에 가처분등기가 되어 있어서 공탁자가 피공탁자를 '가처분채권자 甲 또는 가처분채권자 乙 또는 토지소유자'로 한 상대적불확지공탁과 채권가압류로 인한 집행공탁을 합한 혼합공탁을 한 경우, 가처분채권자들이 토지소유자를 상대로 제기한 본안소송에서 패소판결을 받아 확정된 때에는 토지소유자는 공탁금출급청구권이 자신에게 있음을 증명하는 서면으로 확정판결과 채권가압류가 실효되었음을 증명하는 서면을 첨부하여 공탁금출급청구를 할 수 있다.591)
[2024 법무사]

Memo

---

588) 대법원 2004. 9. 3. 선고 2003다22561 판결.
589) 공탁선례 2-315.
590) 공탁선례 2-318.
591) 공탁선례 2-325.

(5) 채권 일부에 대한 가압류 후 채권 전부에 대한 양도가 있는 경우

채무자가 채권자 甲에게 채권을 변제하고자 하였으나 그 채권의 일부가 乙에 의하여 가압류된 상태에서 그 채권 전부가 丙에게 양도(확정일자부 통지)되었고, 이어서 丁, 戊 등 다른 다수의 채권자가 가압류를 한 경우에 있어서 甲의 丙에 대한 채권 전액 양도는 채권양도에 앞서 乙이 가압류한 일부분에 대하여는 乙에게 대항할 수 없으나 채권양도 이후에 이루어진 丁, 戊 등의 가압류에는 우선하므로 채무자로서는 일단 乙이 가압류한 금액을 제외한 나머지 금액에 대하여는 양수인 丙에게 변제하여야 한다.592)

(6) 공동명의 예금채권자들 중 일방을 채무자로 하는 압류가 있는 경우

甲을 채무자로 하는 丙의 압류 및 추심명령이 은행에 도달하였는데 甲과 乙 공동명의의 예금채권 100만원이 있는 경우에 제3채무자는 위 예금채권이 동업자금으로써 준합유관계에 있는 채권인지 아니면 甲과 乙 각자 지분에 따라 분량적으로 귀속하는지 여부를 알 수가 없다.

따라서 제3채무자는 피공탁자를 "甲 또는 乙"로 기재하고, 丙의 압류가 있음을 이유로 민법 제487조 후단 및 민사집행법 제248조 제1항을 결합한 혼합공탁을 할 수 있다.593)

(7) 공동수급체의 구성원 중 일부를 채무자로 하여 공사대금채권을 압류한 경우

甲, 乙, 丙 공동수급체의 공사대금채권에 대하여 甲을 채무자로 하는 丁의 압류 및 추심명령이 도급인 戊에게 송달된 경우에 제3채무자 戊는 공사대금채권에 대하여 공동수급체 구성원들 상호간에 지분을 인정하는 약정을 하였는지 여부를 알 수 없으므로 피공탁자를 "甲 또는 乙 또는 丙"으로 하고 丁의 압류를 이유로 "민법 제487조 후단 및 민사집행법 제248조 제1항"을 근거로 하는 혼합공탁을 할 수 있다.594)

---

592) 공탁선례 1-46, 2-322.
593) 대법원 2004. 10. 14. 선고 2002다55908 판결 참조.
594) 대법원 2012. 5. 17. 선고 2009다105406 전원합의체판결 참조.

(8) 하도급대금 직접청구권과 압류 등이 경합하는 경우

수급사업자의 발주자에 대한 하도급대금 직접청구권과 원사업자의 채권자가 원사업자의 공사대금채권에 대하여 한 압류·가압류가 경합하는 경우, 제3채무자인 발주자는 수급사업자의 직접청구권 발생여부나 수급사업자의 직접청구권과 압류·가압류 사이에 그 우열을 알 수 없는 경우 채권자 불확지 변제공탁과 집행공탁을 결합한 혼합공탁을 할 수 있고, 공탁근거법령은 '민법 제487조 후단, 민사집행법 제248조 제1항(또는 제291조, 제248조 제1항), 하도급법시행령 제9조 제2항으로 기재한다.[2024 법무사]

Memo

제9장 공탁물지급청구권의 변동

제1절 총설

공탁물 "출급청구권"이란 공탁성립 후 피공탁자가 공탁소에 대하여 공탁물을 출급할 수 있는 권리를 말하고, 공탁물 "회수청구권'이란 공탁자가 일정한 요건 하에 공탁물을 회수할 수 있는 권리를 말한다. 공탁물 출급청구권과 공탁물 회수청구권을 합하여 공탁물 "지급청구권"이라 한다.

공탁물 지급청구권은 공탁자 또는 피공탁자에게 귀속하는 일종의 지명채권의 성질을 가지며 일신전속권은 아니므로 상속의 대상이 되고, 양도·질권설정 등의 임의처분은 물론 압류·가압류·가처분·추심명령·전부명령·체납처분 등 집행의 대상이 될 수 있으며, 채권자대위권의 목적이 될 수 있다.[2006 법무사]

제2절 공탁금 출급청구권과 회수청구권과의 관계

1. 재판상 담보공탁의 우선적 효력

① 재판상 담보공탁은 담보권리자가 받게 될 손해를 담보하기 위한 공탁이므로 피공탁자는 담보물에 대하여 질권자와 동일한 권리를 가진다(민사소송법 123조, 502조 3항, 민사집행법 19조 3항). 따라서 피공탁자는 피담보채권이 발생하였음을 증명하여 공탁물에 대하여 담보권을 실행할 수 있으나, 공탁자가 회수청구권을 행사하려면 담보취소가 선행되어야 하므로 재판상 담보공탁의 공탁물 출급청구권은 공탁물 회수청구권보다 우선한다.

② 담보권리자가 공탁금회수청구권을 압류하고 추심명령이나 확정된 전부명령을 받은 후 담보취소결정을 받아 공탁금회수청구를 하는 경우에도 그 담보공탁금의 피담보채권을 집행채권으로 하는 것인 이상, 담보권의 실행방법으로 인정되고, 따라서 이 경우에도 질권자와 동일한 권리가 있다고 할 것이므로 그에 선행하는 일반채권자의 압류 및 추심명령이나 전부명령으로 이에 대항할 수 없다.595)
[2010, 2015, 2018, 2020 법무사]

---

595) 대법원 2004. 11. 26. 선고 2003다19183 판결.

2. 항고보증공탁의 경우

매각허가결정에 대한 항고가 기각되기 전에 항고인의 공탁금 회수청구권에 대하여 압류 및 전부명령이 있었다고 하여도 이는 집행채권자에게 그 회수청구권을 이전케 하는 효과를 발생할 뿐 공탁금 출급청구권에는 아무런 영향을 미칠 수 없는 것이므로 위 공탁금의 출급청구를 받은 공탁관으로서는 공탁금회수청구권에 대한 압류 및 전부명령이 있었다는 이유로 그 출급청구를 거부할 수는 없다.596)[2018 법무사]

3. 변제공탁 출급청구권의 비우선성

① 변제공탁은 민법 제489조의 회수청구권이 소멸되지 않는 한 공탁자가 자유롭게 회수청구권을 행사할 수 있으므로 회수청구권과 출급청구권은 우열이 없어서 먼저 행사한 쪽이 우선한다.

② 수용보상금공탁은 토지보상법 제42조에 따라 간접적으로 강제되고 자발적으로 이루어지는 공탁이 아니므로 착오나 공탁원인이 소멸하지 않는 한 민법 제489조에 의한 회수가 인정되지 않는다.[2022 승진, 2010, 2018 법무사]

4. 선후결정의 기준시점

공탁물 출급청구권과 회수청구권의 선후관계를 결정함에 있어서 공탁관이 지급인가한 때가 아니라, 지급요건이 충족된 지급청구서가 접수된 때를 기준으로 선후관계를 결정하여야 한다.[2010 법무사] 따라서 공탁관으로부터 공탁금 출급청구서에 첨부할 서류가 없다고 지적받은 공탁물수령자가 지체 없이 그 미비서류를 보정하는 동안에 공탁물 출급청구권에 대하여 제3자로부터의 가압류결정이 송달되었다는 이유로 공탁관이 위 공탁물 출급청구를 불수리하였음은 정당하다(지급요건이 충족된 지급청구서가 접수되어야 그 우선순위를 확보하는 것으로 해석한 사례임).597)

Memo

---

596) 대법원 1991. 11. 18. 91마501 결정.
597) 대법원 1973. 6. 29. 73마532 결정.

제3절 공탁금 지급청구권의 처분

1. 양도

(1) 의의
공탁물 지급청구권도 일종의 지명채권의 성질을 가지므로 원칙적으로 양도성을 가진다.[2006 법무사]

(2) 양도통지

1) 대항요건
① 공탁관이 공탁물 지급청구권에 대한 양도통지를 받은 때에는 그 서면에 접수연월일, 시, 분을 적고 기명날인하여야 하고(규칙 44조), 국가기관인 공탁소에서 사문서인 양도통지서에 기입한 일자는 확정일자로 볼 수 있으므로(민법부칙 3조 4항) 별도의 확정일자 있는 증서에 의하지 아니하여도 공탁관의 접수 시부터 채무자 이외의 제3자에게 대항할 수 있다.

② 상속인 중 1인이 다른 상속인들 중 일부로부터 출급청구권을 양도받아 공탁금 출급청구권자가 된 경우에는 그 양도를 증명하는 서면을 첨부하여야 하는 외에 양도인이 채무자인 국가(소관 공탁관)에게 그 사실을 통지하는 것이 필요하므로 공탁금 출급청구권을 양도받은 사실을 이유로 국가를 상대로 공탁금수령권한이 있다는 확인판결을 받은 것만으로는 양도를 증명하는 서면은 갖추었으나 양도인의 적법한 통지가 있다고 볼 수 없으므로 공탁금을 출급할 수 없다.[598]

[2016, 2018, 2020 법무사]

2) 양도통지의 주체
채권양도의 통지는 양도인이 채무자에게 하여야 하며, 양수인 자신이 통지하거나 양도인을 대위하여 통지할 수는 없다. 다만 양수인은 양도인의 사자 또는 대리인의 자격으로서 통지할 수는 있다.[599] [2012, 2016, 2017 법무사]

---

598) 공탁선례 1-141, 2-338.
599) 대법원 2004. 2. 13. 선고 2003다43490 판결.

3) 양도통지의 방법

① 공탁금 지급청구권의 양도통지서에 날인된 양도인의 인영에 대하여 인감증명서가 첨부되지 아니한 경우라 하더라도 공탁관은 일단 적법한 양도통지가 있는 것으로 취급하여야 하므로 양도인의 공탁금 지급청구에는 응할 수 없으나, 나중에 양수인이 공탁금 지급청구할 때에는 양도인의 인감증명서를 첨부하여야 한다. 다만 양도증서를 공증받은 경우에는 양도인의 인감증명서를 첨부할 필요가 없다.[600] [2012, 2013, 2014, 2015, 2017, 2020, 2024 법무사, 2014, 2015, 2021 승진]

② 공탁관이 양도통지를 검찰청으로부터 송달받은 경우에는 검찰청으로부터 송부받은 때에 양도통지의 효력이 생기는 것이 아니라, 양도통지서가 검찰청에 도착한 때에 효력이 생긴다. 양도통지가 공탁관에게 직접 도달된 경우에도 그 통지는 유효하다.[601] [2012, 2016, 2020, 2024 법무사]

② 공탁금 출급청구권 양도의 의사표시 및 그 통지를 명하는 판결이 확정되었다면 양도의 의사표시가 있는 것으로 의제되고, 양수인은 위 판결과 그 확정증명 등을 채무자인 대한민국(소관 공탁관)에 송부하거나 제시하고 공탁금을 출급받을 수 있다.[602] [2012, 2017 법무사]

(3) 양수인의 지급청구

1) 양수인의 지급청구 시 첨부서면

양수인이 공탁금의 지급을 청구할 때에는 지급청구권의 요건사실 및 양수사실을 증명하는 서면을 첨부하여야 한다.[603] [2012, 2024 법무사] 반대급부가 붙어 있는 변제공탁의 출급청구권을 양도받은 양수인은 그 반대급부의 이행을 증명하지 아니하면 출급청구권을 행사하지 못하고, 담보공탁의 회수청구권을 양도받은 양수인은 공탁원인소멸(담보취소)을 증명하여야 회수청구권을 행사할 수 있다.

2) 양도통지서에 양도인의 인감증명서가 첨부되지 않은 경우

① 공탁금 지급청구권의 양도통지서에 날인된 인영에 대하여 양도인의 인감증명서가 첨부되지 아니한 경우에도 공탁관은 일단 적법한 양도통지가 있는 것으로 취급하여야 하므로 양도인은 공탁금의 지급청구를 할 수 없다.[604]

[2012, 2013, 2014, 2015, 2017, 2024 법무사 2021 승진]

---

600) 행정예규 779호(공탁금 지급청구권의 양도통지가 있는 경우 주요업무처리지침).
601) 공탁선례 2-329.
602) 공탁선례 2-339.
603) 공탁선례 1-173, 2-340.
604) 행정예규 779호.

② 공탁금 지급청구권의 양도통지서에 날인된 인영에 대하여 양도인의 인감증명서가 첨부되지 않는 경우에 양수인이 지급청구할 때에는 <u>양도인의 인감증명서를 첨부</u>하여야 한다. 다만 <u>양도증서를 공증</u>받은 경우에는 양도인의 인감증명서를 첨부할 필요가 없다.605)[2017, 2020, 2024 법무사]

(4) 양도통지와 공탁수락의 의사표시

공탁관에게 도달된 변제공탁금 출급청구권의 양도통지서에 공탁수락의 의사표시가 <u>명시적으로 기재</u>되어 있지 않더라도 <u>적극적인 불수락</u>의 의사표시가 기재되어 있지 않는 한 그 양도통지서의 도달과 동시에 <u>공탁수락의 의사표시</u>가 있는 것으로 보아 공탁자의 민법 제489조 제1항에 의한 <u>회수청구권은 소멸</u>된다.606)

[2015 승진, 2013, 2016, 2017, 2018, 2020, 2024 법무사]

(5) 가압류 이후 양도통지가 있는 경우

공탁금 지급청구권에 대한 가압류명령이 공탁관에게 송달된 이후에 공탁금 지급청구권을 양도받은 양수인은 <u>가압류에 의하여 권리가 제한된 상태</u>의 채권을 양도받는다고 보아야 할 것이다.607)

(6) 양도계약의 해제·취소

공탁물 지급청구권 양도계약이 적법하게 해제된 경우에는 <u>양수인이</u> 채무자인 국가(소관 공탁관)에게 해제통지를 하여야 채무자 기타 제3자에게 대항할 수 있다.608) 따라서 <u>양도인이</u> 공탁관에게 공탁물 지급청구권의 양도통지를 한 후 <u>양도인이</u> 다시 일방적으로 양도계약을 해제한 뜻의 통지를 하여도 <u>양수인이 양도인의 통지철회에 동의</u>하였다고 볼 증거가 없으면 그 효력이 없다.609)[2016, 2020 법무사]

2. 압류명령

(1) 의의

공탁금 지급청구권도 일반 지명채권과 마찬가지로 압류의 대상이 될 수 있으므로 채권자는 공탁금 지급청구권을 압류할 수 있다.

---

605) 행정예규 779호.
606) 행정예규 779호.
607) 대법원 2002. 4. 26. 선고 2001다59033 판결.
608) 대법원 1993. 8. 27. 선고 93다17379 판결.
609) 대법원 1993. 7. 13. 선고 92다4178 판결.

(2) 피압류채권의 특정문제

① 채권자는 압류명령신청서에 압류할 채권(피압류채권)의 종류와 액수를 밝혀야 한다(민사집행법 225조). 압류명령의 대상인 채권의 표시는 이해관계인, 특히 제3채무자로 하여금 다른 채권과 구별할 수 있을 정도로 기재가 되어 그 동일성의 인식을 저해할 정도에 이르지 않으면 충분하다.610) 압류할 채권의 내용이 특정되지 않으면 압류는 무효이고, 나중에 보완하더라도 소급하여 유효로 되는 것은 아니다.611)

② 수용보상금채권에 대한 압류 및 전부명령은 사업시행자가 장래에 현금으로 보상금을 지급하는 것을 정지조건으로 하여 발생하는 보상금채권을 그 대상으로 하는 것이므로 현금이 아닌 채권으로 공탁하였다면 보상금채권이 존재하지 아니하는 것으로 되어 전부명령의 실체적 효력은 소급하여 실효된다.612)

[2014, 2020 법무사]

(3) 압류명령의 송달

제3채무자인 국가(소관 공탁관)에 대한 송달은 국가를 당사자로 하는 소송에 관한 법률 제9조를 준용하여 소관청이 아니라 집행법원을 기준으로 서울·대전·대구·부산·광주·수원지방법원과 그 지원인 경우에는 해당 고등검찰청의 장에게, 그 밖의 경우에는 해당 지방검찰청의 장에게 송달한다.[2015 법무사]

3. 추심명령

(1) 의의

추심명령은 압류채권자가 대위절차를 거치지 않고 제3채무자로부터 직접 추심할 수 있는 권능(추심권능)을 부여하는 것으로서 공탁물 지급청구권도 추심명령의 대상이 된다.

(2) 추심명령의 효력

① 공탁물 지급청구권에 대한 추심명령은 제3채무자인 국가(소관 공탁관)에게 송달되었을 때 그 효력이 생기므로(민사집행법 229조 4항, 227조 3항) 추심명령에 대하여 즉시항고가 제기되더라도 추심명령의 효력에는 영향이 없다.

---

610) 대법원 2011. 4. 28. 선고 2010다89036 판결.
611) 대법원 1973. 1. 30. 선고 72다2151 판결.
612) 대법원 2004. 8. 20. 선고 2004다24168 판결.

② 추심권능은 그 자체로서 독립적으로 처분하여 환가할 수 있는 것이 아니어서 압류의 대상이 되지 아니하므로 추심권능에 대한 <u>압류·가압류결정은 무효</u>이다.613) 추심권능을 소송상 행사하여 승소확정판결을 받았다 하더라도 <u>그 판결에 기하여 금원을 지급받는 것</u> 역시 추심권능에 속하므로 이러한 판결에 기하여 지급받을 채권에 대한 가압류결정도 <u>무효</u>이다.614)[2015 승진, 2015, 2016, 2022 법무사]

③ 공탁금 지급청구권에 대한 압류 및 추심명령이 있는 경우에 그 명령에 공탁금의 이자에 대한 언급이 없을 때에는 추심채권자는 <u>압류 전의 공탁금 이자에</u> 대한 추심권이 없으므로 이 경우 이자채권에 대하여 추심권을 행사하려면 별도의 압류 및 추심명령을 받아야 한다.615)[2011, 2014, 2016 법무사]

(3) 추심권의 행사

공탁금 지급청구권에 대하여 압류 및 추심명령을 얻은 추심채권자는 공탁자 또는 피공탁자를 대신하여 <u>자기 이름으로</u> 제3채무자인 국가(소관 공탁관)에 대하여 추심에 필요한 일체의 권리를 행사할 수 있다. 즉 추심채권자는 <u>추심명령정본 및 그 송달증명서</u>를 첨부하여 공탁금의 지급청구를 할 수 있고, 강제집행의 방법으로 지급청구를 하는 것이므로 <u>공탁서 또는 공탁통지서</u>를 제출할 필요는 없다(규칙 33조, 34조).

(4) 추심권의 포기 등

① 추심채권자는 추심권을 포기할 수 있고, 추심권의 포기는 집행법원에 <u>서면으로</u> 신고하여야 한다. 이 경우 집행법원의 법원사무관등은 추심포기서등본을 <u>제3채무자와 채무자에게</u> 송달하여야 한다(민사집행법 240조). 추심권의 포기는 <u>기본채권에는 영향이 없고</u>, 추심권뿐만 아니라 압류에 의한 권리 그 자체를 포기하기 위하여는 압류명령신청을 취하하여야 한다.

② 추심명령이 있은 후 강제집행의 일시정지를 명한 취지를 적은 재판정본(민사집행법 49조 2호)이 제출된 때에는 법원사무관등은 <u>압류채권자 및 제3채무자에 대하여</u> 그 서류가 제출되었다는 사실과 서류의 요지 및 위 서류의 제출에 따른 집행정지가 효력을 잃기 전에는 압류채권자는 채권의 추심을 하여서는 아니되고, 제3채무자는 채권의 지급을 하여서는 아니된다는 취지를 통지하여야 한다(민사집행규칙 161조 1항).

---

613) 대법원 1997. 3. 14. 선고 96다54300 판결.
614) 대법원 1997. 3. 14. 선고 96다54300 판결.
615) 공탁선례 2-99.

③ 공탁금 회수청구권에 대하여 강제집행이 정지된 집행권원에 의한 채권압류 및 추심명령을 얻은 경우라도 공탁관은 이를 알 수 없으므로 공탁금 회수청구권이 있음을 증명하는 서면을 첨부하여 공탁금 회수청구를 할 경우 공탁관은 인가할 수밖에 없다.616)

4. 전부명령

(1) 의의

전부명령은 채무자가 제3채무자에 대하여 가지는 채권을 집행채권의 변제에 갈음하여 권면액으로 압류채권자에게 이전하는 것으로서 공탁물 지급청구권도 전부명령의 대상이 된다.

(2) 공탁금 지급청구권의 피전부적격

전부명령의 대상은 금전채권이어야 하므로 금전채권이 아닌 공탁유가증권 지급청구권에 대하여는 전부명령을 할 수 없다(민사집행법 245조 참조).[2008 법무사]

1) 변제공탁

① 회수청구권

채권자가 공탁을 승인하거나, 공탁소에 대하여 공탁물을 받기를 통고하거나, 공탁유효의 판결이 확정되기까지는 공탁자는 공탁물을 회수할 수 있다(민법 489조 1항). 따라서 민법 제489조의 회수청구권 소멸사유가 없는 한 공탁자는 언제든지 회수할 수 있으므로 공탁금 회수청구권은 피전부적격이 있다.617)[2015 법무사]

② 출급청구권

반대급부조건이 붙지 않은 변제공탁의 출급청구권은 즉시 행사할 수 있는 권리이므로 피전부적격이 있다. 반대급부조건이 붙은 변제공탁의 출급청구권은 피공탁자가 그 반대급부를 이행하였음을 증명하여야 행사할 수 있으나, 집행채권자가 반대급부불이행으로 인한 불이익의 위험을 감수하고 전부명령을 신청한 것이라면 이를 거부할 이유가 없으므로 반대급부조건이 붙은 출급청구권도 피전부적격이 있다.

---

616) 공탁선례 2-348.
617) 대법원 1981. 2. 10. 선고 80다77 판결.

다만 민사집행법 제246조 제1항 제5호 소정의 압류금지채권인 근로자의 퇴직금 1/2 상당액을 근로자의 수령거절을 이유로 공탁한 때에는 <u>근로자의 출급청구권도 압류금지채권</u>이라 할 것이므로 그 출급청구권에 대한 압류 및 전부명령은 <u>무효</u>이다.618)[2014, 2020 법무사]

2) 담보공탁

<u>담보공탁의 회수청구권</u>은 '공탁원인 소멸(담보취소)'을 정지조건으로 하는 권리로서 조건이 성취되기까지는 그 권리를 행사할 수 없으나, 담보권리자의 담보권 행사에 기한 전부명령 소급소멸의 위험을 각오하고 독점적 지위를 얻는 것을 굳이 거부할 이유는 없으므로 <u>피전부적격</u>이 있다.619)[2008 법무사]

3) 집행공탁

집행법원이 배당이의의 소를 제기당한 채권자에 대한 배당액을 민사집행법 제160조 제1항에 의하여 공탁한 경우 <u>집행공탁의 출급청구권</u>은 그 존부 및 범위를 불확실하게 하는 요소를 내포하고 있는 장래의 채권이라고 하더라도 <u>피전부적격</u>이 있다.620)[2008 법무사]

(3) 전부명령의 효력

1) 소급효

전부명령은 채무자와 제3채무자에게 송달하여야 하고, 전부명령에 대하여는 즉시항고할 수 있으므로 전부명령은 <u>확정되어야 효력</u>이 있다(민사집행법 229조 4항, 6항, 7항).

2) 다른 절차와의 경합

① 전부명령이 <u>제3채무자에게 송달될 때까지</u> 그 금전채권에 관하여 다른 채권자가 압류·가압류 또는 배당요구를 한 때에는 전부명령은 효력을 가지지 않는다(민사집행법 229조 5항).

② 전부명령이 제3채무자에게 송달될 당시 압류 등의 경합이 있으면 그 전부명령은 <u>무효</u>이고, 후에 경합된 압류나 가압류 또는 배당요구 등의 효력이 소멸하더라도 전부명령의 효력이 <u>되살아나지 않는다</u>.621)[2014 법무사]

---

618) 대법원 1987. 3. 24. 선고 86다카1588 판결 ; 공탁선례 2-277.
619) 대법원 1984. 6. 26. 84마13 결정 ; 1996. 11. 25. 95마601, 602 결정.
620) 대법원 2000. 3. 2. 99마6289 결정.
621) 대법원 2008. 1. 17. 선고 2007다73826 판결 ; 2001. 10. 12. 선고 2000다19373 판결.

3) 우선권 있는 담보권실행에 의한 전부명령

재판상 담보공탁의 피공탁자인 담보권리자가 공탁금 회수청구권을 압류하고 추심명령이나 확정된 전부명령을 받은 후 담보취소결정을 받아 공탁금회수청구를 하는 경우에도 그 담보공탁금의 피담보채권을 집행채권으로 하는 것인 이상 그에 선행하는 일반 채권자의 압류 및 추심명령이나 전부명령으로 이에 대항할 수 없다(담보권리자에게 우선적 효력이 인정되므로).622)[2015, 2018 법무사]

4) 집행채무자에 대한 효력

가집행선고판결에 의한 채권압류 및 전부명령이 확정된 경우 그 가집행의 효력이 상소심 판결에 의하여 소멸하기에 앞서 집행절차가 완료된 경우에는 집행처분을 취소할 여지가 없으므로 이미 이루어진 전부명령의 효력에는 아무런 영향이 없다(이 경우에는 부당이득반환의 문제가 생긴다).623)[2014 법무사]

5. 보전처분

① 공탁금 지급청구권은 가압류 및 가처분의 대상이 된다. 공탁금 지급청구권에 대한 가압류 및 가처분명령은 제3채무자인 국가(소관 공탁관)에게 송달되었을 때에 그 효력이 생긴다(민사집행법 227조 3항, 291조, 301조).

② 피공탁자들의 공탁금 출급청구권에 대하여 처분금지가처분 결정을 받고 그 결정문이 국가(소관 공탁관)에 송달된 후, 그 본안소송에서 위 가처분채권자가 패소확정판결을 받았다면, 피공탁자들은 공탁금 출급청구권에 대한 위 가처분결정의 효력이 소멸되었음을 증명하는 서면을 첨부하여 공탁금 출급청구를 할 수 있다.624)

7. 체납처분에 의한 압류

① 공탁금 지급청구권도 일반채권과 같이 체납처분의 대상이 된다. 공탁물 지급청구권에 대한 체납처분에 의한 압류의 효력은 채권압류통지서가 제3채무자인 국가(소관 공탁관)에게 송달된 때에 발생한다(국세징수법 42조).[2007 법무사]

② 국세징수법 제31조 제2항에 의하여 국세 확정 전의 압류로서 채권을 압류한 경우에는 그 국세가 확정되었을 때 국가(세무서장)는 피압류채권에 대한 추심권을 취득한다.625)[2007 법무사]

---

622) 대법원 2004. 11. 26. 선고 2003다19183 판결.
623) 대법원 1993. 1. 15. 선고 92다38812 판결.
624) 공탁선례 2-349.
625) 대법원 1997. 4. 22. 선고 95다41611 판결.

③ 선행 가처분이 있는 경우에는 이후 가처분채권자가 본안에서 승소판결을 받아 확정되면 그 피보전권리의 범위 내에서 가처분에 위반된 체납처분의 효력을 부정할 수 있으므로 체납처분에 의한 압류채권자의 지급청구가 있으면 공탁관은 이를 불수리하여야 한다.626)[2010 법무사]

Memo

---

626) 대법원 1993. 2. 19. 92마903 결정.

제4절 공탁금 지급청구권에 대한 처분의 경합

1. 의의

① 공탁물 지급청구권이 이중으로 양도된 경우 양수인 상호간의 우열은 통지 또는 승낙에 붙여진 확정일자의 선후에 의하여 결정할 것이 아니라, 확정일자 있는 양도통지가 채무자인 국가(소관 공탁관)에게 도달된 일시의 선후에 의하여 결정하여야 한다.[2011 승진, 2018, 2019 법무사]

② 채권양수인과 압류·가압류명령을 집행한 자 사이의 우열도 확정일자 있는 양도통지와 압류·가압류결정 도달의 선후에 의하여 결정하여야 한다. 양도통지와 압류 또는 가압류결정이 같은 날 도달되었는데 그 선후관계에 대하여 달리 입증이 없으면 동시에 도달된 것으로 추정한다.[627]

2. 처분경합의 유형

(1) 채권양도와 타처분

1) 채권양도와 전부명령

전부명령 송달 당시에 피전부채권이 이미 제3자에 대한 대항요건을 갖추어 양도되었다면 전부명령은 무효이고, 그 후에 위 채권양도계약이 해제되어 원채권자에게 복귀되더라도 위 채권은 압류채권자에게 전부되지 아니한다.[628]

[2015, 2019 승진]

2) 채권양도와 가압류

동일한 공탁금 지급청구권에 관하여 가압류명령과 확정일자 있는 양도통지가 동시에 국가(소관 공탁관)에게 도달한 경우, 채권양수인은 그 후에 압류·가압류를 한 다른 채권자에 대해서는 이미 채권이 전부 양도되었음을 주장하여 대항할 수 있으므로 그러한 후행 압류·가압류채권자는 더 이상 그 채권에 관한 집행절차에 참가할 수 없다.[629]

---

627) 대법원 1994. 4. 26. 선고 93다24223 전원합의체판결.
628) 대법원 1981. 9. 22. 선고 80누484 판결.
629) 대법원 2013. 4. 26. 선고 2009다89436 판결.

(2) 질권과 압류·전부명령

입질된 채권에 대한 전부명령은 후일 질권자가 질권을 실행하면 질권자의 채권액을 공제한 잔존금액이 존재하지 않는 이상 전부명령은 효력이 없다.630)

(3) 가압류와 타처분

1) 가압류와 전부명령

전부명령이 제3채무자에게 송달될 때까지 그 금전채권에 대하여 다른 채권자가 압류·가압류 또는 배당요구를 한 경우에는 전부명령은 효력을 가지지 않는다(민사집행법 229조 5항). 따라서 가압류된 공탁금 지급청구권에 대하여 다른 채권자가 압류 및 전부명령을 얻거나 가압류와 압류가 경합된 상태에서 압류채권자가 전부명령을 얻은 경우에는 압류명령은 유효하나 전부명령은 무효이며, 후일 가압류가 해제되더라도 전부명령의 효력이 되살아나는 것은 아니다.631)

[2015, 2019 법무사, 2012 승진]

2) 가압류와 가처분

채권자가 채무자의 금전채권에 대하여 가처분결정을 받아 가처분결정이 제3채무자에게 송달되고 그 후 본안소송에서 승소하여 확정되었다면, 가처분결정의 송달 이후에 실시된 가압류 등의 보전처분 또는 그에 기한 강제집행은 가처분의 처분금지 효력에 반하는 범위 내에서는 가처분채권자에게 대항할 수 없다.632)

(4) 압류와 추심명령

공탁금 지급청구권에 대한 압류·추심명령이 송달되어 압류의 경합이 있는 경우 공탁관은 추심채권자에게 지급할 수 없고, 반드시 사유신고를 하여야 한다.633)

[2010 승진, 2021 법무사]

(5) 압류와 체납처분

수용보상금채권에 대하여 근저당권에 기한 물상대위에 의한 압류 및 전부명령과 조세체납처분에 의한 압류통지가 제3채무자에게 동시에 도달되었다 하더라도 근저당권 설정등기일이 조세채권의 법정기일보다 앞서는 경우 위 압류 및 전부명령은 실질적인 압류경합이 없는 상태에서 이루어진 것으로써 적법·유효하므로 수용보상금채권은 전부채권자에게 적법하게 이전되었다고 보아야 한다.634)

---

630) 대법원 1987. 5. 26. 선고 86다카1058 판결.
631) 대법원 2008. 1. 17. 선고 2007다73826 판결 ; 2001. 10. 12. 선고 2000다19373 판결.
632) 대법원 2014. 6. 26. 선고 2012다116260 판결.
633) 대법원 2002. 8. 27. 선고 2001다73107 판결.

② 공탁금 지급청구권에 대하여 압류 및 추심명령과 체납처분에 의한 압류가 있고(선후 불문) 그 압류금액의 총액이 피압류채권액을 초과하는 경우에는 추심채권자나 체납처분 압류채권자에게 지급할 수 없고 공탁관은 집행법원에 사유신고를 하여야 한다.635)

Memo

---

634) 대법원 2003. 11. 14. 선고 2003다23717 판결 참조.
635) 행정예규 1060호, 1225호.

제5절 공탁관의 사유신고

♣공탁관의 사유신고에 관한 업무처리지침(행정예규 제1225호, 2020. 7. 1. 시행)

1. 사유신고의 요건

가. 일반적인 경우

공탁금지급청구권에 대하여 채권자 경합이 생기고, 집행채권의 총액이 피압류채권(공탁금지급청구권) 총액을 초과하여 재판상 배당을 필요로 하는 경우에 공탁관은 사유신고를 하여야 한다. 다만 동일한 채권자가 서로 다른 채권에 기초하여 압류를 한 후 다시 압류(또는 가압류)를 한 경우에도 채권자 경합이 있는 것으로 본다.

나. 특별한 경우

(1) 금전채권에 대한 가압류를 원인으로 제3채무자가 민사집행법 제291조 및 제248조 제1항에 의하여 공탁한 후에, 피공탁자(가압류채무자)의 공탁금출급청구권에 대한 압류가 이루어져 압류의 경합이 성립하거나, 공탁사유인 가압류를 본압류로 이전하는 압류명령이 있는 경우에는 공탁관은 사유신고를 하여야 한다.

(2) 공탁금지급청구권에 대하여 민사집행법에 따른 압류와 체납처분에 의한 압류가 있고 (선후 불문) 그 압류금액의 총액이 피압류채권액을 초과하는 경우에는 공탁관은 집행법원에 사유신고를 하여야 한다.

(4) 공탁금지급청구권에 대하여 복수의 압류명령 등이 있더라도 각 압류의 법률적 성질상 압류액의 총액이 피압류채권액을 초과하지 아니하여 본래의 의미에서의 압류의 경합으로 볼 수 없는 경우에도, 공탁관의 입장에서 보아 그 우선순위에 대하여 문제가 있는 등 압류의 경합이 있는지 여부에 대한 판단이 곤란하다고 보이는 객관적 사정이 있는 경우에는 공탁관은 사유신고를 할 수 있다.

다. 사유신고의 요건에 해당하지 아니하는 경우의 예시

다음과 같은 경우는 비록 복수의 압류가 있고 집행채권의 총액이 피압류채권(공탁금지급청구권)총액을 초과하더라도 사유신고의 대상이 아니다.

① 복수의 가압류만 있는 경우
② 가압류와 체납처분에 의한 압류가 있는 경우(그 선후를 불문한다)
④ 공탁금지급청구권이 제3자에게 양도되어 대항요건을 갖춘 후에 압류, 가압류 등이 경합한 경우
⑤ 선행의 압류(또는 가압류) 후에 목적채권인 공탁금지급청구권이 제3자에게 양도되어 대항요건을 갖춘 후 압류, 가압류 등이 경합한 경우
⑥ 금전공탁이 아닌 유가증권 또는 물품공탁의 지급청구권에 대한 압류가 경합된 경우

2. 사유신고 시기
가. 일반적인 경우
공탁금지급청구권에 대한 압류의 경합 등으로 사유신고를 할 사정이 발생한 때(예컨대 최후에 압류명령 등이 송달된 날)에는 공탁관은 그 익일부터 3일 이내에 집행법원에 사유신고를 하여야 한다.

나. 예외적인 경우
그러나 다음과 같은 경우에는 그 지급요건이 충족된 때에 사유신고를 하여야 한다.

(1) 재판상 보증공탁금의 회수청구권에 압류의 경합이 있는 경우
   공탁원인의 소멸을 증명하는 서면(법원의 담보취소결정정본 및 확정증명서)이 제출된 때

(2) 재판상 보증공탁금의 출급청구권에 압류의 경합이 있는 경우
   담보권 실행요건을 갖춘 때(출급청구권 입증서면이 제출되거나 질권실행을 위한 압류 및 현금화명령이 효력을 발생한 때)

(3) 상대적 불확지공탁에 있어서 피공탁자 중 일방의 공탁금출급청구권에 대하여 압류의 경합이 있는 경우
   당해 피공탁자에게 공탁금출급청구권이 있음을 증명하는 서면이 제출된 때

3. 사유신고를 할 법원
가. 경합된 압류명령이 서로 다른 법원에 의하여 발하여진 경우에는 공탁관은 먼저 송달된 압류명령을 발령한 법원에 사유신고를 하여야 한다(민사집행규칙 제172조 제3항).

나. 가압류명령과 압류명령이 경합하는 경우에는 공탁관은 압류명령을 발령한 법원에 사유신고를 하여야 한다.

4. 사유신고서에 첨부할 서면
공탁관은 사유신고서에 공탁서 사본과 경합된 압류, 가압류 또는 배당요구통지서 등의 사본을 첨부하여야 한다.

5. 사유신고 후에 압류 등이 있는 경우
공탁금지급청구권에 대한 압류의 경합으로 공탁관이 집행법원에 사유신고를 한 이후에 다른 채권자로부터 압류나 가압류 등이 있더라도 추가로 사유신고를 할 필요는 없다.

1. 의의

① 공탁금지급청구권에 대한 압류경합 등으로 사유신고할 사정이 생긴 경우 공탁관은 공탁을 지속하면서 그 사실을 집행법원에 신고하여야 하고, 추심채권자 등의 공탁금 지급청구를 수리하여서는 아니된다.636)[2010 승진, 2021, 2024 법무사]

② 집행채권에 대한 압류 후에 집행채권자가 채무자의 채권에 대하여 압류명령을 받은 경우, 채권압류명령의 제3채무자는 공탁을 하고 채무를 면할 수 있으나, 위 압류명령은 현금화나 만족적 단계로 나아가는 데에는 집행장애사유가 존재하므로 이를 원인으로 한 공탁에는 가압류를 원인으로 한 공탁과 마찬가지의 효력만이 인정된다. 따라서 위와 같은 공탁에 따른 사유신고는 부적법하고, 이로 인하여 채권배당절차가 실시될 수는 없고, 배당절차가 개시되더라도 배당금지급 전이라면 공탁사유신고를 불수리하는 결정을 하여야 한다.637)

2. 사유신고의 요건

(1) 일반적인 경우638)

공탁금 지급청구권에 대하여 채권자 경합이 생기고 집행채권의 총액이 피압류채권(공탁금 지급청구권) 총액을 초과하여 배당을 필요로 하는 경우 공탁관은 사유신고를 하여야 한다.[2017 법무사]

(2) 특별한 경우639)

① 금전채권에 대한 가압류를 원인으로 제3채무자가 민사집행법 제291조 및 제248조 제1항에 의하여 공탁한 후에 피공탁자(가압류채무자)의 공탁금 출급청구권에 대한 압류가 이루어져 압류의 경합이 성립하거나, 공탁사유인 가압류를 본압류로 이전하는 압류명령이 있는 경우에는 공탁관이 사유신고를 하여야 한다.[2014, 2016, 2018, 2022 법무사, 2023, 2024 승진]

② 공탁금 지급청구권에 대하여 민사집행법에 따른 압류와 체납처분에 의한 압류가 있고(선후 불문) 그 압류금액의 총액이 피압류채권을 초과하는 경우에는 공탁관은 집행법원에 사유신고를 하여야 한다.[2011, 2016, 2018, 2021 법무사]

---

636) 대법원 2002. 8. 27. 선고 2001다73107 판결.
637) 대법원 2016. 9. 28. 선고 2016다205915 판결.
638) 행정예규 1225호(1.가).
639) 행정예규 1225호(1.나, 2나).

③ 공탁금 지급청구권에 대하여 복수의 압류명령 등이 있더라도 각 압류의 법률적 성질상 압류액의 총액이 피압류채권액을 초과하지 아니하여 본래의 의미에서의 압류의 경합으로 볼 수 없는 경우에도 공탁관의 입장에서 보아 그 우선순위에 대하여 문제가 있는 등 압류의 경합이 있는지 여부에 대한 판단이 곤란하다고 보이는 객관적 사정이 있는 경우에는 공탁관은 사유신고를 할 수 있다.

[2015, 2017 법무사]

④ 재판상 담보공탁의 경우 공탁금 회수청구권에 대하여 일반 강제집행절차에 따라 한 압류가 경합된 경우 공탁원인의 소멸을 증명하는 서면(담보취소결정정본 및 확정증명)이 제출된 때에 먼저 송달된 압류명령의 집행법원에 사유신고를 한다. 공탁금 출급청구권에 대하여 압류가 경합된 경우에는 담보권 실행요건을 갖춘 때(출급청구권 입증서면의 제출 등)에 먼저 송달된 압류명령의 집행법원에 사유신고를 한다.[2012, 2015, 2016, 2018, 2020, 2024 법무사]

3. 사유신고의 대상이 아닌 경우[640]

[2014, 2021, 2024 승진, 2007, 2011, 2016, 2017, 2018, 2019, 2021, 2023 법무사]

다음과 같은 경우에는 비록 복수의 압류가 있고 집행채권의 총액이 피압류채권(공탁금 지급청구권) 총액을 초과하더라도 사유신고의 대상이 아니다.[641]

① 복수의 가압류만 있는 경우
② 가압류와 체납처분에 의한 압류가 있는 경우(선후 불문)
③ 공탁금 지급청구권이 제3자에게 양도되어 대항요건을 갖춘 후에 압류, 가압류 등이 경합한 경우
④ 선행의 압류·가압류 후에 목적채권인 공탁금 지급청구권이 제3자에게 양도되어 대항요건을 갖춘 후 압류·가압류 등이 경합한 경우
⑤ 금전공탁이 아닌 유가증권 또는 물품공탁의 지급청구권에 대하여 압류가 경합된 경우

4. 사유신고의 대상인 경우[642]

공탁금지급청구권에 대하여 민사집행법에 따른 압류와 체납처분에 의한 압류가 있고(선후 불문) 그 압류금액의 총액이 피압류채권액(공탁금 지급청구권)을 초과하는 경우에는 공탁관은 집행법원에 사유신고를 하여야 한다.

[2016, 2019, 2021 법무사]

---

640) 행정예규 1225호(1.다).
641) 행정예규 1225호(1.다).
642) 행정예규 1225호(1.나).

5. 사유신고의 대상이 되는지 여부

(1) 공탁금 지급청구권에 대한 압류·가압류명령이 송달된 경우
① 공탁금 지급청구권에 대하여 압류 또는 가압류가 있더라도 압류의 경합이 없는 한 공탁관은 민사집행법 제248조 제1항에 의한 공탁 및 사유신고를 하지 아니한다.643)[2012 법무사]

② 다만 금전채권에 대한 가압류를 원인으로 제3채무자가 민사집행법 291조 및 248조 1항에 의하여 공탁한 후에 피공탁자(가압류채무자)의 공탁금 출급청구권에 대한 압류가 이루어져 압류의 경합이 성립하거나, 공탁사유인 가압류를 본압류로 이전하는 압류명령이 있는 경우에는 공탁관은 즉시 먼저 송달된 압류명령의 발령법원에 그 사유를 신고하여야 한다.644)[2016 법무사, 2023 승진]

(2) 물상대위에 기한 수 개의 채권압류
공탁된 토지수용보상금에 대해 물상대위에 의한 수 개의 채권압류 및 추심명령이 공탁관에게 송달된 경우 공탁관은 그 압류 및 추심권자들 사이의 우열에 대한 판단이 곤란하다고 보아 사유신고를 할 수 있다.645)
[2012, 2024 법무사, 2018, 2023 승진]

(3) 가압류해방공탁금의 회수청구권
① 가압류해방공탁금의 회수청구권에 대하여 압류명령이 송달된 때에는 공탁관은 지체 없이 집행법원에 그 사유를 신고하여야 한다. 다만 그 압류가 해방공탁으로 집행정지 또는 집행취소된 가압류에서 본압류로 이전된 것임이 명백하고 다른 압류·가압류의 경합이 없는 경우에는 사유신고를 할 필요가 없다.646)
[2015, 2016, 2018 법무사, 2018, 2021 승진]

② 해방공탁금에 대하여 가압류채권자가 가압류에서 본압류로 이전하지 않고 별도의 압류명령을 얻은 경우, 가압류의 피보전권리와 압류의 집행채권의 동일성 여부가 불명하므로 공탁관은 압류경합에 준하여 사유신고를 하여야 한다.647) 그러나 사유신고 이전에 가압류채권의 피보전권리와 압류채권의 동일성이 인정되면 사유신고절차 없이 공탁금을 지급받을 수 있다.[2007 법무사]

---

643) 행정예규 1018호.
644) 행정예규 1018호.
645) 공탁선례 1-228, 2-353.
646) 재민 84-6.
647) 행정예규 1225호.

(4) 전부명령이 있는 경우

① 공탁금 지급청구권에 대하여 압류 및 전부명령을 송달받은 공탁관은 그 전부명령이 확정되기 전에 다른 압류 및 전부명령을 송달받은 경우 <u>선행의 전부명령이 실효되지 않는 한</u> 압류의 경합이 생기지 아니하므로 나중에 선행 전부명령이 확정되면 전부채권자는 피공탁자의 특정승계인으로서 공탁금을 출급청구할 수 있다.[648][2020 법무사]

② 제1채권자가 공탁금 회수청구권의 일부에 대하여 가압류를 한 후 제2, 제3채권자가 동일한 공탁금 회수청구권의 전부에 대하여 각 압류 및 전부를 하였을 때에는 청구채권 총액이 피압류채권 총액을 초과하여 압류가 경합된 상태이므로 <u>제2, 제3채권자가 받은 전부명령은 무효</u>이며 후일 <u>선행 가압류가 해제되더라도 전부명령은 부활하지 않으므로</u> 제3채무자인 공탁관은 법원에 사유신고를 한 다음 집행법원의 배당절차에 따라 위 공탁금을 각 채권자에게 분할지급하여야 한다.[649][2012, 2014, 2022 법무사]

6. 사유신고의 시기

(1) 일반적인 경우[650]

공탁금 지급청구권에 대한 압류의 경합 등으로 사유신고를 할 사정이 발생한 때에는 공탁관은 사유신고할 사정이 생긴 <u>다음 날부터 3일 이내</u> 집행법원에 사유신고를 하여야 한다(규칙 58조).[2021 법무사]

(2) 예외적인 경우[651]

1) 재판상 담보공탁금의 회수청구권에 압류의 경합이 있는 경우
<u>공탁원인의 소멸을 증명하는 서면</u>(법원의 담보취소결정정본 및 확정증명서)이 제출된 때에 사유신고를 한다.[2024 승진, 2016, 2018, 2024 법무사]

2) 재판상 담보공탁금의 출급청구권에 압류의 경합이 있는 경우
<u>담보권실행요건을 갖춘 때</u>(출급청구권 입증서면의 제출 등)에 사유신고를 한다.[2016, 2018 법무사]

---

648) 공탁선례 1-116, 2-352.
649) 공탁선례 1-229, 2-354.
650) 행정예규 1225호(2. 가).
651) 행정예규 1225호(2. 나).

3) 상대적 불확지공탁에 있어서 피공탁자 중 일방의 공탁금 출급청구권에 대하여 압류의 경합이 있는 경우

당해 피공탁자에게 공탁금 출급청구권이 있음을 증명하는 서면이 제출된 때에 사유신고를 한다.[2011, 2013, 2017, 2022 법무사, 2023 승진]

7. 사유신고를 할 법원[652]

① 경합된 압류명령이 서로 다른 법원에 의하여 발령된 경우에는 공탁관은 먼저 송달된 압류명령 발령법원에 사유신고를 하여야 한다.[2017, 2018 법무사]

② 가압류명령과 압류명령이 경합하는 경우에는 압류명령을 발령한 법원에 사유신고를 하여야 한다.[2012, 2021 법무사, 2014 승진]

8. 사유신고 후에 압류 등이 있는 경우[653]

공탁금 지급청구권에 대한 압류의 경합으로 공탁관이 집행법원에 사유신고를 한 후에 다른 채권자로부터 압류 또는 가압류가 있더라도 추가로 사유신고를 할 필요가 없다.[2022 승진, 2011, 2018, 2024 법무사]

Memo

---

652) 행정예규 1225호(3).
653) 행정예규 1225호(5).

제6절 집행법원의 사유신고

♣ 집행법원의 사유신고에 관한 업무처리지침
(재민 2020-1, 재판예규 제1739호, 제정 2020. 7. 1 시행)

제1조 (목적)
이 예규는 민사집행사건에서 발생한 배당금지급청구권(배당잔여금교부청구권을 포함한다) 또는 그에 기한 공탁금출급청구권(이하 배당금지급청구권 등이라 한다)에 대한 압류의 경합 등이 발생한 경우 사유신고의 주체, 시기 등을 정함을 목적으로 한다.

제2조 (일반적인 경우)
배당금지급청구권 등에 대하여 다음 각 호의 채권자 경합이 생기고, 집행채권의 총액이 피압류채권(배당금지급청구권등)의 총액을 초과하여 재판상 배당을 필요로 하는 경우(다만 동일한 채권자가 서로 다른 채권에 기초하여 압류를 한 후 다시 압류 또는 가압류를 한 경우에도 채권자 경합이 있는 것으로 본다)에는 사유신고를 하여야 한다.
1. 압류명령을 송달받은 후 다른 채권자의 배당요구통지를 받은 때
2. 압류명령을 송달받은 후 다른 채권자의 압류명령 또는 가압류명령을 송달받은 때
3. 가압류명령을 송달받은 후 다른 채권자의 압류명령을 송달받은 때 등

제3조 (특별한 경우)
① 배당금지급청구권 등에 대하여 가압류를 원인으로 민사집행법 제291조 및 제248조 제1항에 의하여 공탁한 후에, 피공탁자(가압류채무자)의 공탁금출급청구권에 대하여 압류가 이루어져 압류의 경합이 성립하거나, 공탁사유인 가압류를 본압류로 이전하는 압류명령이 있는 경우에는 사유신고를 하여야 한다.
② 배당금지급청구권 등에 대하여 민사집행법에 따른 압류와 체납처분에 의한 압류가 있고(선후 불문) 그 압류금액의 총액이 피압류채권액을 초과하는 경우에는 사유신고를 하여야 한다.
③ 배당금지급청구권 등에 대하여 복수의 압류명령 등이 있더라도 각 압류의 법률적 성질상 압류액의 총액이 피압류채권액을 초과하지 아니하여 본래의 의미에서의 압류의 경합으로 볼 수 없는 경우에도 담임법원사무관등 또는 공탁서등 보관책임자의 입장에서 보아 그 우선순위에 대하여 문제가 있는 등 압류의 경합이 있는지 여부에 대한 판단이 곤란하다고 보이는 객관적 사정이 있는 경우에는 사유신고를 할 수 있다.

제4조 (사유신고의 주체와 시기)
① 제2조·제3조에 따른 사정이 발생한 경우에 배당기일을 진행하는 집행사건의 담임법원사무관등 또는 공탁서 등 보관책임자는 법 제248조 제4항 본문에 따라 사유신고를 하여야 한다. 다만 배당금지급청구권 등에 대하여 다음 각 호의 사유가 있는 경우에는 그 사유가 해소되어 배당금지급요건이 충족된 후에 하여야 한다.
1. 법 제160조 제1항 각 호(같은 규정이 준용되는 법 제256조, 제268조 등의 경우를 포함한다)
2. 민사집행규칙 제156조 제1항 각호(같은 규정이 준용되는 민사집행규칙 제199조의 경우를 포함한다)

② 제1항의 사유신고는 사안복잡, 집행기록 폐기 등의 특별한 사유가 없는 한 집행법원이 최후의 압류명령서 등의 사본을 송부받은 다음 날(제1항 단서 각 호의 사유가 있는 경우에는 그 사유가 해소된 다음날)부터 5일 이내에 법원에 하여야 한다.

제5조 (사유신고를 할 법원)
담임법원사무관등 또는 공탁서등 보관책임자는 제4조에 따른 사유신고를 다음 각 호의 법원에 하여야 한다.
1. 경합된 압류명령이 서로 다른 법원에 의하여 발하여진 경우에는 먼저 송달된 압류명령을 발령한 법원
2. 가압류명령과 압류명령이 경합하는 경우에는 압류명령을 발령한 법원

제6조 (사유신고서에 첨부할 서면)
담임법원사무관등 또는 공탁서등 보관책임자는 사유신고서에 공탁서, 배당표, 배당기일조서의 사본과 압류명령서, 가압류명령서 또는 배당요구통지서 등(이하 압류명령서 등이라 한다)의 사본을 첨부하여야 한다.

제7조 (사유신고 후에 압류 등이 있는 경우)
① 제4조에 따른 사유신고를 한 이후에 배당금지급청구권 등에 대하여 다른 채권자로부터 압류나 가압류 등이 있는 경우에는 담임법원사무관등 또는 공탁서등 보관책임자는 이를 사본하여 사유신고를 한 법원에 즉시 송부하여야 한다.
② 제1항의 경우 사유신고를 한 법원과 집행법원이 다른 경우에는 먼저 모사전송이나 전언통신 등의 방법으로 사유신고를 한 법원에 통보하여야 한다.

제8조 (민사집행사건 기록이 폐기된 경우)
민사집행사건 기록이 폐기되어 사유신고서에 제6조의 서면을 첨부할 수 없는 경우에는 담임법원사무관등 또는 공탁서등 보관책임자는 압류명령서 등의 사본을 보관하는 공탁관에게 그 사본을 송부하여 줄 것을 촉탁할 수 있다.

제10장 공탁물지급청구권의 소멸시효와 국고귀속

제1절 소멸시효와 국고귀속절차

1. 의의

① 공탁물이 <u>금전인 경우 그 원금 또는 이자의 수령, 회수에 대한 권리는 그 권리를 행사할 수 있는 때부터 10년간</u> 행사하지 아니하면 시효로 인하여 소멸한다(9조 3항). <u>공탁유가증권 및 공탁물품에 대하여는 소유권에 기한 청구가 가능하므로 소멸시효가 완성되는 일은 없다.</u>[654] [2010, 2014 법무사]

② 소멸시효가 완성된 공탁금에 대하여 출급·회수청구가 있는 경우 공탁관은 <u>국고수입 납부 전이라도 출급·회수청구를 인가하여서는 아니된다(규칙 61조).</u>
[2021 승진, 2018, 2019, 2022 법무사]

2. 소멸시효의 기산점

> ♣ 대법원 2024. 4. 30. 2023그887 결정
> [부동산경매절차에서 채무자가 경매진행사실 및 잉여금의 존재에 관하여 사실상 알지 못한 경우 소멸시효기간이 진행되는지 여부=<u>적극</u>]
> (1) 공탁물이 금전인 경우 그 원금 또는 이자의 수령, 회수에 대한 권리는 그 '<u>권리를 행사할 수 있는 때</u>'부터 10년간 행사하지 아니하면 시효로 소멸하는데(공탁법 9조 3항), <u>경매절차에서 채무자에게 교부할 잉여금을 공탁한 경우에는 권리를 행사할 수 있는 공탁일부터 소멸시효기간이 진행한다</u>(행정예규 948호).
> (2) 소멸시효는 객관적으로 권리가 발생하고 그 권리를 행사할 수 있는 때부터 진행하고, 그 권리를 행사할 수 없는 동안에는 진행하지 아니한다. 여기서 '<u>권리를 행사할 수 없다.</u>'란 그 권리행사에 법률상의 장애사유, 예컨대 기간의 미도래나 조건불성취 등이 있는 경우를 말하는 것이고, <u>사실상 그 권리의 존부나 권리행사의 가능성을 알지 못하였거나 알지 못함에 과실이 없다고 하여도 이러한 사유는 법률상 장애사유에 해당한다고 할 수 없다.</u>
> (3) 따라서 부동산경매절차에서 채무자에게 교부할 잉여금을 공탁한 경우, 그 <u>경매절차에서 채무자에 대한 송달이 공시송달의 방법으로 이루어짐으로써 채무자가 경매진행사실 및 잉여금의 존재에 관하여 사실상 알지 못하였다고 하더라도 그 공탁금지급청구권에 대한 소멸시효기간이 진행한다.</u>

---

654) 행정예규 제948호.

3. 공탁금 지급청구권의 소멸시효 기산일[655]

(1) 변제공탁

① 공탁금 회수청구권은 공탁일로부터, 출급청구권은 공탁통지서 수령일로부터 기산함이 원칙이다. 채권자의 수령불능을 원인으로 한 공탁과 절대적 불확지공탁의 경우 공탁금 출급청구권은 공탁서정정 등을 통한 공탁통지서 수령에 의하여 피공탁자가 공탁사실을 안 날(공탁통지서 수령일)로부터 기산한다. 피공탁자 불확지로 공탁통지를 하지 못한 상태에서는 소멸시효기간도 진행되지 않는다.[656] [2017, 2020 법무사]

② 상대적 불확지공탁의 경우 공탁금 출급청구권은 '공탁금의 출급청구권을 가진 자가 확정된 때'로부터 기산한다.[2018 승진, 2010, 2016, 2022 법무사]

③ 공탁에 반대급부의 조건이 있는 경우 출급청구권은 반대급부가 이행된 때로부터 기산한다. 공탁이 정지조건 또는 시기부 공탁인 경우에는 조건이 성취된 때 또는 기한이 도래한 때로부터 기산한다.[2013, 2021 승진, 2014, 2015, 2020 법무사]

(2) 재판상 담보공탁

1) 출급청구권

담보권리자(피공탁자)의 출급청구권의 기산일은 담보권을 행사할 수 있는 사유가 발생한 때로부터 기산한다.[2018 법무사]

2) 회수청구권

① 담보제공자(공탁자)의 회수청구권은 담보제공자가 본안소송(화해, 인낙 등 포함)에서 승소한 때에는 재판확정일 또는 종국일로부터, 패소한 때에는 담보취소결정 확정일로부터 기산한다.[2014, 2015 법무사]

② 재판(결정)이 있은 후 그 재판(결정)을 집행하지 않았거나 집행불능인 경우에는 담보취소결정 확정일로부터, 재판(결정) 전에 그 신청이 취하된 경우에는 취하일로부터 각 기산한다.[2017 법무사]

(3) 집행공탁

배당 기타 관공서의 결정에 의하여 공탁물의 지급을 하는 경우에는 증명서 교부일로부터 기산하고, 부동산경매절차에서 채무자에게 교부할 잉여금을 공탁한 경우 또는 배당받을 채권자의 불출석으로 인하여 민사집행법 제160조 제2항에 따라 공탁한 경우에는 공탁일로부터 기산한다.[2014, 2022 법무사, 2023 승진]

---

655) 행정예규 948호.
656) 공탁선례 2-358, 2-360.

(4) 기타

공탁원인이 소멸된 경우의 회수청구권의 소멸시효는 공탁원인이 소멸된 때로부터 기산하고, 착오공탁의 경우 회수청구권의 소멸시효는 공탁일로부터 기산한다. 따라서 적법하지 아니한 절차에 의하여 착오로 잘못 변제공탁이 된 경우라 하더라도 공탁일로부터 10년이 경과하였다면, 공탁자의 공탁금 회수청구권은 시효로 소멸되어 그 회수청구를 할 수 없다.[657][2015, 2016, 2018, 2020, 2022 법무사]

② 공탁유가증권의 상환으로 인하여 그 상환금·이자가 대공탁 또는 부속공탁된 경우도 일반 금전공탁과 마찬가지로 소멸시효의 대상이 된다. 그 공탁금 회수청구권의 소멸시효 기산일은 대공탁 및 부속공탁을 한 날이 되는 것이 원칙이지만, 공탁에 반대급부의 조건이 있는 경우에는 그 반대급부가 이행된 때로부터 소멸시효기간이 진행된다.[658][2020 법무사]

③ 공탁으로 인하여 소멸한 채권의 소멸시효는 공탁금 지급청구권의 소멸시효와 관련이 없다.[2016 법무사]

4. 소멸시효 진행의 중단사유 해당 여부

(1) 소멸시효 진행의 중단사유로 볼 수 있는 경우

1) 공탁사실증명서의 교부

시효기간 중에 공탁사실증명서를 교부한 경우 이는 채무의 승인으로서 그 때 시효가 중단된다. 다만 공탁사실증명서는 공탁당사자 등 지급청구권자에게 교부한 것만이 시효중단사유가 된다.[2007 법무사]

2) 공탁사건의 완결 여부의 문의서 발송

공탁관이 공탁자 또는 피공탁자 등 정당한 권리자에 대하여 공탁사건의 완결 여부의 문의서를 발송한 경우에는 시효가 중단된다.[2007, 2009, 2023 법무사]

3) 불수리결정

공탁금 지급청구에 대하여 첨부서면 불비를 이유로 불수리결정을 한 경우 이는 채무의 승인으로 보아 시효가 중단된다.[2010, 2016, 2020 법무사]

---

657) 공탁선례 2-362.
658) 공탁선례 1-237, 2-356.

4) 공탁관의 지급가능 구두답변

공탁관이 공탁자 또는 피공탁자에 대하여 해당 사건의 공탁금을 지급할 수 있다는 취지를 구두로 답한 경우에는 채무의 승인으로 볼 수 있으므로 시효가 중단된다.[2017, 2023 법무사] 다만 공탁금의 수령방법 등에 관한 질문에 대하여 일반적으로 지급절차의 설명만 하고 해당 공탁금에 관한 지급가능 여부에 대하여 답변하지 않았다면 시효는 중단되지 않음을 주의하여야 한다.

5) 열람

지급이 완료되지 않은 공탁사건에 관하여 공탁의 확인을 목적으로 공탁관계서류를 열람시킨 경우에는 시효가 중단된다.[2011, 2023 법무사]

6) 일부 지급

일괄공탁한 공탁금의 일부에 대하여 출급 또는 회수청구를 인가하였다면 나머지 잔액에 대하여 시효가 중단된다.[2010, 2017 법무사]

7) 공탁서 정정

불확지공탁을 하였다가 공탁물 수령자를 지정하거나 공탁원인사실을 정정하는 공탁서 정정신청을 인가한 경우 회수청구권의 소멸시효는 중단된다.

8) 공탁금 출급·회수청구 안내문의 송달

행정예규 제1302호(소멸시효 완성 전 공탁금 출급 및 회수청구 안내에 관한 업무처리지침)에 의한 "공탁금 출급·회수청구 안내문"이 공탁자·피공탁자에게 송달된 때에는 공탁금 출급·회수청구권의 시효가 중단된다.[659]

(2) 소멸시효진행의 중단사유로 볼 수 없는 경우

1) 공탁수락서의 제출

변제공탁에 대하여 피공탁자로부터 제출된 수락서를 공탁관이 받았더라도 그것만으로 출급청구권의 시효가 중단되지 않는다.[2007, 2023 법무사]

2) 지급청구권의 압류

공탁금 지급청구권에 대한 압류, 가압류, 가처분은 피압류채권(공탁금 지급청구권)의 시효중단사유가 되지 않는다.[660][2010, 2015, 2016, 2023 법무사]

---

659) 행정예규 1302호 6조의2.

다만 채권자가 확정판결에 기한 채권의 실현을 위하여 채무자의 제3채무자에 대한 채권에 대하여 압류 및 추심명령을 받아 그 결정이 제3채무자에게 송달되었다면 거기에 소멸시효 중단사유인 최고로서의 효력은 있다.[661][2023 승진]

3) 수인 중 1인에 대한 시효중단
시효의 중단은 시효중단에 관계된 공탁당사자 및 승계인에게만 효력이 있으므로(민법 169조) 피공탁자가 수인인 경우 그 중 1인에 대한 시효중단사유는 다른 출급청구권자의 시효진행에 영향을 미치지 않는다.[2018 법무사]

4) 출급청구권·회수청구권의 일방에 대한 중단
공탁금 회수청구권에 대한 시효중단은 출급청구권의 시효진행에 영향을 미치지 않으며, 그 반대의 경우도 동일하다.[2017, 2023 법무사]

5) 공탁금 지급절차 등에 대한 일반적인 설명
공탁관이 피공탁자의 요구에 대하여 지급절차 등에 대해 일반적인 설명을 한 것만으로는 시효중단사유가 되지 않는다.[2018, 2019, 2020 법무사]

5. 시효이익의 포기간주
공탁금 지급청구권에 대한 소멸시효가 완성된 후 공탁사실증명서의 교부청구가 있는 경우에는 그 증명서를 교부하여서는 아니 되지만, 착오로 이를 교부한 경우에는 시효이익을 포기한 것으로 처리한다.[2015, 2019 법무사, 2018, 2023 승진]

6. 공탁금의 편의 시효처리절차
공탁일로부터 15년이 경과된 미제 공탁사건의 공탁금은 편의적으로 소멸시효가 완성된 것으로 보아 공탁규칙 제62조에 따라 국고귀속조치를 취하되, 그 후 소멸시효가 완성되지 아니한 사실을 증명하여 공탁금 지급청구를 한 경우에는 착오 국고귀속 공탁금의 반환절차에 따라 처리한다.[2014 법무사]

---

660) 대법원 2018. 5. 30. 선고 2016다216786 판결.
661) 대법원 2003. 5. 13. 선고 2003다16238 판결.

7. 국고귀속대상의 조사

① 공탁관은 공탁원금 및 이자의 출급·회수청구권의 소멸시효 완성시기 등을 조사하기 위하여 법원, 그 밖의 관공서에 공탁원인의 소멸여부와 그 시기 등을 조회할 수 있다(규칙 60조).

② 소멸시효가 완성된 공탁금에 대하여 출급·회수청구가 있는 경우 공탁관은 국고수입 납부 전이라도 출급·회수청구를 인가하여서는 안된다(규칙 61조).
[2014, 2018, 2019 법무사, 2023 승진]

③ 대법원 홈페이지에 게재하고 있는 '국고귀속예정 공탁사건'은 소멸시효완성 예정인 공탁사건뿐만 아니라 대법원 행정예규 제948호에 따라 공탁일로부터 15년이 경과하여 편의적으로 소멸시효가 완성된 것으로 보아 국고귀속조치를 취할 예정인 공탁사건도 포함되어 있으며, 매년 1월에 대법원 홈페이지에 게재하고 그 다음 해 1월에 국고귀속조치를 하고 있다.[662] [2019 법무사]

8. 착오 국고귀속 공탁금의 반환

반대급부의 조건이 있는 변제공탁의 경우에는 반대급부가 이행되지 않고 있는 한 소멸시효는 진행되지 아니함에도 소멸시효완성을 이유로 국고귀속시킨 후 이를 발견한 경우 공탁관은 공탁규칙 제64조의 규정에 의하여 착오로 국고귀속된 공탁금을 반환받아 공탁절차를 회복시켜야 한다.[663]

Memo

---

662) 공탁선례 201001-2.
663) 공탁선례 2-364 참조.

제2절 공탁금출급·회수청구 안내문 발송

♣ **소멸시효 완성 전 공탁금 출급 및 회수청구 안내에 관한 업무처리지침**
  [행정예규 제1403호, 시행 2024. 8. 6.] [2020 법무사]

제1조(목적)
이 예규는 공탁법 제9조 제4항 및 공탁규칙 제60조의2에 따른 소멸시효 완성 전에 하는 공탁금 출급·회수청구 안내에 관한 업무처리절차를 정함에 목적이 있다.

제2조(담당)
안내에 관한 업무는 법원행정처 사법등기국에서 처리하며 사법등기심의관이 담당한다.

제3조(안내 방법) ♣개정
공탁금 출급·회수청구에 대한 안내는 다음 각 호의 방법으로 할 수 있다.
1. 우편발송
2. 앱메시지 또는 이에 준하는 전자적 의사표시(이하 "전자적 안내"라 한다)
[개정 전 : 안내문은 우편으로 발송하되, 필요한 경우 전자적인 방법 등을 이용하여 알릴 수 있다]

제4조(우편안내 대상)
직전 연도 말 기준 만 2년, 4년, 6년 및 8년 전인 해에 수리된 공탁사건 중 잔액이 10만 원 이상인 다음 각 호의 사건 및 대상자를 안내 대상으로 한다. 다만 절대적 불확지 변제공탁사건 또는 대상자의 주소가 불명인 사건 등 특별한 사정이 있는 경우 안내 대상에서 제외할 수 있다.
1. 변제공탁사건의 피공탁자
2. 집행공탁사건의 피공탁자
3. 재판상 보증공탁사건의 공탁자
4. 개인회생채권자 및 채무자를 위한 공탁사건의 피공탁자 ♣신설

제6조(우편안내 절차)
① 공탁금 출급·회수청구에 관한 안내문 발송 대상자에 대하여 주소변경 여부 등을 전산시스템 등으로 조회하고 주소가 변경된 경우에는 변경된 주소로 발송한다.
② 다음 각 호의 양식에 따른 안내문을 발송한다.
1. 변제공탁사건의 경우: 별지 1(공탁금 출급청구에 관한 안내)
2. 집행공탁사건의 경우: 별지 2(공탁금 출급청구에 관한 안내)
3. 재판상 보증공탁사건의 경우: 별지 3(공탁금 회수청구에 관한 안내)
4. 개인회생공탁사건의 경우: 별지4(공탁금 출급청구에 관한 안내)
5. 그 밖의 공탁사건의 경우: 별지5(공탁금 출급·회수청구에 관한 안내)
③ 삭제(2024. 04. 11. 제1389호)
  *〈반송사유가 폐문부재 또는 수취인부재일 경우에는 안내문을 다시 발송할 수 있다〉라는 규정을 삭제함으로써 안내문이 반송된 경우 그 사유에 관계없이 재발송하지 않는 것으로 개정함.

제6조의2(안내문 발송사건의 처리방법)
① 안내문을 발송한 경우 그 송달정보는 전산시스템에 의하여 관리하여야 한다.
② 소멸시효가 진행 중인 사건의 공탁자 또는 피공탁자에게 안내문이 송달된 경우에는 시효가 중단되고 송달된 날부터 다시 10년의 소멸시효가 진행한다. 다만 공탁일부터 15년이 경과하면 편의적 국고귀속 처리한다.
③ 소멸시효가 진행 중인 사건에 관하여 안내문이 송달되지 않은 경우에는 공탁금 출급·회수청구권을 행사할 수 있는 때부터 10년이 경과하면 국고귀속 처리한다.
④ 소멸시효가 진행하지 않은 사건은 안내문의 송달 여부와 관계없이 공탁일부터 15년이 경과하면 편의적 국고귀속 처리한다.

제7조(전자적 안내 대상) ♣신설
① 직전 연도 말 기준 만 2년 전부터 만 8년 전까지 수리된 공탁사건 중 잔액이 10만원 이상인 제4조 제1항 각 호의 사건 및 대상자를 안내 대상으로 한다.
② 공탁일로부터 만 14년이 경과한 사건 중 소멸시효가 완성되지 않은 사건에 대하여도 전자적 안내를 실시할 수 있다.

제8조(전자적 안내 절차) ♣신설
① 제7조 각 안내 대상자의 주민등록번호를 이동통신서비스를 제공하는 전기통신사업자에게 제공하여 안내 대상자의 휴대전화번호를 조회한다.
② 제1항의 대상사건 중 잔액이 1,000만원 이상이고, 안내 대상자의 주민등록번호를 알 수 없는 사건은 행정자치부 등 주민등록정보를 보유하고 있는 공공기관에 안내 대상자의 주민등록번호를 조회하여 제1항의 절차를 진행한다.
③ 제1항 및 제2항에 따라 안내 대상자의 휴대전화번호를 회신받은 경우 다음 각 호의 내용을 포함하여 전자적 안내를 한다.
1. 공탁자 또는 피공탁자 성명
2. 관할 공탁소·공탁종류·공탁사건번호
3. 공탁금액(잔액)
4. 제4조 제1항 각 호 공탁유형별 공탁금 출급·회수청구 절차
5. 그 밖에 안내를 위하여 필요한 사항

제9조(추가적 안내 대상) ♣신설
공탁종류, 잔액 그 밖의 사정에 따라 안내가 필요하다고 판단되거나 공탁관이 장기미제 공탁사건 등 관할 공탁사건에 대하여 안내를 요청하는 경우에는 제4조 및 제7조 <u>이외의 사건 및 대상자</u>에 대하여도 우편안내 또는 전자적 안내를 할 수 있다.

제10조(보고)
매년 1월 31일까지 다음 각 호의 사항을 법원행정처장에게 보고한다.
1. 직전 연도의 안내문 발송 건수 및 도달 건수
2. 직전 연도의 안내문 발송 후 공탁금을 출급·회수한 사건 수 및 그 지급액
3. 직전 연도의 전자적 안내 전송 건수 및 공탁금을 출급·회수한 사건 수 및 그 지급액
4. 그 밖에 안내문 발송 및 전송결과 보고를 위하여 필요한 사항

제11조(유의사항)
안내문(전자적 안내 포함)은 <u>공탁서 또는 공탁통지서를 대신하여 공탁금 출급·회수청구 시의 첨부서류가 될 수 없다.</u>

♣ **공탁선례 제202406-1호(2024. 6. 17. 제정)**
공탁금 출급·회수청구권자가 공탁금 출급·회수청구권에 대한 <u>소멸시효가 진행 중인 공탁사건</u>에 대하여 <u>전자적으로 안내</u>한 '소멸시효 완성 전 공탁금 출급·회수청구 안내' <u>수신내역을 출력</u>하여 첨부서류로 제출하는 등의 방법으로 공탁금 출급·회수청구권의 소멸시효가 완성되지 않았음을 소명한 경우 <u>공탁관은 그 진위여부를 확인하여 출급·회수청구를 인가할 수 '**있다**'</u>.

제11장 공탁관의 처분에 대한 이의신청

> **법 제12조(처분에 대한 이의신청)** ① 공탁관의 처분에 불복하는 자는 관할 지방법원에 이의신청을 할 수 있다.
> ② 제1항에 따른 이의신청은 공탁소에 이의신청서를 제출함으로써 하여야 한다.
> **규칙 제48조(불수리 결정)** ① 공탁관이 공탁신청이나 공탁물 출급·회수청구를 불수리할 경우에는 이유를 적은 결정으로 하여야 한다.
> ② 제1항의 불수리 결정에 관하여 필요한 사항은 대법원 예규로 정한다.
> **법 제13조(공탁관의 조치)** ① 공탁관은 제12조에 따른 이의신청이 이유 있다고 인정하면 신청의 취지에 따르는 처분을 하고 그 내용을 이의신청인에게 알려야 한다.
> ② 공탁관은 이의신청이 이유 없다고 인정하면 이의신청서를 받은 날부터 5일 이내에 이의신청서에 의견을 첨부하여 관할 지방법원에 송부하여야 한다.
> **법 제14조(이의신청에 대한 결정과 항고)** ① 관할 지방법원은 이의신청에 대하여 이유를 붙인 결정으로써 하며 공탁관과 이의신청인에게 결정문을 송부하여야 한다. 이 경우 이의가 이유 있다고 인정하면 공탁관에게 상당한 처분을 할 것을 명하여야 한다.
> ② 이의신청인은 제1항의 결정에 대하여 비송사건절차법에 따라 항고할 수 있다.

제1절 공탁관의 불수리처분

1. 불수리처분의 대상

공탁관의 처분에 불복하는 자는 관할 지방법원에 이의신청을 할 수 있고, 이의신청은 공탁소에 이의신청서를 제출함으로써 하여야 한다(법 12조).
[2012, 2016, 2019, 2023 법무사]

2. 불수리결정

공탁관이 공탁신청이나 공탁물 출급·회수청구를 불수리할 경우에는 이유를 적은 결정으로 하여야 하고(규칙 48조 1항), 불수리결정서에는 공탁관의 인감도장을 날인하여야 한다.[664] 불수리결정을 한 경우 공탁관은 신청인에게 불수리결정등본을 교부하거나 배달증명우편으로 송달하여야 한다.[665] [2021 법무사]

---

664) 행정예규 1013호 2조 2항.
665) 행정예규 1013호, 3조.

제2절 공탁관의 불수리처분에 대한 불복

1. 불복방법

공탁관의 처분에 불복하는 자는 관할 지방법원에 이의신청을 할 수 있다(12조 1항). 이러한 절차를 거침이 없이 직접 국가를 상대로 민사소송으로 공탁금 지급 청구를 하는 것은 허용되지 않는다.666)[2015, 2019 법무사]

2. 불복대상

① 공탁관의 처분에 대한 이의신청 대상이 되는 공탁관의 처분은 불수리처분만을 의미하고 수리, 인가처분은 그 대상에 포함되지 않는다.667)

[2012, 2016 2019 법무사, 2021 승진]

② 공탁금회수청구권에 대한 압류·전부채권자가 공탁관에게 전부금액에 해당하는 공탁금회수청구를 하였으나 공탁관이 선행하는 가압류가 존재한다는 이유로 이를 불수리하고 압류의 경합을 이유로 사유신고를 한 경우, 특단의 사정이 없는 한 집행법원은 배당절차를 개시하게 되고, 그 이후에는 공탁관은 집행법원의 배당절차에 따라 공탁금을 각 채권자들에게 분할지급할 수 있을 뿐 당해 공탁사건에 관하여 더 이상 어떠한 처분을 할 지위에 있지 않게 되는 것이므로 이 경우 공탁관의 처분에 대한 이의신청은 그 이익이 없어 부적법하다.668)[2023 법무사]

3. 이의신청서 제출

① 공탁관의 처분에 불복하는 자는 관할 지방법원에 이의신청을 할 수 있고, 구체적으로는 "공탁소"에 이의신청서를 제출하는 방법으로 이의신청을 한다(12조).[2012, 2016, 2019, 2023 법무사]

② 지방법원 본원 및 본원 소속 시군법원 공탁관의 처분에 대하여는 지방법원 본원이 관할법원이 되고, 지방법원 지원 및 지원 소속 시군법원 공탁관의 처분에 대하여는 지방법원 지원이 관할법원이 된다. 이의사건에 대한 재판은 단독판사 관할이다.[2016 법무사]

4. 이의신청기간

① 이의신청기간에 대하여는 따로 정한 바 없으므로 실익이 있는 한 언제든지 이를 할 수 있다.[2015 법무사]

---

666) 대법원 1992. 7. 28. 선고 92다13011 판결 ; 2013. 7. 25. 선고 2012다204815 판결.
667) 공탁선례 201112-1.
668) 대법원 2001. 6. 5. 2000마2605 결정.

② 공탁사무의 처리와 관련한 공탁관의 처분에 대한 이의에 있어서는 즉시항고와 같은 신청기간의 제한은 없으나, 이의의 이익이 있고 또한 존속하고 있는 동안에 신청하여야 하므로 공탁관의 처분에 대한 이의에 의하여 그 처분의 취소 등 상당한 처분을 명하여 줄 것을 구하는 경우, 공탁관이 당해 공탁사무와 관련하여 더 이상 어떠한 처분을 할 수 없게 된 경우에는 이미 그 의의의 이익이 없어 이의신청을 할 수 없다.669)[2015, 2016 법무사]

③ 공탁금 회수청구에 대한 인가처분으로 공탁금이 이미 공탁금 보관은행에서 지급된 경우에는 설령 그 인가처분이 제3자의 부정출급행위에 의한 것이라 하더라도 공탁관계는 이미 종료되어 당해 공탁관은 더 이상 어떤 처분을 할 수 없다.670)[2008, 2012 법무사]

5. 공탁관의 조치

공탁관은 이의신청이 이유 있다고 인정하면 신청의 취지에 따르는 처분을 하고 그 내용을 이의신청인에게 알려야 한다(법 13조 1항). 공탁관은 이의신청이 이유 없다고 인정하면 이의신청서를 받은 날부터 5일 이내에 이의신청서에 의견을 첨부하여 관할 지방법원에 송부하여야 한다(법 13조 2항).[2019 법무사]

6. 이의신청에 대한 재판

① 관할 지방법원은 이의신청에 대하여 이유를 붙인 결정으로써 하며, 공탁관과 이의신청인에게 결정문을 송부하여야 한다. 이 경우 이의가 이유 있다고 인정하면 공탁관에게 상당한 처분을 할 것을 명하여야 한다(14조 1항).

② 공탁관의 불수리처분이 부당한 것인가의 여부는 공탁관의 형식적 심사권을 전제로 하여 불수리처분을 한 시점을 기준으로 판단하여야 한다. 따라서 공탁관이 처분 당시 제출된 신청서류 등의 증거방법을 가지고 공탁관이 가지는 심사권한의 범위 안에서 처분이 제대로 이루어진 것인지를 판단하여야 하며, 사후의 자료나 주장은 고려할 사항이 아니다.671)[2015, 2016, 2023 법무사]

③ 형식적 심사권밖에 없는 공탁관으로서는 그 전부명령의 유·무효를 심사할 수는 없으므로 공탁물 회수청구권이 이미 압류 및 전부되었다는 이유로 공탁금 회수청구를 불수리한 공탁관의 처분은 정당하고, 공탁물 회수청구권에 대한 실질적 권리관계의 확정은 관계당사자 사이의 문제로서 별도로 해결되어야 한다.672)
[2015, 2023 법무사]

---

669) 대법원 2001. 6. 5. 2000마2605 결정.
670) 공탁선례 2-91.
671) 대법원 2011. 7. 14. 2011마934 결정.
672) 대법원 1983. 3. 25. 82마733 결정.

7. 이의신청 재판에 따른 업무처리

① 관할 지방법원의 결정문에서 이의가 이유 있다고 인정하여 공탁관에게 상당한 처분을 할 것을 명한 경우에는 공탁관은 공탁기록에 의하여 관할법원의 명령에 따른 처분을 한다. 만약 첨부서류 원본을 반환한 경우에는 <u>다시 제출받은 다음에 처분하여야</u> 한다.673)

② 공탁신청이 불수리된 후 신청인이 이의신청을 하지 않은 때에는 불수리결정연도 <u>다음 해부터</u>, 관할 지방법원이 이의신청을 기각하거나 각하한 때에는 기각 또는 각하결정이 있는 다음 해부터 5년간 공탁기록을 보존한다.674)[2023 법무사]

Memo

---

673) 행정예규 제1013호 6조.
674) 행정예규 제1013호 7조.

제3절 항고 및 재항고

① 의의신청에 대한 재판에 대하여는 '비송사건절차법'에 의하여 항고할 수 있다(14조 2항).[2015, 2019 법무사]

② 민사소송법에 의한 항고에 관한 규정은 특별한 규정이 있는 것을 제외하고는 비송사건절차법에 의한 항고에 이를 준용하므로 항고제기는 항고장을 원심법원에 제출함으로써 하고(민사소송법 445조), 원심법원이 항고에 정당한 이유가 있다고 인정하는 때에는 그 재판을 경정하여야 한다(민사소송법 446조).

③ 항고법원의 재판은 이유를 붙여야 한다(비송사건절차법 22조).

④ 항고법원의 결정에 대하여는 재판에 영향을 미친 헌법, 법률, 명령 또는 규칙의 위반을 이유로 드는 때에만 대법원에 재항고할 수 있다(민사소송법 442조).

Memo

▣ 저자 약력
* 연세대학교대학원 법학과 졸업
* [자격사항] 법무사, 공인중개사, 행정사 자격취득
* [학위] 법학박사(민사집행법 전공)
* 현) 대한법률구조공단 초빙교수(민사집행실무)
* 현) 법무부 Law Educator(민사집행)
* 현) 서울지방변호사회 실무교육교수(민사집행실무)
* 현) 중앙법률사무교육원 실무교육교수(민사집행/부동산경매 권리분석/채권집행/공탁실무)
* 현) 연세대학교 부동산경매 전문가과정 책임교수(부동산경매 권리분석)
* 현) 대한법무사협회 법무사연수원 연수교육교수(민사집행실무)
* 전) 합격의 법학원 교수(민사집행법/공탁법)
* 현) ST Unitas 전문직단기(법무사 Part) 전임교수(민사집행법/공탁법/가족관계등록법)

▣ 주요 저서 및 논문
* 민사집행법 강의(2024. 10. 제12판)
* 민사집행법 객관식(2024. 11. 제13판)
* 민사집행법 핵심판례 최종정리(2025. 3. 제6판)
* 민사집행법 핵심정리(2025. 5. 제8판)
* 민사집행법 판례정리(2023. 2. 제7판)
* 민사집행법 예상문제(2021. 4. 제3판)
* 민사집행법 OX(2023. 3. 제4판)
* 공탁법 강의(2024. 11. 제6판)
* 공탁법 객관식(2024. 11. 제6판)
* 공탁법 핵심지문 최종정리(2025. 4. 제6판)
* 공탁법 핵심정리(2025. 5. 제5판)
* 공탁법 OX(2023. 3. 제3판)
* 공탁법 예상문제(2024. 제2판)
* 가족관계등록법 핵심정리(2025. 1. 제3판)
* 가족관계등록법 객관식(2025. 2. 제4판)
* 부동산경매실무와 권리분석(2021. 3. 제8판)
* 민사집행실무(2023. 2. 대한법무사협회 법무사연수원, 제9판)
* 부동산경매 권리분석 및 인도소송실무(2025. 제3판 예정, 중앙법률사무교육원)

외 논문 등 다수

♣ 이 교재를 사용한 실강 및 동영상
ST Unitas 커넥츠 법무사단기

[제5판] 2025 핵심정리 공탁법

발행일	2020년 04월 17일 제1판 발행
	2021년 01월 01일 제2판 발행
	2022년 02월 17일 제3판 발행
	2023년 04월 03일 제4판 발행
	2025년 05월 30일 제5판 발행
지은이	한 봉 상
펴낸이	韓 奉 相
펴낸곳	도서출판 **연세출판사**
	◎ 법무사 수험서적 전문출판
	江原特別自治道 原州市 江邊路 415
전 화	033)744-2916
팩 스	033)746-2916
등 록	제2010-000007호

정 가 28,000원
ISBN 979-11-86633-80-9

* 본서의 무단복제 등의 행위를 금합니다.
* 파본은 바꿔 드립니다.
* 저자와 협의로 인지첩부는 생략합니다.